Carl-Auer

W0238733

CARL-AUER
LebensLust

Stimmen zum Buch:

»Das Buch kann Betroffenen sehr wertvolle Impulse zum Verständnis und zur Bewältigung von Erschöpfung und Ausgebranntsein geben. Es bietet darüber hinaus einen guten Überblick und eine Einführung in das Thema, lässt Frauen und Männer zu Wort kommen, die bereits Resilienz im Zusammenhang mit Burnout entwickelt haben, und liefert spannende Bausteine für ein systemisches Verständnis hierzu.«

Dr. Dipl.-Psych. Matthias Ochs
Zentrum für Psychosoziale Medizin, Universitätsklinikum Heidelberg

»Gabriele Kypta stellt die schonungslose Frage nach den eigenen Grenzen und fordert uns auf, die Endlichkeit der eigenen Ressourcen zu akzeptieren. Letztlich haben wir selbst zu entscheiden, wem wir den Vorzug geben wollen: einer Symptombehandlung oder einer Reflexion unserer Lebensstrukturen. Die Autorin empfiehlt Zweiteres, und das aus gelebter leidvoller Erfahrung - wodurch sie für die Leserin sympathische und authentische Kompetenz erlangt.«

Dr. Maria Resch
Senior Consultant, Eblinger & Partner

»Nur noch diese stressige Phase durchstehen, dann ist es geschafft? Gerade Frauen jonglieren täglich mit unterschiedlichsten Rollen und bewältigen in einem Power-Programm fünf Dinge auf einmal, bis die Akkus leer sind. Burnout kann jeden treffen und zum körperlichen und seelischen Zusammenbruch führen. Karrierecoach Gabriele Kypta beschreibt einfühlsam und anhand von Erfahrungsberichten, wie Sie der Krise vorbeugen und Ihren persönlichen Weg finden: hinaus aus der Erschöpfung in ein erfülltes und glückliches Leben.«

Antonia Groll
Journalistin

Inhalt

Prolog

Ein Wort an die Leserin

Wenn Sie wissen möchten, warum ich mich für kompetent in Sachen Burnout und Erschöpfung halte, lesen Sie bitte dieses Protokoll eines Tagesbeginns. Ich habe einen beliebigen Morgen aus meinem Alltag herausgegriffen und tagebuchartig niedergeschrieben, was mir so alles durch den Kopf ging. Viele von Ihnen werden tagtäglich ähnliche Situationen erleben.

Ein Wort an den Leser

Falls Sie als Mann den Kopf darüber schütteln, was sich eine Frau so alles denkt, dann lassen Sie sich gesagt sein: Die meisten Frauen denken so oder ähnlich. Auch mein Mann findet es immer wieder »interessant« (sagt er), *worüber* ich, in welch kurzer Zeit, so alles nachdenke – wobei er ehrlich gesagt auch nicht alles davon für so wichtig erachtet, dass sich die Beschäftigung damit lohnen würde. Möglicherweise kommen auch Sie zu dieser Einsicht. Aber ist es nicht zumindest spannend, einmal zu erfahren, was sich im Kopf – vielleicht auch Ihrer Frau – so alles abspielt? Sie werden zumindest 50 % der Migräneanfälle besser verstehen! Wenn Sie Angst haben, sich zu einem Frauenversteher zu entwickeln, überspringen Sie bitte die Lektüre dieses Protokolls.

Ein ganz normaler Tagesbeginn – Gedankenprotokoll

5:15 Aufstehen
Denk daran: Du bist ein Morgenmensch, du bist fit, gleich nach dem Aufstehen!

5:17 Kaffee aufsetzen
Ich setze noch rasch den Kaffee auf, damit er fertig ist, wenn ich aus der Dusche komme.

Vorher noch rasch die Wäsche abhängen – ach nein, vorher noch eben die Katze aus dem Garten hereinlassen.

Ach ja, Kaffee aufsetzen und ab ins Bad. Mein Buch muss ich fertig schreiben – wieso schreibe ich noch immer an diesem Buch? Ein ungeduldiger Mensch wie ich sollte nur Postkarten verfassen …

5:30 Wäsche sortieren nach »bügeln« und »nicht bügeln« und wenn »nicht bügeln«, nach Inhaber des Wäschestücks auf Häufchen schrankfertig zusammenlegen
Mein Gott, jetzt läuft noch immer kein Kaffee durch, habe vergessen, die Kaffeemaschine *einzuschalten. Katze miaut, Futter …*

Dose aus dem Schrank: oh je! Eine Motte! Mal sehen, wo die sich vermehren, da war doch im Abstellraum noch eine Bio-Mottenfalle. Die hole ich gleich. Wo ist denn diese Mottenfalle? Ah, da ist das Mittel gegen Blattläuse für die Rosen, das habe ich letzte Woche gesucht. Keine Mottenfalle. Ich sortiere die Lebensmittelbehälter, suche nach dem befallenen Lebensmittel. Wie spät ist es eigentlich? Muss noch Frühstück richten und Essen für die Schulpause der Kinder … Was sollte ich meinem Kunden X noch schicken? Da muss ich mir ein paar spannende und Kompetenz zeigende Texte aus dem Ärmel schütteln. Da hatte ich doch mal was geschrieben … Wo habe ich das abgespeichert? Wie wird sich Firma Y nach der gestrigen Präsentation wohl entscheiden? War ich zu schroff gewesen? Oder war das einfach nur selbstbewusst? Der eine Geschäftsführer hat so merkwürdig geschaut. Gefielen ihm meine Schuhe nicht oder was ich inhaltlich sagte? Oder war er bloß müde, und die Falte auf seiner Stirn bezog sich gar nicht auf mich? Vielleicht hängt bei ihm der Haussegen schief? Nein, er sagte irgendwas mit Auto kaputt oder so … Oh je, die jüngste Tochter hat heute Sommerfest. Muss noch einen Kuchen backen, mit kleinen Schokostückchen drin war gewünscht …

5:45 Wäsche in den oberen Stock tragen
Nein, ich räume »denen« nicht schon wieder alles in die Schränke. Ich leg es einfach vor die jeweilige Tür – und dann werden sie es schon wegräumen. Die Erfahrung sagt mir allerdings, dass »die alle« ziemlich oft

darüber stolpern werden, bevor die Wäsche schlussendlich im richtigen Schrank landet. Da wird sie doch gleich wieder schmutzig, nein, das mache ich dann doch lieber gleich selbst. Ist ja nur ein Handgriff. Ach ja, Kooperationspartner XY muss ich noch zurückrufen, Kundenwunsch nachfragen. Sollen wir diesen Auftrag wie immer abwickeln, können die Standards für diesen Auftrag verwendet werden? Brauche ich neue Powerpoints dazu? Mein Computer läuft so merkwürdig langsam in letzter Zeit, hoffentlich ist nicht irgendein Virus drauf – das fehlte gerade noch, und ich habe keine eigene EDV-Abteilung! Vielleicht sollte ich doch wieder einen »normalen« Job in einer Firma annehmen. Die haben wenigstens eine EDV-Abteilung. Auch wenn sie dann keine Zeit für dich haben, aber theoretisch wären sie für Computerprobleme zuständig …

6:00 Kaffee ist durch

Jetzt trinke ich kurz einen Schluck Kaffee und setze mich für einen winzigen Moment in den Garten … Meinen Kursteilnehmern sage ich doch immer: »Ihr müsst einen Moment innehalten am Morgen, um eure innere Balance zu erhalten« … Drucker sieht Führungsaufgaben schon ein wenig anders als Malik. Das wollte ich auch noch herausarbeiten und vielleicht ein paar Powerpoints zu Führungstools ergänzen. »Kardinaltugenden der Führung« ist ein super Buch … Ach ja, innehalten … Laufen war ich auch schon lange nicht mehr. Dabei ist das doch ein echt wahnsinniges Gefühl, im Morgentau im Wald herumzurennen und außer den Rehen niemanden zu sehen … Ich wäre gern eine Elfe im Wald …

6:15 Kinder wecken

Der Mann schläft noch, na ja, hat wieder bis 1 Uhr morgens gearbeitet, hoffentlich steht er das gesundheitlich durch … Der Autoreifen muss zur Reparatur … Die Kinder stehen schon wieder nicht auf. Sie gehen einfach zu spät ins Bett. Bin ich eine schlechte Mutter? … Ich sollte sie nicht fernsehen lassen … Kleider für die Kleine rauslegen … Wie wird das Wetter? Ich muss unbedingt die Tapeten für die Wohnungssanierung der Großmutter kaufen! Und dann den Tapezierer anrufen … Ist die Großmutter enttäuscht, weil ich nicht selbst ihre Zimmer tapeziere? Hoffentlich ist sie dann auch mit dem Ergebnis zufrieden. Tapezieren macht weniger Arbeit als Malen – das ist fein für den Tapezierer, aber für mich ist der Aufwand gleich groß … Wo nehm ich bloß die Zeit her … Der Druck steigt, ich spüre wieder meinen Magen …

6:30 Endlich im Bad, persönliche Hygiene im Expresstempo mit All-in-one-Produkten
Ich bin fix und fertig, mein Kopf raucht, wird das eine Migräne? Lieber gleich eine Tablette … Nein, lieber doch nicht, ich habe gelesen, dass wir Frauen viel zu rasch zur Kopfschmerztablette greifen … Das muss ein Mann geschrieben haben … Den Umzug der Familie vorbereiten. Nebenbei ziehen wir mal kurz um … Fünf Personen mit Katze … Ich muss die Telefongesellschaft anrufen, Formulare für den Umzug besorgen, die Nachmieterin kontaktieren, den Notar anrufen, um die Papiere fertig zu machen. Der Geschirrspüler spinnt. Muss ich reparieren lassen. Englischkurs ist heute, darf ich nicht vergessen. Außerdem noch den neuen Business-Englischkurs buchen. Brauche ich dringend. Soll ich meine Seminarunterlagen jetzt schon übersetzen und dann mit zum Coach nehmen, damit wir daran arbeiten können? Wird es einen Markt für diese Seminare geben? … Muss mal recherchieren, was die Konkurrenz so zu dem Thema macht …

6:45 Familienfrühstück
Mir ist wichtig, dass alle gemeinsam frühstücken – mittleres Kind verweigert – wegen der Figur … Sie hat angeblich keinen Hunger … Wird sie magersüchtig? … Bin ich eine schlechte Mutter? Krieg ich da was nicht mit? Warum isst das Kind nichts? Frage sie danach, erhalte eine patzige Antwort, Unverständnis beim Gatten: »Worüber du nachdenkst, das kann ich nicht nachvollziehen. Wieso soll sie magersüchtig sein, nur weil sie zum Frühstück nichts isst?« Dazu hatte ich mir doch so einen Ratgeber für Mütter mit pubertierenden Töchtern gekauft, den wollte ich lesen, bevor »es« losgeht. Wo ist der nur? Wahrscheinlich schon verpackt für den Umzug … so wie alles, das wir momentan suchen.

7:00 Schulsachen und Arbeitsunterlagen richten
Wo sind meine Unterlagen? Verflixt noch mal, in dieser Unordnung findet man überhaupt nichts! Ich kann nicht mal meinen Haushalt und meine Arbeit in den Griff bekommen, die anderen schaffen das doch auch … Mein analytisches Fachexpertinnen-Ich meldet sich: Was genau meinst du mit »die anderen« – was für Antreiber sind denn da wirksam? …

Sollte ich wieder mal zur Therapie gehen? Oder wenigstens in die Supervision? Also, Unterlagen irgendwo im Haus suchen.

Zur Tochter: »Wenn du am Abend deine Sachen gerichtet hättest, dann hätten wir nun nicht so viel Stress!« … Mein analytisches Ich fragt: Komisch, gilt das nicht auch für dich selbst? Was spielst du da für ein Spiel? Verlang nicht von deinem Kind etwas, das du selbst nicht tust … Reflexion ist ganz schön anstrengend.

7:15 Autofahrt zur Schule
»Kommen wir zu spät?«, piepst das eine Kind. »Na klar, wir kommen immer zu spät«, ächzt das andere. »Nein, wir kommen maximal einmal im Schuljahr zu spät. Wir sind pünktlich wie immer«, kommt es schon ein wenig gepresst aus mir heraus. … Kleiner Anfall mit Panikattacke: Sei still und konzentriere dich auf den Verkehr! Stell dir vor, du verursachst nun einen Unfall, nur weil du dich mit solchen Diskussionen aufreibst!

7:30 Mittleres Kind hat den Schrankschlüssel für die Schulgarderobe zu Hause vergessen.
Ich verfalle in dumpfes Brüten.

7:45 Mittleres Kind bei der Schule abgesetzt, ihm Geld für Aufsperrhilfe durch den Hausmeister gegeben
Warum kann ich mir eigentlich keine Kinderfrau leisten? Ich arbeite den ganzen Tag, und es bleibt nichts übrig … Ach ja! Die Einkommensteuer ist fällig, die Sozialversicherung war unerfreulich hoch dieses Quartal … Milch einkaufen nicht vergessen und Klopapier. Habe ich den Reifen zum Reparieren eigentlich im Kofferraum? Ich muss mich

langsam auf mein nächstes Kundengespräch einstimmen. Was wollen die Kunden heute von mir? Habe ich alle Unterlagen mit? Ach ja, morgen ist Seminar: Muss noch alles kopieren und Unterlagen fertig stellen. Wo muss ich morgen eigentlich hin?

7:55 Jüngste Tochter vor der Schule abgeliefert
Das Schultor wurde gerade eben erst geöffnet: »Siehst du, wir sind nicht zu spät. Wir sind nur ganz selten zu spät, heute nicht …«

Die Tochter will nicht vor den anderen von der Mutter geküsst werden. Frustration steigt in mir hoch, ich hätte sie gern noch ein wenig gekuschelt, bevor sie in die Schule geht. Aber leider nein … Komisch, dass das Nesthäkchen jetzt auch schon nicht mehr vor der Schule geküsst werden möchte … Wo sind denn die letzten sieben Jahre geblieben? Habe ich eine Midlifecrisis? Nein, dazu bleibt keine Zeit. Schnell zum Zug … Kundentermin …

8:15 Im Zug auf dem Weg zum Kundentermin
Der Kunde von gestern ruft an, bucht statt einem Tag, wie ursprünglich gewünscht, drei Seminartage. Ich bin gut! Ich bin sehr gut! Ich bin ein echter Wahnsinn! Oh je, da muss ich sofort eine Detaillierung und Bestätigung rausschicken. Puh, wann?! Jetzt könnte ich eine Sekretärin gebrauchen … Gute Fee, schick mir eine Kinderfrau und eine Sekretärin!

8:25 Kunde von heute verschiebt telefonisch um eine Stunde
Was mach ich jetzt? Rufe meinen Mann an, dass ich noch etwas in der Innenstadt erledigen könnte, falls es was gäbe … Mann dankt und meint, ich solle mich lieber eine Stunde still in ein Café setzen und die Seele baumeln lassen, im Übrigen versucht er mir vorsichtig zu erklären, er habe ein bisschen wenig Zeit, gerade in diesem Moment, um mit mir zu telefonieren, könne auch nicht darüber nachdenken, ob er was aus der Stadt bräuchte. Ich frage mich, ob unsere Beziehung noch in Ordnung ist. Irgendwie klang er komisch. War er unter Druck, wie immer, oder sollte ich eine frühe Warnung für Beziehungsprobleme heraushören??? Hätte er eigentlich Zeit für ein Verhältnis … Ich glaube

nicht. Vielleicht sollten wir mal einen Termin bei einer Paartherapeutin einplanen? Oder vielleicht sollten wir uns wieder einmal einen netten Abend zu zweit machen? Wann waren wir zuletzt alleine, ohne die Kinder und nicht in beruflichem Kontext, weg? Oh mein Gott, das war voriges Jahr um diese Zeit!

8:30 Schaue mir Auslagen in der Innenstadt an
Schade, dass die erst um 9.30 Uhr öffnen, da wären nette Schuhe – könnte ich gut zum blauen Anzug gebrauchen. Wenn ich schon mal Zeit zum Bummeln hätte, haben die Geschäfte geschlossen. Na ja, eine neue Firewall für den Computer ist eh wichtiger als Schuhe … Aber hübsch sind sie doch … Vielleicht kann ich dieser Tage noch mal vorbeischauen … Ach ja, Computer, am Helpdesk im Appleshop haben sie wieder diesen unerträglichen Callcenter-Spruch drauf: »Einen schönen guten Tag! Sie sind bei Firma XY, und mein Name ist ABC, was kann ich für Sie tun?«

8:50 Kaffeehaus
Na gut, dann trinke ich mal einen Kaffee. Ich trinke viel zu viel Kaffee. Wir wollten uns doch gesund ernähren. Nicht so viel Kaffee, dafür aber mehr Wasser trinken. Ich ändere meine Bestellung: Rotbuschtee ist viel gesünder. Ich beobachte die Frauen, die auf der Straße unterwegs sind. Irgendwie haben sie alle einen angespannten und abgehetzten Gesichtsausdruck, zappelnde oder verschlafene, manchmal übellaunige Kinder an der einen Hand und Akten oder sonstige Arbeitsunterlagen in der anderen … Wie kommt es, dass es immer die Frauen zu sein scheinen, die sich um die Organisation des Alltags kümmern müssen? Wenn wir Frauen mit der normalen Alltagsarbeit beginnen, haben wir meist schon einen Fulltimejob hinter uns – und das um 9 Uhr morgens.

9:00 Mein Mann ruft an.
Er wollte nur erklären, dass er ein Telefonat am anderen Apparat hatte und daher ein wenig kurz angebunden war. Ist er nicht ein Schatz! Ein anderer Mann käme vielleicht erst gar nicht auf die Idee, noch mal anzurufen. O. K. Die Passage mit dem »Verhältnis« und der »Paar-

therapeutin« streichen wir … Ich grinse vor mich hin, was ich nicht für ein Glück habe, so ein Prachtstück von einem Mann zu haben. Schade, ich genieße diesen Umstand viel zu selten, eine tolle Beziehung zu haben …

10:30 Kundentermin erledigt

Ich bin völlig erledigt. Kopfschmerzen – von wegen »Wir nehmen alle viel zu früh Kopfschmerztabletten« … Dem Autor dieses Artikels hätte ich diese Situation vergönnt: schwieriges und anspruchsvolles Kundengespräch, Nachricht auf der Mailbox von der weinenden Tochter, weil eine Schularbeit danebenging, und Kopfschmerzen. Neues Briefpapier und Visitenkarten drucken lassen – auch für meinen Mann. Ich muss ihn daran erinnern, oder besser, ich mach das gleich mit – wegen des Umzugs … Bei Tchibo leere Kartons erbitten … Unglaublich, wie viele Sachen wir haben. Wer hat das alles gekauft? Ich packe schon die zwanzigste Bücherkiste … Wann haben wir das alles gelesen? Ich habe tatsächlich nur drei Bücher gefunden, die ich noch nicht gelesen habe, obwohl ich es wollte: »Pubertät heute«, einen Maturana und irgendwas über Gandhi.

11:30 Zurück im Home-Office

Oh je, die Waschmaschine ist noch gefüllt vom gestrigen Wäschewaschen – und da war ein lila Kindersocken in der weißen Kochwäsche … Ich versuche, während ich ein Telefongespräch mit einer Ko-Trainerin zur Planung des morgigen Seminars führe, die Wäsche aufzuhängen. Verspüre einen heftigen Stich im Rücken, weil das zwischen Ohr und Schulter eingeklemmte Handy in Kombination mit Bücken und Heben von nasser Wäsche zu Verspannungen führt … Jetzt rutscht das zu besprechende Manuskript auch noch von der Waschmaschine … Natürlich fällt es auf die blasslila nasse Wäsche … Ist das schon Burnout oder noch ein ganz normaler Vormittag?

Vorwort

Vor Ihnen liegt weder ein wissenschaftliches Fachbuch noch eine Gebrauchsanleitung nach dem Motto »So werden Sie erfolgreich, fit und glücklich!«. Dieses Buch ist eine praxisnahe Auseinandersetzung mit dem umfassenden Thema Erschöpfung. Der Schwerpunkt liegt auf den Erfahrungen und Berichten jener Menschen, mit denen ich bei meiner Arbeit als Trainerin und Coach zu tun habe. Dabei gibt es lustige, ironische, aber auch sehr ernste Texte von betroffenen Menschen. Ich habe teils spannende, teils berührende Gespräche mit Frauen in den verschiedensten Lebenssituationen geführt – immer begleitet von der Frage nach den persönlichen Grenzen der Belastbarkeit und dem Ausweg, den jede einzelne für sich gefunden hat. In diesem Buch geht es sehr häufig um den weiblichen Aspekt einer Lebensführung, die einen ins Burnout befördern kann. Wenn daher immer wieder von Manager*innen*, Partner*innen* oder Klient*innen* die Rede ist, bitte ich die männlichen Leser um Nachsicht und lade Sie herzlich ein, sich in gleichem Maße angesprochen zu fühlen.

Ich erhebe mit diesem Buch nicht den Anspruch, wissenschaftlich valide zu arbeiten. Ich bin ein praktischer Mensch und möchte mit einem praktischen Beitrag dazu einladen, über die derzeit geltenden Regeln von »schneller – höher – stärker« nachzudenken. Meine pragmatische Ausrichtung sollte Sie aber nicht an der Ernsthaftigkeit der hier enthaltenen Informationen zweifeln lassen. Eine der inhaltlichen Schwierigkeiten beim Thema Burnout ist die bestehende Vielfalt und Uneinigkeit innerhalb der Wissenschaft. Psychologie, Soziologie, Medizin – innerhalb und zwischen den Disziplinen wird teils heftig darüber gestritten, ob es Burnout wirklich gibt und ob sich eine klare, eindeutige Definition finden lässt. Die Diskussion und das Bemühen um anerkannte Kriterien und Definitionen des Burnouts sind noch längst nicht abgeschlossen. So erklärt es sich auch, dass Burnout inzwischen zu einem Modewort geworden ist, dessen Abgrenzung völlig offen ist. Fast jede Zeitung druckt heute in ihrer Wochenendbeilage »10 Fragen zu Ihrer Burnout-Belastung«– worin auch immer der Informationsgewinn aus 10 Allerweltsfragen liegen mag. Obwohl ich das Festlegen von wissenschaftlichen Parametern für sehr wichtig erachte, hat es sich für meine praxisnahe Arbeit jedoch als wenig brauchbar erwiesen. Allerdings brauchen wir die sprachliche Ebene zur Veranschaulichung bestimmter Vorgänge und werden daher um einige Definitionen nicht herumkommen.

In diesem Buch biete ich Ihnen mehrere Zugangsebenen an. Da ist zum einen die theoretische Erörterung des Phänomens Burnout. An sich ist Burnout keine Krankheit, und das Entstehen des Burnout-Syndroms sowie seine Entwicklungsphasen sind nicht ganz einfach zu fassen. Als Trainerin und Coach kann ich mit dem Graubereich zwischen wissenschaftlich abgesichertem Wissen und fehlenden Forschungsergebnissen, Verifizierungen und Falsifizierungen sehr gut leben. Mir geht es um die Beschreibung des gelebten Burnouts und um den Weg heraus aus der Krise. Dennoch werden wir immer wieder auf Abgrenzungsfragen wie »Stress oder Burnout«, »Depression oder Burnout«, sowie »Gesellschaft und Burnout« stoßen. Während meiner Recherchen habe ich festgestellt, dass es wichtig ist, auch die Unterschiedlichkeiten zwischen Frauen und Männern im Burnout-Verlauf in Betracht zu ziehen. Sowohl der persönliche als auch der gesellschaftliche Umgang mit der Burnout-Gefahr wird geschlechtsspezifisch völlig unterschiedlich wahrgenommen und gelebt.

Burnout ist eine ernst zu nehmende körperliche und/oder geistige Überlastung von Menschen, die sehr engagiert leben und dieses Engagement – gemessen am individuellen Energiepotenzial – über eine zu lange Zeitspanne in zu großem Ausmaß einsetzen. Jeder kann davon betroffen sein – sei es im Spitzenmanagement, im Angestellten- oder Arbeiterbereich, sei es im Haushalt, in der Landwirtschaft, unter Künstlern und Wissenschaftlern, in anspruchsvollen, stressigen Jobs oder auch bei beruflicher Unterforderung bis hin zur Arbeitslosigkeit. In der Stadt, auf dem Land, als Frau oder als Mann, als Einzelperson oder im Team, jung oder alt – Burnout ist eine Falle, in die wir alle geraten können.

Eine wichtige Information möchte ich Ihnen mit auf den Weg geben, es betrifft meinen Zugang zur »Wahrheit« und zur »Richtigkeit« des Geschriebenen. Sie werden hier kaum eindeutige Positionen finden. Niemals werden Sie von mir lesen, dass Sie etwas Bestimmtes tun oder lassen sollen, damit Ihr Leben besser wird oder Ihr Stress sich verringert. In meinen Seminaren zu Zeitmanagement und Burnout-Prävention weigere ich mich regelmäßig, fertige Lösungen anzubieten. Dies stößt nicht bei allen Anwesenden auf Begeisterung. Wir alle neigen doch zur Suche nach Instant-Lösungen. Wir haben einfach zu wenig Zeit und Geduld. Je älter ich werde, desto weniger kann ich mit Schwarz-Weiß-Sichtweisen anfangen. Die unzähligen »Graustufen« (viel besser gefiele mir hier das Wort »Buntstufen«) finde ich viel spannender. Die Betrachtungsweise, dass »alles irgendwie mit allem zusammenhängt«, erscheint mir sehr hilfreich, wenn es darum geht, die Komplexität einer Burnout-Erschöpfung zu bearbeiten.

Ebenso verhält es sich mit diesem Buch. Es geht mir keinesfalls um Fragen wie: »Ist die Wirtschaft schuld?« oder »Sind die Menschen zu geldgierig?« oder »Sollen wir vielleicht gar nichts mehr arbeiten, um nicht gestresst zu sein?«. Ich bin einerseits für Leistung und eine prosperierende Wirtschaft, andererseits aber auch für faire Arbeitsbedingungen. Ich befürworte es, sich in seiner Lebensgestaltung anzustrengen und sich zu bemühen, die Welt oder das eigene Leben ein kleines bisschen zu verbessern. Ich bin gegen den Aufruf zur Selbstausbeutung und gegen das Alleinlassen von Menschen, die dieses Tempo nicht durchhalten. Und: Ich bin gegen die Suche nach Schuldigen. All das bringt uns nicht weiter. Sie werden manchmal widersprüchliche Aussagen in diesem Buch finden, denn ich selbst fühle mich hin- und hergerissen zwischen meiner persönlichen »search of excellence« und einer Art Don Quichotteschem Lebensgefühl. In dieser Zeit, da alles möglich ist, wo wir weniger Einschränkungen und Regeln denn je haben, in der wir aber auch so viel Verantwortung wie nie zuvor tragen, ist es für uns eine ziemlich große Herausforderung, die richtigen Entscheidungen zu treffen. Auch das setzt uns unter Druck und bringt uns an die Grenzen unserer Ressourcen, wenn uns der vernünftige Umgang mit diesen Herausforderungen nicht gelingt.

In gewisser Weise bin ich selbst ein Work- oder vielmehr ein Lifeaholic. Oft fühle ich mich meinen Klientinnen und Teilnehmerinnen sehr ähnlich. Auch ich führe ein höchst intensives und komplexes Leben, bin ständig damit beschäftigt, über spannende oder auch ganz simple Fragen nachzudenken. Nahezu alles, was ich irgendwo höre, interessiert mich. Selbst wenn ich mir eine Fernsehserie ansehe, arbeite ich im Kopf und schreibe mir Assoziationen für Seminare auf. Ich liebe die Begegnung mit unterschiedlichsten Menschen und ein hohes Arbeitstempo sowie vielfältige Themen heben meine Stimmung. Unzählige Ideen und Projekte schwirren permanent in meinem Kopf herum. Mein Beruf macht mich glücklich, und ich gehe voll darin auf. Meine Kinder, eigentlich mein ganzes Privatleben, sind nicht nur eine enorme Herausforderung, sondern auch eine wahre Wonne. Wen wundert's, dass ich auch die Kindererziehung und mein Leben mit meinem Partner sehr ernst nehme und mich darin engagiere, so gut ich es vermag. Sehen Sie – so oder ähnlich klingt der Bericht einer Burnout-Aspirantin. Meine Supervisorin ermahnt mich häufig, mich mehr abzugrenzen. Da hat sie zum Teil Recht. Andererseits macht diese Qualität, mich so intensiv auf Menschen und Situationen einlassen zu können, auch einen Teil meines Erfolges aus. Aus der Vogelperspektive betrachtet, finde ich mich nach wie vor in einer klassischen Burnout-Falle wieder: Gesellschaftlich ist derartiges Verhalten hoch anerkannt. Sich zu engagieren, sich am Geschehen zu beteiligen, Anteil an anderer Menschen Leben und an Vorkommnissen in dieser Welt zu nehmen, ist dort, wo ich lebe, ein hoher Wert. Das gefällt mir im Grunde ja auch sehr. Nur denke ich manchmal, mein »Arbeitsspeicher im Kopf« müsste irgendwann einmal überlastet sein, sodass die Sicherungen durchbrennen. Dann kündigt sich meist die Migräne an.

Oft höre ich im Coaching, dass die Angst, alles zu verlieren, für das man so hart arbeitet, der größte Motor ist, immer so weiterzumachen. Im Augenblick ist es im deutschsprachigen Raum so, dass 80 % der erwerbstätigen Menschen die Angst vor dem Verlust des Arbeitsplatzes vor alles andere stellen.

Meine Beweggründe, ein Buch über Burnout zu schreiben, sind einerseits meine persönliche Erfahrung mit zwei schweren Burnout-Krisen in meinem Leben und andererseits die Erfahrungen, die ich bei meiner Arbeit mit betroffenen Menschen sammeln konnte. Der Wunsch, darüber zu schreiben, wie man in eine Burnout-Krise hineinschlittert und – noch wichtiger – wie ein Leben danach aussieht oder dass es ein Leben danach gibt, ist dabei ein wichtiger Impuls.

Ich habe am eigenen Beispiel erlebt, dass ich in meinem Beruf trotz des hohen Anspruchs gerade auf diesem Gebiet weiterarbeiten konnte und trotzdem meine Burnout-Krisen überwunden habe. Und das in einem Berufsstand, dessen Vertreterinnen ja (angeblich nach außen) *nie* von all diesen *niederen* Gefühlen und *unreflektierten* Verhaltensmustern geplagt werden … Mein Grundgedanke auf dem Weg »heraus« war: »Wenn ich so viel Energie aufbringen kann, mich in eine derart schwierige Situation hineinzubringen – dann kann ich das gleiche Maß an Energie auch darauf verwenden, mich selbst wieder herauszuholen.« Wichtig waren dabei aber eine gute Therapeutin und ein stabiles soziales Netz, das ich erst in dieser schwierigen Situation richtig zu schätzen lernte. Ich meine sogar, dass sich durch das Durchleben von heftigen Lebenskrisen meine Sichtweise und Haltung in Bezug auf meine Arbeit eher verbessert haben, als dass sie – wie befürchtet – negativ beeinflusst wurden. Das Sich-selbst-Zurücknehmen in kleinen Schritten war für mich ein gangbarer Weg zur wiedergewonnenen Gesundheit. Heute kann ich mich noch besser in die Lage einer Klientin hineinversetzen, die mir vom Gefühl der Überforderung erzählt.

Nun wissen Sie also, weshalb ich mich für eine Burnout-Expertin halte. Es ist eben nicht nur die wissenschaftliche Beschäftigung, die einen Menschen zum Experten macht. Oft wird der Blick durch eigenes Erleben noch mehr geschärft. Gerade jene willensstarken Menschen, die sich anstrengen, aus ihrem Leben etwas zu machen, die sich bemühen, nicht durchzuhängen oder sich treiben zu lassen, sind in Gefahr, über die Grenzen ihrer Leistungsfähigkeit hinauszugeraten. Und wieder sehe ich auch die »andere« Seite: Natürlich brauchen Fortschritt und Entwicklung manchmal auch den Schritt über die eigenen Grenzen hinaus. Die Frage ist nur, wie oft und wie lang anhaltend ich über meine Grenzen gehe.

Neben der persönlichen Erfahrung ist mein fachspezifischer Zugang zum Thema Burnout meine Ausbildung mit systemisch-konstruktivistischem Arbeitshintergrund. In meiner Arbeit habe ich oft mit der Erschöpfung und dem Ausgebranntsein meiner Klienten zu tun. Ich gehe in meinem Tun davon aus, dass die Ressource zur Selbsthilfe in uns allen verborgen liegt. Wir alle besitzen diese Fähigkeit, dieses innere Wissen darüber, was uns gut tut – und auch, was uns nicht gut tut. Wir müssen uns nur auf den Weg machen, sie zu finden, diese innere Weisheit, zu deren Wahrnehmung wir – manchmal – nicht mehr in der Lage sind, weil alles um uns herum so laut und so rasend schnell geworden ist. Und: wir müssen wieder lernen, auf unsere innere Stimme zu hören.

Immer wieder bin ich in meiner Arbeit mit dem Erstaunen der Menschen konfrontiert, wenn sie sich klar machen, *was* sie alles in ihrem Innersten schon *wie lange* gespürt haben. Intuition ist im »öffentlichen Leben« heutzutage nicht modern. Es gibt zwar z. B. aus aktuellen Studien Hinweise darauf, dass bis zu 80 % der wirtschaftlichen Entscheidungen in Wahrheit aus dem Bauch heraus getroffen werden und es dann nur Rationalisierungen gibt, um sie zu begründen. Zugeben wird das allerdings niemand. Dies ist deshalb eine relevante Ziffer, weil wir uns zwar alle vorstellen können, dass wir private Entscheidungen intuitiv treffen; wie viele unserer Entscheidungen wir aber tatsächlich – eben auch in nichtprivaten Belangen – intuitiv treffen, ist uns meist nicht bewusst.

Übersieht man die Warnzeichen von Körper, Geist und Seele, kann dies schon mal zu einer unumgänglich notwendigen (d. h. vom eigenen Willen unabhängigen) Pause führen. Ob diese »Pause« im schlimmsten Fall in einer Klinik verbracht wird oder ob ich sie in meinen *den realen Energieressourcen angepassten* Alltag integrieren kann, ist viel eher eine persönliche Entscheidung und die Folge des mehr oder weniger sorgfältigen Umgangs mit uns selbst, als wir annehmen mögen. Besonders wichtig ist mir zu zeigen, dass man nicht in jedem Fall einer Burnout-Krise sofort arbeitsunfähig wird, auch nicht unbedingt in eine materielle Armut stürzt, sozial absackt und/oder nur noch ein Schattendasein fristet, gepaart mit Medikamenteneinnahme. Es kann sein, dass ich zeitweise therapeutische Hilfe brauche, dass ich mich von Statussymbolen oder scheinbaren Verpflichtungen trennen muss. Vielleicht werde ich zu einem Umdenken in Richtung eines gelungenen Lebens kommen. Vielleicht genügt aber auch eine Umstrukturierung meines Lebens und meiner Werte. Auch schlittert nicht jeder Mensch automatisch in ein Burnout-Syndrom, nur weil er hohem Stress ausgesetzt ist. Und es muss bei weitem nicht jede Burnout-Krise in das allerletzte Stadium führen. Viel häufiger ist es, dass wir uns in wellenartigen Bewegungen vor- und zurückbewegen. Allerdings ist der Grat oft schmäler, als wir uns eingestehen wollen.

Ein bisschen erlebe ich diesen Zustand (meiner »Post-Burnout-Phase«) wie jenen des Nicht-mehr-Rauchens. Ich kann mich noch genau daran erinnern, wie sehr ich gesundheitlich beeinträchtigt war und wie schwer es mir fiel aufzuhören. Heute denke ich, es ist wohl besser, dass ich nie wieder eine Zigarette anfasse. Ich bin mir nach 13 Jahren Abstinenz immer noch nicht sicher, ob ich nicht doch wieder anfinge. Aber das Gesundheitsrisiko ist mir, in Hinblick auf die Verantwortung, die ich trage, zu groß. Mit meinem Burnout-Risiko verhält es sich sehr ähnlich.

Menschen in Überlastungskrisen wie Burnout (früher auch Chronic Fatigue Syndrom genannt) haben meist mehr Angst davor, stehen zu bleiben und zur Ruhe zu kommen, als »sehenden Auges« weiterzurennen und damit die Gefahr in Kauf zu nehmen auszubrennen – mit allen damit verbundenen körperlichen und emotionalen Risiken. Ich selbst dachte in solchen Situationen immer: *»Ich kann jetzt nicht aufhören, nicht jetzt, später! Ja, ich sehe, dass es so nicht mehr lange weitergehen kann. Aber dieses Projekt (diese Ausbildung, diese Aufgabe etc.) muss ich noch machen.«* Und der zweite Gedanke, der mich am Innehalten hinderte, war, dass ich fürchtete, alles zu verlieren, für das ich so viele Entbehrungen in Kauf genommen hatte, wenn ich meiner Erschöpfung und meiner Müdigkeit Raum gäbe. Auch die Vorstellung einer Blamage, eines sichtbaren Versagens vor »den anderen« trieb mich weiter an, ebenso wie die Aussagen in meiner Familie darüber, was ein Gewinner und vor allem was ein Verlierer sei. Deren und meine eigenen Leistungskriterien trieben mich voran. Natürlich wollte ich »denen« (Lehrern, Familie, Kolleginnen, Vorgesetzten, jede beliebige Bezugsgruppe ist hier einsetzbar) etwas beweisen …

Ich kann heute sagen, dass mein Leben nach beiden Burnout-Krisen im Vergleich zu vorher jeweils eine positivere Richtung genommen hat; aber geglaubt habe ich das – während der Krise – in keinem Augenblick. Erst jetzt sehe ich es aus der Distanz heraus so. Ich habe gelernt, mit den Auf- und Abbewegungen meiner individuellen Anspannung besser umzugehen und rechtzeitig die Notbremse zu ziehen. In der akuten Situation war ich stets vehement mit dem Motto »Zähne zusammenbeißen und durch« beschäftigt. Was mich stärkt, ist, dass ich es inzwischen in früheren Stadien schaffe, die Anzeichen von Burnout wahrzunehmen, und zu wissen, dass ich die Kraft habe, mir selbst herauszuhelfen, wenn ich wieder zu tief hineingeraten bin.

Kennen Sie jemanden, bei dem Sie den Verdacht hegen, es könne sich um eine Burnout-Überlastung handeln? Tragen Sie Personalverantwortung oder fühlen Sie sich selbst einem Burnout-Syndrom nahe? Wenn Sie sich auf das Buch einlassen können und es mir gelingt, in Ihnen etwas zu bewegen, wenn Sie die Energie aufbringen, über sich nachzudenken, wenn es Sie ärgert oder vielleicht auch mal amüsiert, was ich schreibe – dann habe ich mein Ziel erreicht. Und wenn Sie mir Ihre Erfahrungen oder Kommentare mitteilen wollen – nur zu! Auf der letzten Seite finden Sie meine Kontaktadresse und viele weiterführende Informationen. Ich wünsche mir von Ihnen, dass Sie auf sich selbst achten und immer wieder nach der Balance streben, die so wichtig ist, um gesund zu bleiben. Und Ihnen wünsche ich eine spannende, amüsante Reise durch ein Thema, dem man sich sonst nur allzu gern verschließt.

Diese Gedanken waren auch der Motor zu diesem Buch. Ich möchte Ihnen vorführen, wie man mit »normalen«, teils ganz unspektakulären Mitteln der Selbsthilfe und ein paar Wegbegleitern eine Burnout-Erschöpfung in den Griff bekommen und auch wieder gesund werden kann. Gleichfalls können jene, die Menschen kennen, die möglicherweise in eine Burnout-Erschöpfung hineingeraten, verstehen lernen, warum es denn so schwer ist, innezuhalten und anzuerkennen, dass man am Ende seiner Kräfte angelangt ist. Im Verlauf dieses Buches werde ich Ihnen sowohl den Weg ins Burnout beschreiben als auch den Weg aufzeigen, der Sie wieder herausführt.

Danksagung

Immer, wenn ich in Büchern den Dank an spezielle Personen gelesen habe, hat mich ein merkwürdiges Gefühl überkommen. Es kam mir so ein bisschen wie bei der Oscar-Verleihung vor. Ich nehme jetzt, nachdem ich selbst dieses Buch fertig geschrieben habe, alles zurück! Es ist mir ein echtes und inniges Bedürfnis, meinen Helfern und Helferinnen zu danken. Meinem Partner Ivo für seine unendliche Geduld und Zähigkeit, alles mehrmals zu lesen, unser gesamtes Beziehungsleben noch einmal durchzudiskutieren, um Zusammenhänge zu überprüfen und alle Krisen und Zweifel (auch nach der dritten Überarbeitung) mit mir durchzustehen; meinen Töchtern Alexandra und Viola für die Zeit, die sie von ihrer »Mama-Zeit« gespendet haben, damit ich schreiben konnte, meinen Freunden und Freundinnen Gabi, Penny, Christl, Waltraud, Isa, Joe, Evi, Birgit und Martina fürs Lesen und teilweise heftiges Ausdiskutieren. Unserer Happy danke ich für ihre Geduld und ihre tiefen Seufzer, wenn sie ihre Schnauze auf mein Knie gelegt hat, damit ich doch endlich aufhöre zu schreiben, um mit ihr spazieren zu gehen. Helmut Novy, Christine Buchebner, Othmar Hill und Caspar Einem danke ich für fachlichen Input und Supervision. Mein Dank gilt auch Beate Ch. Ulrich, Klaus Müller und Ralf Holtzmann und ihrem Team im Carl-Auer Verlag, die einem Buch zu einem heiklen Thema, noch dazu ohne »großen Namen«, eine Chance gegeben haben. Meinen Lektorinnen danke ich besonders für die vorsichtigen und rücksichtsvollen Änderungsvorschläge. Ganz besonders herzlich Danke sage ich Nicola Offermanns. Sie lachte und grübelte an denselben Stellen wie ich und nahm mein Buch trotz burnoutverdächtiger Arbeitsbedingungen unter Ihre Fittiche. Auch den vielen Frauen und einigen Männern, die anonym durch Interviews zur Bereicherung dieses Buches beigetragen haben, möchte ich meinen Dank aussprechen. To whom it may concern: Vielen Dank euch allen!

Gabriele Kypta

Erschöpfung als modernes Tabu

Ein Buch über Erschöpfung und die Grenzen unserer Belastbarkeit in Zeiten, in denen Fitness und Aktivität als höchste Werte hochgejubelt werden? Wer möchte nicht fit und belastbar, schnell und flexibel sein. Gerade wir Frauen haben für uns beschlossen, der männlich orientierten Welt den Kampf anzusagen und zu beweisen, was alles in uns steckt. Auch ich fände es wunderbar, in einem gesunden, sportlichen, leistungsfähigen Körper zu leben und den Anforderungen des Alltags mit Nonchalance zu begegnen. Auch mein Bild vom »modernen« Menschen, von der »modernen« Frau, ist geprägt von Ausdauer- und Selbstbewusstseinstrainings und »Alles-ist-möglich«-Seminaren.

Die persönliche Betroffenheit einerseits, aber auch das berufliche und private Miterleben solcher Lebenskrisen bei anderen ist der Grund, warum mir dieses Buch so wichtig ist. Ich möchte zeigen,

- wie man in den Burnout-Prozess hineingerät – mit wehenden Fahnen und überzeugt von der eigenen unerschütterlichen Kraft und Leistungsfähigkeit,
- wie man lernen kann zu akzeptieren, dass es persönliche Grenzen der Belastbarkeit gibt, und
- wie man da wieder herauskommen kann – oftmals sogar aus eigener Kraft, meist aber mit der Unterstützung durch wohlgesonnene Menschen (soziales Netz, therapeutische Hilfe).

Warum ist Erschöpfung oder Burnout ein Tabu? Warum reden wir alle nicht öffentlich, sondern nur ganz privat, mit der engsten Freundin über unser Ruhebedürfnis und unsere Überforderung? Wie kam es, dass wir uns in einem derartigen Strudel von Beschleunigung und der Suche nach noch viel mehr Tempo und Leistung wiederfinden? Die Betroffenheit, die sich bei den allermeisten Menschen einstellt, die sich mit dem Tabuthema Erschöpfung auseinander setzen, und die oft damit einhergehende Verdrängung sind es, die mich zum Verfassen dieses Buches brachten. Ich frage mich, ob es wirklich so gefährlich für uns ist, über diese Form übermäßiger Erschöpfung offen zu reden. Über genau jene Erschöpfung, die uns das Leben, auf das wir uns hier einlassen, beschert. Im Grunde genommen spielen wir alle mit und sehen keine Ausstiegsmöglichkeit. Und so dreht sich dieses Jahrmarktskarussell, das sich »Leben« nennt, immer schneller, und die Zentrifugalkraft zieht uns immer weiter an den Rand hinaus. Bis – ja, bis manche von uns nicht mehr die Kraft haben, sich festzuhalten, und rausfliegen. Ich möchte einen Schlussstrich unter das Tabuthema Erschöpfung ziehen. Tabus zu brechen schafft auch Möglichkeiten zur Weiterentwicklung. Wenn wir uns auf gesellschaftlicher Ebene darauf einigen könnten, auch über Erschöpfung zu sprechen, öffentlich und nicht immer nur hinter vorgehaltener Hand, dann könnten wir auch gemeinsam Schritte unternehmen, die dieser Beschleunigung entgegenwirkten und uns alle wieder durchatmen und zur Ruhe kommen ließen.

In einer Studie wird beschrieben, dass Manager gelernt hätten, effektiv mit ihrer Zeit umzugehen. Immer mehr Führungskräfte hätten erkannt, wie wichtig es ist, Arbeit und Familie unter einen Hut zu bringen. Manche meiner Interviewpartnerinnen für dieses Buch erzählten mir, dass es nach wie vor so sei, dass man eher sagt »Ich habe noch einen Abendtermin« als »Ich muss mit meinem Kind heute noch Englisch pauken, morgen wird eine Schularbeit geschrieben«. Im »Business« geht es offenbar immer noch ziemlich lebensfremd zu. Manager tun so, als hätten sie ihr Privatleben nur, damit das Zuhause nicht so leer dasteht, und dann wundern sie sich über eine Scheidung. Da versuchen Managerinnen zu verheimlichen, dass der Terror mit der Schwiegermutter, die partout nicht mehr auf die Enkel aufpassen will, der wahre Grund für das frühzeitige Verlassen einer abendlichen Sitzung ist – und nicht irgendein von Männern akzeptierter, vorgeschobener Grund wie zum Beispiel Auto- oder Computerprobleme.

Je nach Auftraggeber einer Studie oder Gruppe der Befragten ergeben sich Studienergebnisse, die in ein paar Zeitungen diskutiert werden. Je nach Jahreszeit mehr oder weniger heftig. Dann verliert sich die Diskussion wieder. Von Zeit zu Zeit erfahren wir – eher über die Gesellschaftsseiten –, welcher Fernsehstar oder Politiker gerade mal wieder zusammengebrochen ist. Welche gesellschaftspolitischen Aussagen stehen aber hinter solchen Studienergebnissen? Doch wohl am ehesten, dass wir nun nicht einmal mehr über Stress und Überforderung reden dürfen. Von Burnout ganz zu schweigen. Einmal mehr erfahren wir, dass *in* ist, wer schnell ist und vor allem dabei keine Erschöpfung zeigt. Sind wir auf dem Weg zum gesellschaftlichen Burnout? Was bedeutet das für uns Frauen? Ich gehöre einer Generation von Frauen an, die die Veränderungen durch die erste Frauenbewegung schon nutzen konnten. Ich lebte in dem Glauben, dass für uns Frauen nun alle Türen offen seien, wenn wir nur bewiesen, dass wir genauso viel leisten könnten wie die Männer. Also strengten sich alle enorm an, denn es könne ja nicht so sein, dass wir toughen Frauen Chancen wie diese ungenutzt verstreichen ließen. Ich lebte als junge Frau in dem Bewusstsein, dass es eine Verpflichtung meiner Generation sei, die Möglichkeiten zu ergreifen, die unsere Vorgeneration für uns erstritten hatte. Keine geringe Bürde, denke ich heute.

Wie gehen wir mit Burnout um? Dr. Susanne Riess-Passer[1] äußerte sich in einer Pressekonferenz wie folgt: »Meine Damen und Herren, ich muss Ihnen mitteilen, dass der Herr Justizminister, Dr. Michael Krüger, aus gesundheitlichen Gründen zurücktritt. Er befindet sich zurzeit in Spitalspflege wegen eines akuten Überlastungssyndroms.« Solche deutlichen Statements sind auch heute noch äußerst selten zu hören. Meist ziehen sich betroffene Personen völlig aus dem öffentlichen Leben zurück. In anderen Fällen – vor allem bei Künstlerinnen – hört man oft monatelang nichts mehr, und dann ist die Person wieder da. Sie taucht auf wie ein Phönix aus der Asche. Vielen fällt das erst gar nicht auf. PR-Managerinnen und Politstrategen ist das auch gerade recht. Die von ihnen betreute Person soll möglichst unauffällig verschwinden – wenn es nun denn sein muss –, um nach möglichst kurzer Zeit wieder als strahlende Figur der Öffentlichkeit entgegenzulächeln. Für die Promis gibt es Burnout-Kliniken, in denen man ganz unauffällig entschleunigen kann und wieder auf die Beine kommt. Für die allein erziehende Kassiererin im Supermarkt nebenan ist das keine gangbare Alternative.

Obwohl so viel darüber geschrieben wird, bedeutet ein Burnout-Zusammenbruch auch heute noch, dass wir nicht leistungsfähig sind, dass wir womöglich mit dem – von wem auch immer geforderten – Tempo nicht Schritt halten können. Komischerweise fragt niemand, wie es kommt, dass so viele Menschen erschöpft sind – und das in einem Ausmaß, das unter Umständen lebensbedrohlich ist. Die Stressforschung unterscheidet zwar zwischen *negativem* und *positivem* Stress, aber lieber ist uns, wenn wir erst gar nicht darüber reden. Wer nicht leistungsfähig ist, fliegt raus. Nur wer »wirklich verantwortungsvoll« handelt, sorgt vor, trainiert und checkt seinen Körper (wie sein Auto) in regelmäßigen Abständen, damit keine Materialermüdung den Erfolgsweg behindert.

Marathonsitzungen in unserem Arbeitsumfeld kennen wir alle. Jene nicht enden wollenden Termine, bei denen schon lange alles gesagt wurde, aber bei weitem noch nicht von jedem. Gerade Frauen plagen sich oft mit dieser männlichen Sitzungskultur, da dabei – außer Geplustere und Statusbestätigungen – meist nicht viel herauskommt. Das Fernsehen zeigt uns täglich Bilder von – meist männlichen – Personen, die zeigen, wie tüchtig in der Politik und Wirtschaft weltweit gearbeitet wird. Sie scheinen unentwegt in Sitzungen, Pressekonferenzen zu verweilen und sich um unser Wohl zu kümmern – und dabei lächeln sie noch bedeutungsvoll in die Kamera! Marathonsitzungen kennen aber auch Menschen, die keine Führungskräfte oder Spitzenpolitiker sind. In Krankenhäusern oder Beratungsstellen, überall werden notwendige Besprechungen – aus Zeitmangel – so lange verschoben, bis die Tagesordnung 20 Punkte und mehr beinhaltet. Oder es passiert etwas, das alle an den Tisch bringt. Drohende, von vielen Menschen bereits früh erkannte Hinweise werden oft nicht ernst genommen, die Zeit für Bagatellen ist nicht vorhanden.

Katastrophen scheinen die Parameter der Gegenwart zu sein. Solange keine Katastrophe in Sicht ist, wird weitergearbeitet – »business as usual«. Nach dem Motto: Wir haben Stress, aber das ist ja normal. Das gehört dazu, wenn man engagiert ist. Burnout und Stress liegen nahe beieinander.

Wie entsteht das Tabu Erschöpfung?

Der Zustand der Erschöpfung bis hin zum Burnout-Syndrom wird meines Erachtens nicht in seiner vollen Bedeutsamkeit in der Öffentlichkeit diskutiert. Die unausgesprochene Vereinbarung, die wir miteinander hier im mitteleuropäischen Kulturkreis treffen, hat mit Themen wie Müdigkeit, Erschöpfung und menschlichen Belastbarkeitsgrenzen wenig am Hut. Nur allzu gern werden Erschöpfung und Müdigkeit in das Private verschoben.

Sie hätten nichts mit der Gesellschaft als solcher zu tun, sondern wären einfach persönliche Schwächen des einzelnen Individuums. Muße, Ruhe und innere Einkehr werden bestenfalls ins hohe Alter verschoben. Auch das wird sich in Zukunft, glaubt man Bevölkerungsexpertinnen, als Irrglaube herausstellen, da die Bedeutung von »Alter« neu definiert werden muss. Ein derart verkrampftes Verhältnis einer Gesellschaft zu einem bestimmten Sachverhalt nennt man Tabu. Die Art und Weise, mit der die Gesellschaft, also wir alle, mit Belastung umgehen, wie wir sie bewerten, wo wir Grenzen akzeptieren, ist das gelebte Tabu. Gut sichtbar macht dies Richard Sennet (2000) in seiner Betrachtung der gesellschaftlichen Bedeutung des »Scheiterns«. Darin sieht er das Scheitern als das »große moderne Tabu«. An der Zahl der Bücher über Erfolg – und viel mehr noch am Fehlen von Literatur über das Nicht-Gelingen, das Scheitern – wird sichtbar, wo unsere Werte liegen. »*Wie wir mit dem Scheitern zurechtkommen, wie wir ihm Gestalt und einen Platz in unserem Leben geben, mag uns innerlich verfolgen, aber wir diskutieren es selten mit anderen. Stattdessen flüchten wir uns in die Sicherheit des Klischees. Die Vertreter der Armen tun dies, wenn sie an die Stelle der Wörter: ›Ich bin gescheitert‹ das angeblich heilende ›Nein, das bist du nicht, du bist ein Opfer‹ setzen. Wie bei allem, das man sich auszusprechen weigert, werden sowohl die innere Besessenheit als auch die Scham dadurch nur größer. Unbehandelt bleibt der harte innere Satz ›Ich bin nicht gut genug‹.*«

Um mit dem allgegenwärtigen Erfolgsdruck klarzukommen, bemühen wir uns immer mehr und versuchen, den allgemeinen Erwartungen zu entsprechen. Und so arbeiten wir und bemühen uns und strengen uns an, bis die Batterien leer sind (Burnout). Scheitern ist ein verpönter Begriff. Im mitteleuropäischen Kulturkreis erlebe ich die mangelnde Fehlertoleranz als eine der Grundsäulen für das Tabu Erschöpfung. Es ist ein großer Unterschied, ob ein Mensch in Österreich mit einer Geschäftsidee scheitert oder z. B. in Amerika. In Österreich ist diese Person abgestempelt als Versager. In Amerika gibt es in dieser Hinsicht viel mehr Spielraum.

Nutzen von Tabus

Eine Gruppe verhängt über ein Thema ein Tabu, indem es dessen Meidung oder Ächtung verlangt. Die Übertretung dieses Gebotes kann bis zum Ausschluss aus der Gruppe oder Gesellschaft führen. Der Psychologe Hartmut Kraft bezeichnet das »Tabu« als identitätssichernd innerhalb einer Gruppe oder Gesellschaft (2004). Die Gruppe definiert für sich also »Wir haben unser Leben im Griff, wir sind leistungsstark und nicht umzuwerfen« und »Wer das nicht ist, fliegt raus«.

Unsere Gesellschaft beantwortet Burnout mit Ächtung. Also haben wir es mit einem klassischen Tabu zu tun. Dies gilt nicht (mehr) für den Begriff »Stress«. Dieser ist mittlerweile ein akzeptiertes »Wohlverhalten«. Wir alle sind gestresst. Es gibt eine Fülle von Studien, die nachweisen, wie förderlich Stress ist, dass es den Eustress gibt, der gut für uns ist, denn er gäbe uns das Gefühl, wirklich zu leben, er sei unser Motor. Obwohl es für Männer und Frauen als Tabu gilt, erleben Frauen eine Burnout-Krise doch begleitet von so manchem hämischen Grinsen, »*es* wohl doch nicht so gut zu können wie die Männer«.

Zugegeben, mir geht es auch so. Wenn an einem Tag alles so richtig »wie geschmiert« läuft, dann fühle ich mich lebendig und leistungsfähig, habe ein wunderbares Lebensgefühl und genieße es, ein Statement der Großartigkeit von Frauen liefern zu können! Worum es mir hier geht, ist die Frage, wie viel davon dem Menschen zuträglich ist. Mehr noch, wie viel Müdigkeit dürfen wir zugeben? Ab wann nähere ich mich der Tabugrenze? Wenn ich an meinem Arbeitsplatz über Stress klage, zeige ich, dass ich wichtig bin, dass ich engagiert bin, meine Arbeit ernst nehme, dass ich nicht so ohne weiteres ersetzbar bin. Aber: Wenn ich über Burnout klage – werde ich dann nicht für unfähig, wenig belastbar, psychisch labil oder desorganisiert gehalten?

Ist es tatsächlich eine Neuigkeit, dass wir Menschen »endlich« sind? Wie glaubwürdig ist denn eine Politikerin oder auch ein Konzernmanager, wenn er oder sie stets fit und attraktiv, mit strahlend weißen Zähnen und braungebrannt in der Gegend herumlächelt? – Wohl eher wenig glaubwürdig, wenn man bedenkt, wie viel Zeit für Sitzungen, Arbeitskreise, Gespräche und Dienstreisen vergeht. Unlängst erklärte mir der Chef eines

Industriebetriebs, dass ein Manager nur dann ein guter Manager sei, wenn ihm einmal am Tag langweilig wäre. Ich halte dies für einen sehr gesunden Ansatz. Leider höre ich so etwas nicht öfter. Langeweile, so argumentiert der Manager, sei die Basis für Kreativität und der Beweis für eine richtige Organisation. Da ist etwas Wahres dran. Allerdings kann es auch einen ziemlichen Druck verursachen, wenn man daraus ableitet »Ich bin nicht gut organisiert (= Looser), wenn mir nicht langweilig ist«.

Brauchen wir wirklich unantastbare und unerschütterliche und vor allem unermüdliche Heldenfiguren, um uns sicher zu fühlen? Und wie steht es um uns Frauen? Es gibt unzählige Bücher zum Thema »Wie manage ich Kind und Karriere«. Gibt es solche modernen Heldinnen, die man sich wie indische Göttinnen, strahlend, vergeistigt und mit mindestens 17 Händen vorzustellen hat? Also, meine Realität war das nie. Ich hatte eher das Problem, dass es niemand hören wollte, wenn ich über Erschöpfung mit meinem Kleinkind, einem 40-Stunden-Job und der engstirnigen Prüfungsordnung meiner Fakultät sprach. Blitzrezepte gegen Erschöpfung gibt es zuhauf. Gurus für die neue Fitnesswelle, Modeworte wie »Wellness«, »Balancing« … lauter spannende Begriffe, die in Wirklichkeit doch nur eines vermitteln: Wir sind selbst verantwortlich, wenn wir nicht gut genug funktionieren. Ich als Individuum habe einen Mangel, ich bin nicht belastbar. Ich muss diesen Mangel beheben.

Kraft (2004) beschreibt Tabus als Meidungsgebote, bei deren Übertretung Ausschluss aus der Gemeinschaft droht. »Mithilfe der Tabus definiert eine Gruppe, was zu ihr gehört – und was nicht. […] Wer das Tabu der Gruppe übertritt, wird ausgeschlossen, weil er das System in Frage stellt, die Identität der Gruppe zu untergraben droht. Der angedrohte Ausschluss trifft auf frühkindlich geformte Ängste vor dem Verlassenwerden, einem Ausgesetztwerden.« Wenn wir uns nun in Erinnerung rufen, dass ca. 80 % der Erwerbstätigen als größte Angst jene des Verlusts des Arbeitsplatzes angeben, wird klar, warum wir uns alle nur allzu freiwillig die Alleinverantwortung für Überforderung aufbürden lassen. Systemisch betrachtet muss hier die Frage gestellt werden, ob es uns überhaupt möglich ist, die Tabus aller Systeme, in denen wir uns bewegen, zu beherzigen.

Als berufstätige Frau mit Kindern, einem Partner, politischem Engagement, Mittvierzigerin mit hohen Ansprüchen an sich selbst, an ihre Beziehungs- und Erziehungsqualität – die Liste könnte ich noch eine Weile fortsetzen –, gerate ich gelegentlich in Rollenkonflikte. Es ist schwer zu überblicken, in wie vielen Welten ich zu Hause bin und mit wie vielen Tabus ich zu tun habe. Überall besteht demnach die Gefahr, ausgestoßen zu werden. In einer Zeit, in der das Ziel des Individualismus, damit aber auch Alleinsein, so vorherrschend und erstrebenswert wie nie zuvor ist, ist das Bedürfnis nach Anerkennung, nach Zugehörigkeit umso stärker. Ich merke, wie sehr es mich stört, von der Lehrerin meiner Tochter als »berufstätige Mutter« bezeichnet zu werden. Sie meint damit nicht nur die reale Situation, sondern ich höre zugleich auch einen Vorwurf heraus, dass ich nicht regelmäßig beim »Buchstabentag« anwesend sei (wie andere Mütter, die sich eben um ihre Kinder kümmern). Wenn ich als berufstätige Mutter einer Kundin erkläre, dass ich um 21 Uhr abends nicht mehr mit ihr telefonieren möchte, weil diese Zeit für mich zum Privatleben gehört – erlebe ich die gleiche ironisch hochgezogene Augenbraue. Also, wie man es macht, ist es verkehrt.

Die Folge dieser oben genannten Situationen war, dass ich kuchenbackend, mit Kundinnen telefonierend und mit einem Auge die Hausaufgaben der Töchter kontrollierend in der Küche herumschwirrte und dann mit einer Migräne auf dem Sofa landete. Das habe ich mir mittlerweile wieder abgewöhnt.

Der Common Sense in unserer Gesellschaft scheint zu lauten: Wir können (technisch) alles erreichen – also müssen wir unsere Körper und unsere Seelen auch dahin bringen. Wer das in Frage stellt, wird ausgeschlossen aus der modernen Gesellschaft. Wer zeigt, dass er müde ist, dass er an Grenzen kommt, wird ausgeschlossen. Diese Gesellschaft will sich nicht mit dem Scheitern, nicht mit der Endlichkeit auseinander setzen. Die Gentechnik, die Informationstechnik, alle innovativen Fachrichtungen zeigen uns doch täglich aufs Neue, wie unendlich viel es noch zu erforschen gibt. Das vermittelt uns doch auch das Gefühl, dass alles möglich ist, wenn wir uns nur genug anstrengen. Wenn alles möglich ist, dann haben wir Menschen offenbar auch die *Verpflichtung*, alles zu nutzen, was möglich ist. Wo ist die Freiheit geblieben? Was bringt mir der Fortschritt nun?

Funktionen des Erschöpfungstabus

Tabus sind nicht nur Verhaltensgebote, sie sind in den allermeisten Fällen mit starken Emotionen (meist Angst) verbunden. Werden sie übertreten, begibt sich die Person in die Gefahr, aus der Gemeinschaft ausgeschlossen zu werden.

Meine Hypothese ist nun, dass das Erschöpfungstabu dazu dient, die Gesellschaft in einem leistungsfähigen Weltbild erstrahlen zu lassen. Das bedeutet, dass nur, wer fit ist und mit den so generierten Standards mithalten kann, sich als wertvolles Mitglied dieser Gesellschaft sehen darf. Erschöpfung wird als Zeichen von mangelnder Gesundheitspflege und mangelnder Leistungsbereitschaft definiert. Also müssen alle, die mithalten wollen,

- sich gesund ernähren,
- Sport machen,
- sich selbst motivieren,
- ihr Durchhaltevermögen (ihre Leidensfähigkeit) steigern usw.

Abwehrhaltungen in Erschöpfungssituationen

Abwehrhaltungen sind Mechanismen, die uns Menschen in kognitiven Überforderungssituationen »schützen«, indem wir Aussagen treffen, die eine gewisse »Uminterpretierung« oder »Beschönigung« der erlebten Tatsachen darstellen. Schwierig ist dieser Mechanismus nur dann, wenn wir uns selbst diesen kleinen Trick unseres Geistes nicht eingestehen können. Hilfreich ist so eine Reaktion beispielsweise, wenn ich keine Zeit habe, mich mit den Hintergründen einer Notsituation auseinander zu setzen. Um nicht panisch zu reagieren, ist es ganz vernünftig, gewisse Wahrnehmungen nicht zur Kenntnis zu nehmen. Sobald jedoch unsere Leugnung oder Verdrängung anhaltend wird, wir dieses »Nicht-Sehen« für wahr halten, verdrängen wir damit wichtige Informationen aus unserem Leben. So lange – bis wir »von außen« dazu gezwungen werden, sie uns doch anzuschauen.

Nicht-wahrhaben-Wollen: »Ich habe kein Burnout-Syndrom. Das ist alles nur so eine Modeerscheinung für die Wellness-Industrie. Viel Arbeit haben wir alle. So ist das Leben. Aber was einen nicht umbringt, härtet einen ab.«

Abwerten: »Wegen dem bisschen Müdigkeit. Ist doch nicht so schlimm. Ich muss demnächst mal wieder richtig ausspannen. Diese kleine Stressphase gehört zu meinem Beruf. Alles nicht so wild.«

Biologisieren: »Nervosität – das ist was für Frauen. Immer, wenn es richtig rund geht, kneifen sie und haben Migräne.«

Individualisieren: »Ich kenne jemanden, dem sieht man Burnout schon richtig von weitem an. Das muss ziemlich schlimm sein, wenn es einen erwischt. Ich persönlich, nein, so was kenne ich nicht.«

Identifizieren mit Rollenmodellen: Man schützt und verteidigt das (beobachtete oder zur Schau gestellte) Verhalten von Vorbildern. Damit erfolgt eine Identifizierung mit ihnen. Beispielsweise das »Supermutter-Syndrom«, der »moderne Mann« oder der klassische »Supermanager« und mittlerweile auch die »Supermanagerin«.

Die **Gründe** für diese Verhaltensweisen können vielfältig sein. Die häufigsten sind:

- Angst, persönlich in Frage gestellt bzw. nicht akzeptiert zu werden: »Na ja, der/die bringt doch nicht das, was wir uns erwartet haben.«
- Angst, dass schmerzhafte Erkenntnisse zu Tage treten könnten: »Wenn bemerkt wird, dass ich nichts aushalte, fliege ich raus.«
- Angst, dass letztendlich Konsequenzen (im Sein und im Tun) notwendig werden. Gerade bei Erschöpfungszuständen muss man sich damit auseinander setzen, dass man einen Teil seines bisherigen Tuns verändern muss. In wirtschaftlich schwierigen Zeiten ist das aber ein Risiko, das man oft nicht einzugehen wagt. Natürlich ist das kurzsichtig gedacht, da sich bei einer fortschreitenden Erschöpfung der Körper selbst diese benötigte Ruhepause verschafft. Wir können das nur eingeschränkt mit unserem Willen steuern.

Schneller – höher – stärker

Andererseits sind das Tempo und die Grenzenlosigkeit technischen Fortschritts eine große Chance zur Weiterentwicklung, sie wirken sich bis tief in die Entwicklung unserer Persönlichkeit aus. Sie sind aber auch eine extreme Herausforderung für unseren Geist, unsere Seele und unseren Körper. *In einer alten Fabel wird erzählt, wie ein westlicher Forscher den Dschungel durchforstet. Er hat ein Ziel, das er unbedingt und mit hohem Tempo und großer Kraftanstrengung erreichen will. Einen geheimnisvollen Ort, den er entdecken will. Der Forscher treibt die einheimischen Träger an, schneller vorwärts zu machen und noch schneller, und so fort. Bei der nächsten Rast setzen sich die Träger nieder und verharren an dieser Stelle. Der Forscher will sie antreiben weiterzugehen. Sie aber weigern sich vehement. Auf die Frage des Forschers, warum denn die Träger nicht weitergingen, antwortet jener, der ihr Sprecher ist: »Unsere Körper sind hier, aber unsere Seelen müssen erst noch folgen. Darauf warten wir.«*

Worum es mir hier geht, ist vor allem der Bruch mit einem Tabu, das da lautet »Wir-schaffen-alles-wenn-wir-nur-tüchtig-genug-sind«. Ich habe genug davon, mir und anderen ständig vorzumachen, dass wir uns nur genug anstrengen müssen. Dass wir einfach besser organisiert sein müssen, um noch mehr zu schaffen. Gerade las ich in einer Tageszeitung, dass Frauen selbstverständlich auch in Spitzenpositionen Karriere machen könnten. Sie müssten nur endlich lernen, auch ihre Kinderbetreuung straffer zu organisieren, dann müssten sie nicht einmal zwischen Kind oder Beruf entscheiden. Alles gehe, wenn man nur gut organisiert sei. Ich las diesen Artikel im Jahre 2006, nicht 1975! Wie kommt es, dass ich das alles schon mal gehört habe, und vor allem: Wie kommt es, dass solche Diskussionen noch immer so brandheiß sind? Wie kommt es, dass wir Frauen uns mit großer Selbstverständlichkeit mit diesem Thema ernsthaft auseinander setzen – und nicht einen Gedanken darauf verschwenden, ob es nicht auch andere beträfe, sich z. B. über die ordentliche Betreuung der Kinder in dieser Gesellschaft Gedanken zu machen.

Also erfahre ich wieder einmal, dass ich als Frau erst dann anerkannt werde, wenn ich meine Ausbildung, Karriere, meine Kinder, mein Beziehungsleben, soziale Dienste an meiner Herkunftsfamilie oder der Schwiegerfamilie etc. – also, wenn ich alles auf die Reihe kriege, ohne zu jammern und ohne dabei die Hilfe anderer zu benötigen. Na ja, es gebührt uns ja auch Anerkennung für solche Höchstleistungen. Aber tut uns das gut, ständig zu beweisen, was wir noch alles unter einen Hut bringen können? Ich meine hier diese – vermeintlichen oder tatsächlichen – gesellschaftlichen Zwänge zum Ergreifen aller möglichen und unmöglichen Zeitspartricks, die permanente Werbung für All-in-One-Produkte und der Verlust von Muße, Langeweile, ja auch mal ein »geistiges Vakuum« zu erleben. Mir gehen diese ständigen Anforderungen nach mehr Effizienz und absoluter Effektivität auf die Nerven. »Effektivität bedeutet, das Richtige zu tun«, habe ich mal irgendwo gelesen. Was bitte schön ist denn das Richtige? Ich fühle mich aufgerieben von der Suche nach dem Richtigen. Ständig überprüfe ich meine Handlungen auf ihre Effektivität. Ich nenne das Verantwortungsbewusstsein gegenüber meiner Umwelt. Aber ich spiele das Schneller-höher-stärker-Spiel mit. Mich stört, dass man Menschen durch ständige Forderungen nach »mehr« und »schneller« so lange überfordert, bis sie »aus den Latschen kippen«, und dann auch noch verächtlich über sie herzieht. Aber ich spiele mit. Ich habe auch kein Patentrezept, wie man damit aufhören könnte. Aber ein tiefes Gefühl der Unzufriedenheit. Ich will so auch nicht mehr weitermachen.

Der Glaube, ich könnte unendlich viel in denkbar kürzester Zeit erledigen, wenn ich nur lernte, Prioritäten zu setzen, ist schon ziemlich verblasst. Als schaffte ich es als Erste, einen zweiten Donnerstag aus der Woche herauszuquetschen. Es ist wichtig, den Gesamtzusammenhang im eigenen Leben nicht aus den Augen zu verlieren. Es nützt nichts, wenn wir mit unserem Auto ständig Höchstgeschwindigkeit fahren und uns über den technischen Fortschritt freuen. Irgendwann ermüdet das beständigste Material. Genauso ist es mit unserem Leben. Unser körperliches und geistiges »Auto« muss umso mehr gepflegt und gewartet werden, je mehr wir es beanspruchen. Je schneller wir fahren, je mehr wir »rausholen«, desto sorgfältiger müssen wir darauf achten, dass alles in der richtigen Balance bleibt.

Überlastete Menschen sehen oft sehr genau, wohin sie sich bewegen, wagen aber nicht – und damit befinden sie sich nur allzu oft auf dem Weg in die Burnout-Überforderung –, eine Atempause einzulegen. Der Zusammenbruch nicht nur des Körpers, sondern auch des persönlichen wirtschaftlichen und sozialen Gefüges ist die größte Angst, die in meinen Coachings und Seminaren oft diskutiert wird.

Was ist Burnout?

Burnout hat viele Facetten und ist nicht eindeutig definiert. Das erschwert die Annäherung, wobei einem Bilder helfen können. Das klassische Bild in der Burnout-Forschung ist die Kerze, die an beiden Enden brennt – als Sinnbild für einen übergroßen Energieeinsatz. Matthias Burisch (1994) definiert Burnout als »eine lang dauernd zu hohe Energieabgabe für zu geringe Wirkung bei ungenügendem Energienachschub«.

Mehrere Fachautoren vertreten die Sichtweise, dass die drei folgenden Symptomgruppen gemeinsam auftreten müssten, damit man von Burnout sprechen kann:

- Erschöpfung
- Depersonalisation
- Verringerte Leistungszufriedenheit

Wesentlich ist, dass es sich bei einer Burnout-Erschöpfung immer um eine Kumulation von – teils schwer erkennbaren, weil »normalen« – Faktoren handelt, die sich über einen langen Zeitraum aufgestaut haben. Jedes einzelne Element für sich wäre und ist von uns allen durchaus zu verkraften. Die zerstörerische Kraft entsteht erst durch das lange Übergehen und »Durchhalten« eines vermeintlich kurzfristigen Anstrengungszustandes. Neben der körperlichen Müdigkeit ist jedenfalls das Zusammentreffen von emotionaler Erschöpfung, starker Unzufriedenheit mit der eigenen Leistung und einer grundlegenden Persönlichkeitsveränderung signifikant für das Bestehen einer Burnout-Erschöpfung. All diese Definitionsversuche zeigen auch, wie schwer zum Beispiel eine Abgrenzung zu Stress vorzunehmen ist. Ich neige am ehesten dazu, Burnout-Erschöpfung als das Ende der Stresskette wahrzunehmen. Sämtliche Stresssymptome können auch beim Burnout-Syndrom auftreten. Das vorgenannte Zusammentreffen solch massiver Ermattungserscheinungen hat jedoch noch einmal ein größeres Belastungsvolumen als Stress.

Was ein Mensch bewältigen kann, hängt auch von der Dauer, Intensität und Anzahl der Stressoren und anderer Belastungen ab. Das genau ist der Weg in das Burnout. Da wir keine definierten Grenzen wahrnehmen, können wir unter Umständen recht lange Zeit damit aufwenden, die Überlastung zu verdrängen oder zu bagatellisieren.

Zum Begriff »Burnout«

- Der Ursprung dieses Begriffs ist wohl bereits im Alten Testament (1. Könige 17–22) zu finden – die Geschichte des Propheten Elias, der nach einer »Erfolgssträhne« der Wunderheilungen und Siege im Namen des Herren beim ersten Anzeichen einer drohenden Niederlage in tiefe Verzweiflung stürzt, sich den Tod herbeiwünscht und in einen tiefen Schlaf verfällt (Schall in: Burisch 1994).
- Matthias Burisch (1994) fand den Begriff »A Burn-Out Case« in einer Erzählung von Graham Greene, in der von einem – damals unerklärlichen – Motivationsverlust bei »helfenden Sozialberufen« in den frühen 1920er Jahren die Rede ist.
- In den 1970er Jahren dürften es bereits bis zu 15 % gewesen sein, heute, zu Beginn des 21. Jahrhunderts, schätzt man, dass 20 bis 25 % der mitteleuropäischen Bevölkerung unter Burnout leiden.
- Wikipedia bietet folgende Definition an: »*Durch ständige Frustration, das Nichterreichen eines Zieles und zu hohe persönliche Erwartungen an seine eigenen Leistungen kann es zu einem Burnout-Syndrom kommen. Dabei sind die Symptome vielfältig und können individuell unterschiedlich in Bezug auf Auftreten und Ausmaß sein. Die Symptome können Depressionen sein, aber auch physiologische Beschwerden wie Schlafstörungen, Kopfschmerzen, Magenkrämpfe oder körperliche Dysfunktionen beinhalten. Typische Symptome sind auch Schuldgefühle, zum Beispiel sich in seinem Beruf nicht genügend einzubringen. Der ›Ausgebrannte‹ erlebt seine Umwelt im Allgemeinen als nicht mehr kontrollierbar und zieht sich in der Regel völlig in sich zurück. Hilfe von außen (durch Verwandte oder Freunde) wird kaum noch oder gar nicht mehr angenommen. Der Kranke muss durch professionelle Hilfe von Ärzten unterstützt werden, häufig in einer Psychotherapie.*

Burnout wird in der im deutschen Gesundheitswesen verbindlichen 10. Auflage der ›Internationalen Klassifikation der Erkrankungen‹, kurz ICD-10 genannt, als ›Ausgebranntsein‹ und ›Zustand der totalen Erschöpfung‹ mit dem Diagnoseschlüssel Z73.0 erfasst. [Dipl.-Psychologe Dietmar Luchmann 30. November 2002]

Das Burnout-Syndrom tritt insbesondere in ›helfenden Berufen‹ durch hohe Arbeitsbelastung auf (Pflegeberufe, Lehrerinnen, Sozialarbeiter, Erzieher). Dies führt häufig zur Krankschreibung, Arbeitsunfähigkeit oder Frühverrentung. Außerdem ist das Burnout-Syndrom zunehmend in Berufen mit hohem Leistungsdruck zu finden (z. B. Manager) oder bei Menschen, die extreme Anforderungen an sich selbst stellen (insbesondere Sportler).«[2]

Ich verwende in diesem Buch verschiedene Begriffsvariationen rund um das Thema: Burnout, Burnout-Syndrom, Burnout-Erschöpfung, Burnout-Krise … Da ich keinen Anspruch auf Wissenschaftlichkeit erhebe, nehme ich mir diese Freiheit heraus. Ich möchte es Ihnen nur an dieser Stelle schon ankündigen, damit ich Sie nicht mit der Vielfalt verwirre. Ich benutze diese Begriffe synonym je nach inhaltlichem Bedürfnis und um eine Beschreibung etwas klarer zu machen. Um Burnout zu erkennen, ist es erforderlich, ganzheitlich zu analysieren und sowohl somatische, psychotherapeutisch-tiefenpsychologische als auch arbeitspsychologische Aspekte zu berücksichtigen. Biografische Daten sind ebenso relevant wie das subjektive Erleben der Arbeits- und Privatsituation, Parameter zur Lebenseinstellung und der Erwartungen an sich selbst und an das Leben. Organisatorische und soziale Aspekte zählen ebenso dazu wie der Grad an Zufriedenheit und Selbstbestimmtheit.

Auf eine gemeinsame wissenschaftliche Definition von Burnout konnten sich die Experten noch nicht einigen. Ein wesentliches Merkmal dürfte jedenfalls die starke Diskrepanz zwischen Erwartung und Realität bezüglich der eigenen Leistungsfähigkeit und Belastbarkeit eines Menschen sein. Über die Häufigkeit des Burnout-Syndroms gibt es kaum – und kann es eben auch keine Zahlen geben. Solange sich die Wissenschaft und da im Speziellen die Medizin nicht darauf einigt, was denn nun das Burnout-Syndrom eigentlich ist, werden wir auch keine Zahlen bekommen. Ich habe dennoch versucht, ein paar wenige Zahlen zusammenzusuchen, einfach um ein Gefühl dafür entwickeln zu können, »wie groß der Fisch ist«, von dem wir hier sprechen.

Nur zum Begriff des vergleichbaren Chronic Fatigue Syndrom (CFS) konnte ich einige wenige Zahlen finden: Nach Schätzung des Fatigatio e.V. (Förderverein für CFS-Erkrankte) leiden in Deutschland ca. 300.000 Menschen aller Altersgruppen an CFS, in anderen Schätzungen gehen die Zahlen bis zu 1,5 Mio. Menschen. Solche Zahlenunterschiede beruhen unter anderem auf einer unterschiedlichen Auslegung des Krankheitsbildes[3]. Der Wirtschaft entgehen nach Expertenannahmen etwa 30 Mrd. Dollar jährlich durch Leistungseinschränkungen in Zusammenhang mit Burnout.

Über lange Zeit hinweg war vom Burnout-Syndrom stets im Zusammenhang mit Führungskräften oder Menschen in helfenden Berufen die Rede. Heute gilt es als anerkannt, dass Burnout jeden Menschen treffen kann. Burnout kann in jedem Beruf auftreten, allerdings auch in der Arbeitslosigkeit und im Privatleben. Zu den letztgenannten Bereichen gibt es kaum Forschungsarbeiten. Ich denke, dass die Arbeiten Lazarsfelds und Jahodas in den frühen 1930er Jahren (Jahoda, Lazarsfeld u. Zeisel 1975) in der großen Arbeitslosenstudie in Marienthal bereits eine ziemlich detaillierte Schilderung über das Ausbrennen bzw. Austrocknen von Menschen zeigen, dieser Begriff damals allerdings noch nicht verwendet wurde.

Auslösender Faktor: Stress

Stress ist zu einem der größten Gesundheitsrisiken in der modernen Arbeitswelt geworden. Bereits jede/r Dritte leidet permanent unter Stresssymptomen. Stress an sich ist nicht in jedem Fall negativ zu bewerten. Wissenschaftlich kann zwischen Eustress und Dysstress unterschieden werden. Positiver (Eu-)Stress beschleunigt und verleiht Schwung und Energie für bevorstehende Aufgaben. Er ist ein zündender Funke, das Glühen der Begeisterung. Das Gegenteil davon ist negativer (Dys-)Stress. Er macht aus Menschen gereizte, leicht erregbare Personen. Die Grenzen zwischen beiden verschwimmen allerdings nicht selten, oft wird Stress erst als negativ wahrgenommen, wenn bereits erste schädliche Stresssymptome wahrzunehmen sind. Wir alle erleben täglich Stresssituationen, denen wir nicht ausweichen können (Kinder morgens zur Schule bringen, mit dem Auto zur Arbeit fahren, am Samstagmittag Lebensmittel einkaufen, aber auch die Scheidung der besten Freundin oder ein Krankheitsfall im nächsten Umfeld etc.). Diese Belastungen können von unserem Körper verkraftet werden. Uralte Überlebensmechanismen sorgen dafür, dass unser Nervensystem darauf mit Kampf- oder Fluchtreflexen reagiert. Nur: wir kämpfen oder flüchten nicht, sondern wir leugnen es oder nehmen uns zusammen. Und die Stresshormone setzen sich in unserem Körper fest. Von jedem Menschen wird Stress anders wahrgenommen und verarbeitet. Was für den einen bereits schwer belastend sein kann, empfindet die andere als Herausforderung oder anregenden »Kick«. Offensichtlich spielen innere, psychische Prozesse eine wichtige Rolle dabei, ob eine Situation als stressig erlebt wird. Die individuellen Bewältigungsmöglichkeiten, d. h. die erlernten Muster, mit Belastungen umzugehen, sind aber entscheidend geprägt von vorhandenen Handlungs- und Entscheidungsspielräumen.

Wie reagieren Körper und Geist auf zu viel Stress?

Der menschliche Körper reagiert auf Stresssituationen heute noch wie vor Tausenden von Jahren. Er bereitet sich auf Flucht oder Angriff vor. Der Organismus mobilisiert kurzfristig sämtliche Reserven. Stresshormone werden freigesetzt. Sie mobilisieren Energiereserven wie Zucker und Fett, erhöhen den Blutdruck und die Pulsfrequenz und beschleunigen die Atmung. Die Muskulatur wird auf Leistung getrimmt. Andere Funktionen wie die Immunabwehr, die Verdauung und Sexualfunktionen werden heruntergefahren, die Aufmerksamkeit und Konzentrationsfähigkeit lassen nach. Dies geht mit einer Drosselung der körpereigenen regenerativen Funktionen einher.

Am Arbeitsplatz münden die ausgelösten körperlichen Reaktionen allerdings nicht in adäquate körperliche Aktivitäten. Unter Dauerstress stößt der Organismus immer wieder neu Mobilisierungsprozesse an, bleibt aber durch den Bewegungsmangel im Büro körperlich blockiert. Dies kann zu einer Vielzahl von körperlichen und psychischen Symptomen und bei längerem Andauern auch zu ernsthaften gesundheitlichen Schäden führen.

Wenn jemand permanent unter starkem Stress steht, bleiben die Stresshormone – dazu gehören zum Beispiel Adrenalin, Noradrenalin und Cortisol – auf einem unnatürlich hohen Niveau. Der Mensch fühlt sich quasi andauernd in einer Bedrohungssituation und ist auf dem Sprung, entweder anzugreifen oder davonzurennen. Alle Stressreize werden sensibler wahrgenommen und im Körper verstärkt umgesetzt. Meistens äußert sich das in körperlichen Beschwerden, zum Beispiel als Magen-Darm-Probleme wie Verstopfung, Blähungen oder Sodbrennen. Das Atemsystem kann mit Luftnot und Atembeschwerden, das Herz-Kreislauf-System mit Bluthochdruck, Herzrasen oder Herzstolpern reagieren.

Die nachfolgend aufgelisteten körperlichen und seelischen Symptome können auf Stress hindeuten:

Körperliche Symptome:
- Herzklopfen – Herzrasen – Schmerzen und Beengungs- oder Druckgefühle in der Brust
- Magenschmerzen – Übelkeit
- Chronische Verstopfung oder häufiger Durchfall
- Kurzatmigkeit
- Muskelzucken
- Verspannungen
- Chronische Müdigkeit
- Kopfschmerzen
- Unspezifische Schmerzen
- Hautausschläge
- Anfälligkeit für Allergien
- Ohnmachtsanfälle
- Erhöhte Anfälligkeit für Infektionskrankheiten
- Wiederaufbrechen früherer Krankheiten
- Drastischer Gewichtsverlust oder -zunahme in kurzer Zeit
- Veränderungen im Menstruationszyklus
- Psychische Symptome:
- Stimmungsschwankungen
- Grübeln
- Reizbarkeit

- Angespanntheit
- Gefühle des Ausgelaugtseins und der mangelnden Lebensfreude
- Zynismus
- Gefühle der Nervosität, Ängstlichkeit, Unruhe
- Panikattacken
- Gefühle der Hilflosigkeit
- Verlust des Selbstvertrauens
- Mangelnde Konzentrationsfähigkeit
- Rückzug in Tagträume

Auch Veränderungen im Sozialverhalten können als Reaktion auf chronische Stresssituationen gesehen werden.

Veränderungen im Verhalten:
- Neigung zu Unfällen
- Niedrige Arbeitsleistung
- Vermehrtes Rauchen
- Vermehrte Abhängigkeit von Medikamenten (insbesondere Schmerz-, Schlaf-, Beruhigungs- oder Aufputschmittel)
- Heißhunger oder Appetitlosigkeit
- Verändertes Schlafverhalten, Einschlafschwierigkeiten oder das Gefühl völliger Erschöpfung beim Aufwachen
- Nachlassendes Interesse an Sexualität
- Schlechte Zeitplanung
- Sprachstörungen
- Rückzug aus wichtigen privaten Beziehungen
- Tendenz, verstärkt Büroarbeiten zu Hause zu erledigen
- Keine Entspannungspausen, keine Urlaube
- Mangelndes Interesse am eigenen Wohlergehen

So weit sind die physischen und psychischen Stressreaktionen noch klar erforscht. Bei Burnout gehen wir davon aus, dass derlei Symptome dem betroffenen Menschen längst bekannt sind und auch möglicherweise (selbst) behandelt werden. Nur, es nützt eben nichts, weil es sich um eine Symptombehandlung handelt. Im Falle eines Burnout-Syndroms kommen zu den bekannten stressrelevanten psychischen Faktoren und Einschränkungen weitere, teilweise recht massive hinzu, zum Beispiel Verdrängung und Verleugnung. In einer späten Burnout-Phase benötigt der Mensch nahezu seine gesamte Kraft und auch seinen gesamten Willen, um die Realität des Ausbrennens zu verdrängen.

Stressverstärker

Jedes starke Gefühl, das von uns geleugnet oder verdrängt wird, verstärkt den bestehenden Stress. Zurückgehaltene Wut, verleugnete Aggressionen, vernachlässigte Bedürfnisse, all das sind Gefühle und Situationen, die den »normalen« – und bis hierher noch nicht unbedingt ungesunden – Stress derart verschärfen, dass man ins Schleudern gerät. Die Erziehung oder Sozialisation zur »Frau« wirkt sich vielfach als stresserhöhend aus. Einem Rollenbild zu folgen, das entweder nicht in die Zeit oder nicht zur Person passt, führt geradewegs in eine Belastungssituation.

Stress am Arbeitsplatz

Stress im Job entsteht immer dann, wenn Überforderung (seltener auch eine Unterforderung) als beeinträchtigend, unangenehm oder bedrohlich wahrgenommen wird und die Situation oder Aufgabe nicht oder nur unter großen Anstrengungen bewältigt werden kann. Erst wenn negativer Stress zum Dauerzustand wird und keine ausreichenden Erholungsmöglichkeiten vorhanden sind, führt das zur Ermüdung. Die Motivation und Leistungsfähigkeit sind beeinträchtigt. Die klassische Vereinbarkeitsproblematik, verschiedenste Lebensbereiche gleich gut zu kombinieren und zu bewältigen (unabhängig davon, ob es auch eine Kinderversorgung beinhaltet oder nicht) – das ist für Frauen beinahe schon ein Klassiker. Chronischer Stress aber hat gesundheitliche Folgen für Körper und Psyche und kann bis zur Burnout-Erschöpfung führen. Dauerstress führt zur Ermüdung und Erschöpfung. Die Ermüdung wächst nicht einfach linear, sondern in Sprüngen um ein Vielfaches mit der Dauer der Stressbelastung. Deshalb sind häufige und frühzeitige Pausen zur Vorbeugung sehr wichtig. Je nach persönlicher Einschätzung und Motivation, Arbeitsstrategie, Abwechslung und Erholungsphasen kann der Ermüdungsprozess ohne Leistungseinbußen hinausgezögert werden. Stress wirkt nach. Körperliche und emotionale Stresssymptome klingen nicht sofort ab, es braucht Zeit, bis der Mensch wieder sein normales Gleichgewicht gefunden hat. Nach hohen Stressphasen kann das sogar mehrere Wochen dauern. Immer mehr Beschäftigte haben einen verlängerten Arbeitstag durch lange Anfahrten, mehr Überstunden, flexible Arbeitszeiten. Sind dadurch die Erholungsphasen nicht mehr ausreichend gewährleistet, geraten sogar normale Alltagsbelastungen zum Stressfaktor. Gelegentlich »mal auszubrennen«, ist in manchen Berufen bereits Normalität. Eine Sozialarbeiterin, die in der Supervision nicht über Ausgebranntsein klagt, wird argwöhnisch beäugt.

Für mich ist das lediglich eine neue Art des Umgangs mit einem Tabu. Managerinnen – ebenso wie wir alle – *dürfen* nicht gestresst sein, weil wir sonst als unorganisiert, unfähig und nicht leistungsstark gelten. In Zeiten hoher Arbeitslosigkeit und schwieriger wirtschaftlicher Lage ist dies heikel, ja existenzbedrohlich.

Burnout messen – ein Selbsttest[4]

Eines der Instrumente zur Annäherung und Abklärung des Burnout-Grades ist das »Maslach Burnout Inventory«[5]. Wer in einem Sozial- oder Lehrberuf tätig ist, kann mit diesem Selbsttest die eigene Burnout-Belastung testen. Das von Maslach und Jackson 1981 entwickelte Verfahren gilt nach wie vor als Standardinstrument.

Das qualitative Maß der Burnout-Gefährdung ergibt sich aus der Summe der Ja-Antworten der Fragegruppen I und II und der Nein-Antworten aus Gruppe III. Entscheidend ist nicht die absolute Zahl der Ja- und Nein-Antworten, sondern die erlebte Belastung in den verschiedenen Bereichen. Es lohnt sich, den relativ einfachen Test regelmäßig vorzunehmen, weil allfällige Veränderungen besonders aussagekräftig sind.

Maslach Burnout Inventory (**MBI**) – Beantworten Sie bitte die folgenden Aussagen mit Ja oder Nein.

I Emotionale Erschöpfung

1) Ich fühle mich durch meine Arbeit emotional erschöpft.
2) Ich fühle mich am Ende eines Arbeitstages verbraucht.
3) Ich fühle mich bereits ermüdet, wenn ich morgens aufstehe und einen neuen Arbeitstag vor mir liegen sehe.

6) Den ganzen Tag mit Menschen zu arbeiten, strengt mich an.
8) Ich fühle mich durch meine Arbeit ausgebrannt.
13) Ich fühle mich durch meine Arbeit frustriert.
14) Ich habe das Gefühl, in meinem Beruf zu hart zu arbeiten.
16) Bei der Arbeit in direktem Kontakt zu Menschen zu stehen, stresst mich zu sehr.
20) Ich habe das Gefühl, am Ende meiner Weisheit zu sein.

II Depersonalisation

5) Ich habe das Gefühl, manche Klienten so zu behandeln, als wären sie Objekte.
10) Ich bin Menschen gegenüber abgestumpfter geworden, seit ich diese Arbeit ausübe.
11) Ich befürchte, dass mich meine Arbeit weniger mitfühlend macht.
15) Es interessiert mich nicht wirklich, was mit manchen Klienten geschieht.
22) Ich habe das Gefühl, dass mir manche Klienten bzw. deren Angehörige für manche ihrer Probleme die Schuld geben.

III Eigene Leistungseinschätzung

4) Ich kann es leicht verstehen, wie meine Klienten über bestimmte Themen denken.
7) Ich gehe erfolgreich mit den Problemen meiner Klienten um.
9) Ich habe das Gefühl, durch meine Arbeit das Leben anderer Menschen zu beeinflussen.
12) Ich fühle mich sehr energiegeladen.
17) Mir fällt es leicht, eine entspannte Atmosphäre zu schaffen.
18) Ich fühle mich angeregt, wenn ich eng mit meinen Klienten zusammengearbeitet habe.
19) Ich habe viele lohnende Ziele bei meiner Arbeit erreicht.
21) Bei meiner Arbeit gehe ich mit emotionalen Problemen sehr gelassen um.

Aufgepasst: Der MBI enthält keine verbindlichen Kriterien zur Bestimmung des individuellen Burnout-Grades. Er liefert aber interessante Hinweise.

Es gibt hier keine Punkteauswertung. Nehmen Sie die angekreuzten Fragen als Reflexionsmöglichkeit und besprechen Sie sie gegebenenfalls mit einem Experten.

Erziehung zum Burnout

Wer kennt nicht das Sprichwort »Wer rastet – der rostet«? Mit solchen Glaubenssätzen und inneren Antreibern kultivieren wir seit Generationen ein handfestes Tabu, die Erschöpfung. Gleichzeitig wird sichtbar, wie sorgfältig man in dieser Hinsicht diskutieren muss. Während ich diese Zeilen schreibe, denke ich: Eigentlich ist doch was dran, an diesem Sprichwort. Es ist doch auch gut, wenn man sich bewegt, nicht erstarrt, biegsam und lebendig bleibt, sich weiterentwickelt … Oberflächlich betrachtet stimmt dies. Die dahinter liegende Botschaft kann aber zum Problem werden. Nicht rasten, nicht ruhen, Stillstand ist unerwünscht.

Mit der frühen Förderung unserer Kinder ist es ebenso. Ist es nicht auch sehr praktisch, dass unsere Kleinsten bereits umfassend ausgebildet werden? Einerseits stimmt es, dass Kinder schon so früh wie möglich beginnen sollten, z. B. mehrere Sprachen zu lernen, weil es noch umso vieles leichter geht und Mehrsprachigkeit zunehmend wichtiger wird. Außerdem hat die rege Förderung eines kleinen Kindes doch auch den Vorteil, dass wir uns mit dem Schuleintritt nicht so viel Zeit für Lernen und Aufgabenbetreuung nehmen müssen. Was wir aufgrund unserer starken Arbeitsüberlastung ohnedies häufig nicht schaffen. Oder legen wir damit den Grundstein für ein Weltbild, an dem manche von uns gerade zu zerbrechen drohen? Schneller, höher, stärker? Was sagt das über uns als Gesellschaft aus?

Ein Vorteil – für wen?

Diesen Druck und die gesellschaftliche Forderung nach permanenten Höchstleistungen findet man alltäglich und in mannigfaltigen Situationen.

Ist es tatsächlich so, dass zwingende Deutschkurse für nicht deutschsprachige Menschen eine Errungenschaft sind und deren Leben erleichtert? Ist es nicht vielmehr so, dass es unser (jenes der deutschsprachigen Menschen) Leben erleichtert? Ist es nicht so, dass wir uns wesentlich weniger mit der Andersartigkeit auseinander setzen müssen, wenn die Menschen alle die jeweilige Landessprache sprechen und sich unseren Ritualen und Gebräuchen unterordnen, anstatt uns selbst die Chance zu geben zu lernen, was es sonst noch so alles auf dieser Welt gibt? Wie verschieden wir Menschen sind und was wir voneinander profitieren könnten, wenn wir Verschiedenheit zuließen?

Ebenso ist es fraglich, für wen die Effizienzsteigerung unserer Kinder eigentlich ein Vorteil ist. Dagmar Ruhwandl beschreibt den Zusammenhang von Erziehung und Burnout aus ihrer Praxiserfahrung heraus:[6]

»Menschen, die in ein Burnout geraten, sind oft in der Kindheit sehr leistungsbewusst aufgewachsen. Dieses Prinzip, sich ihre Wertschätzung über die eigene Leistung zu holen, setzen sie später im Beruf fort, wenn sie ohne Rücksicht auf die eigenen Kraftreserven und ohne die eigenen Grenzen zu kennen arbeiten. Ein Beispiel: Eine beruflich sehr engagierte Vertriebsleiterin geriet in ein Burnout. In ihrer Jugend hatte sie auf sehr hohem Niveau Leistungssport betrieben. Ihr Vater, der auch Leistungssportler war, hatte sie dazu immer angetrieben und gefördert. Sie lebte nach folgender Regel: ›Ich leiste etwas, dann bekomme ich Anerkennung.‹ Der Vater hatte ihr – zumindest aus Sicht der Tochter – Liebe nur gegen Höchstleistung entgegengebracht, also gegen erste Plätze beim Schwimmen oder bei anderen Sportarten. Dass dem letztendlich gar nicht so war, sondern dass der Vater die Tochter trotz allem und gerade auch im Burnout besonders liebte, hat sie erst erfahren, als sie selbst diese schwere Krise durchmachte.«

Multitasking und Burnout

Wir alle versuchen uns in der Steigerung unserer Multitasking-Fähigkeit, d. h. mehrere Aktivitäten gleichzeitig durchführen zu können. Ich z. B. bügle meine Wäsche, während ich über ein neues Seminarkonzept nachdenke, die Zettel an der nebenan befindlichen Pinnwand auf ihre Aktualität hin überprüfe und gleichzeitig mein Kind bei seinen Hausaufgaben begleite – manchmal braucht dann auch das andere Kind noch irgendeine Hilfe, und das Telefon läutet. Oben, in meinem Büro, läuft gerade das Mail-Abfrageprogramm, vor dem Bügelhaufen liegt ein Manuskript, das ich nebenbei Korrektur lesen wollte, und die Waschmaschine tut ihren Job. Klingt wie ein völlig normaler Nachmittag, nicht wahr?

Ich war mir zwar eine Zeit lang nicht sicher, aber nach vielen Interviews mit Menschen, die zu diesem Buch wertvolle Aspekte beigesteuert haben, bin ich es nun: Eine solche Nachmittagsgestaltung, wie oben geschildert, kennen wirklich viele, viele Menschen. Traditionell eher Frauen, aber auch Männer bestätigten oder schilderten mir ähnliche Situationen. Beflügelt durch die modernen Möglichkeiten, versuchen wir, mit den Entwicklungen Schritt zu halten. Nicht alles, was möglich ist, ergibt auch Sinn und tut uns gut. Was wir dabei meines Erachtens übersehen, ist, dass die rasende Geschwindigkeit, mit der Informationen jeder Art bearbeitet werden können, nicht bedeutet, dass wir sie in unserem Menschengehirn genauso schnell ihren Platz finden lassen können, wie es in einem modernen Großrechner möglich ist.

Othmar Hill[7] sieht die Grundproblematik der der westlichen Industriegesellschaft in der Angst vor der Endlichkeit. Die Suche nach der Unendlichkeit sei unser Motor. Omnipotenz, Omnipräsenz, alles können, sich alles gönnen zu dürfen, überall gleichzeitig sein zu können (Internet, Handy, die Informationstechnik macht es möglich). Wir spalten alles ab, was sich mit Sterben im weiteren Sinn verbindet. Und dieser Mechanismus wird generalisiert. Wir schaffen es nicht mehr, das Erleben des Alterns und das Annehmen des Todes als etwas Gegebenes hinzunehmen. Dadurch ist der Kontakt zum körperlichen Verfall ein Tabu geworden. *»Der alte Manager muss gekündigt werden, weil er Falten hat. Behinderung, Krankheit, Arbeitslosigkeit, Leistungsschwäche, das alles sind Hinweise, dass wir es nicht mehr schaffen, unsere Sterbeangst zu bearbeiten.«*

Für mich bedeutet das beruflich, dass ich in Zukunft wahrscheinlich noch mehr Coaching-Klientinnen haben werde. Menschen, die daran arbeiten wollen oder müssen, wie sie mit dem Arbeitsvolumen und den an sie gestellten Anforderungen fertig werden. Das sehe ich positiv. Was mir Sorgen macht, ist, dass die meisten Menschen das Burnout und seine Symptome nicht ernst nehmen, solange sich nicht massive körperliche Auswirkungen zeigen.

Selbstverständlich ist das ein Coaching- oder manchmal auch Therapiethema. Aber ist es nicht beschämend für uns als Gesellschaft, dass man Spezialistinnen mit Verschwiegenheitsversprechen benötigt, dass man einen sicheren Ort aufsuchen muss, um über seine persönliche Überforderung reflektieren zu können?

Das Schwierige am Umgang mit Burnout ist, dass man sich nicht erlaubt, es zu haben. Es ist gesellschaftlich verpönt wie schlechte Tischmanieren – nur die Auswirkungen sind viel schlimmer. Wir bewegen uns entlang eines sehr schmalen Grats. Förderlich und krank machend sind hier so nahe beieinander wie sonst selten. Alle Faktoren, die uns zur Höchstleistung und zu besten Arbeitsresultaten führen können, die sich belebend und dynamisch anfühlen, können uns ebenso in das Burnout begleiten. Es gibt keine klar definierten Einstiegsszenarios in eine Burnout-Krise. Selbst bei ein- und demselben Menschen kann eine stressige Situation einmal stärkend, das Selbstbewusstsein fördernd, belebend und aktivierend sein – und zu einem anderen Zeitpunkt das genaue Gegenteil bewirken. Die Burnout-Krise erkennt man (wenn überhaupt) oft erst in einem sehr späten Stadium.

Burnout ist nicht leicht zu diagnostizieren. Insbesondere deshalb, weil es in der Ärzteausbildung (noch) keine ausreichende Beachtung findet. Es gibt so gut wie keine Weiterbildung zum Thema Burnout. Die Burnout-Forschung kennt mindestens 130 verschiedene Symptome zur Beschreibung von Burnout. Auch das macht die Diagnose und Behandlung so schwierig. In der Medizin wird oft über eine lange Zeit lediglich an der Behebung von Symptomen gearbeitet. Eine Antwort auf die Frage nach dem Zusammenwirken von Depression und Burnout zu finden oder das Aufspüren der tief liegenden Ursachen verschiedenster psychosomatischer Erkrankungen ist nicht leicht. Antidepressiva, Beruhigungsmittel, Schmerzmittel begleiten Menschen deshalb oft durch eine bereits fortgeschrittene Phase der Burnout-Erschöpfung. In der Psychotherapie ist das Thema Burnout schon eher verbreitet. Dort heißt es »psychovegetatives Erschöpfungssyndrom« und wird als das »Ende der Stresskette« angesehen. Das kommt der Sache schon näher. Sprache schafft Realität. Wenn es wenigstens einen sprachlichen Niederschlag für ein Phänomen gibt, so kann man damit arbeiten. Das Problem der therapeutischen Unterstützung ist allerdings, dass dazu ein gewisses Bewusstsein des oder der Klientin für diese Situation nötig ist, sonst kommt die Person ja erst gar nicht in die Praxis. Die Hilfestellung der Therapie ist gesellschaftlich leider noch nicht durchgängig anerkannt.

Wen betrifft Burnout?

Es ist notwendig, zwischen der gesellschaftlichen Wahrnehmung und deren Umgang mit dem Tabu Erschöpfung einerseits und der individuellen Anerkennung durch jeden und jede einzelne Betroffene andererseits zu unterscheiden. Die Wahrnehmung von Erschöpfungszuständen ist auch eine Modeerscheinung. Je nach Zielgruppe und Situation ist es durchaus opportun, ausgebrannt zu sein.

Die Persönlichkeit spielt beim Burnout-Syndrom eine größere Rolle als berufliche Faktoren. Lange Zeit galt Burnout dennoch als Managerkrankheit, später auch als Helfersyndrom. Burnout kann dann entstehen, wenn er oder sie für sich entscheidet, dass man inneren oder äußeren Ansprüchen genügen muss. Und zwar nicht nur beruflich, sondern heute auch privat. Das perfekte Leben ist jenes gedankliche Bild, das jeden Menschen in eine Burnout-Krise geraten lassen kann. Ältere Interviewpartnerinnen erzählten mir, dass es am Anfang gar nicht mal so sehr um das perfekte Leben ging. Es waren andere Dinge, wie das Überleben des einzelnen Tages und das Schaffen neuer Strukturen, wichtiger als die Frage danach, ob das eigene Leben perfekt ist. Ich frage mich, ob die vehemente Suche nach Spitzenleistungen im Beruf, Sport, ja sogar im Bett, nicht ein Zeichen von Angst ist. Während ich mich anstrenge und bemühe, muss ich ja gar nicht unter Beweis stellen, dass ich es kann. Ich strebe danach – und das ist für alle sichtbar und wertet mich auf. Nicht zuletzt das ist vielleicht auch ein Grund für die aktuelle Welle der Sportbegeisterung. Fit zu sein, ist mit einem Mal besonders wichtig geworden, um in der Welt der Starken und Mächtigen angesehen zu sein.

Die genannten Gruppen wie Managerinnen, Ärztinnen und Pflegepersonal, Fluglotsinnen, Lehrerinnen und Altenbetreuerinnen können davon genauso betroffen sein wie Politikerinnen oder eine Bergbäuerin. Allein oder gemeinsam erziehende Eltern genauso wie kinderlose Paare. Mittlerweile ist klar nachgewiesen, dass dieses »langsame Verglühen« oder »explosionsartige Ausbrennen« jede und jeden von uns treffen kann:

- Gerade junge Menschen, am Anfang ihres Berufslebens, streben massiv nach Anerkennung ihrer Leistungsfähigkeit und Bedeutung. Nicht, dass die meisten von uns dieses Bedürfnis je verlören, aber am Beginn unseres Arbeitslebens müssen wir uns doch wohl am stärksten beweisen.

- Wenn Sie eine Frau sind, dann zwingt Sie womöglich unser immer noch oft geltender sozialer Gesellschaftsvertrag dazu, sich ständig zwischen Lebensbereichen entscheiden oder sie eben alle zusammen irgendwie bewältigen zu müssen. Ich meine damit natürlich die – in großen Teilen Europas nach wie vor herrschende – Unvereinbarkeit verschiedener Lebensbereiche.
- Wenn Sie ein Mann sind, müssen Sie vielleicht nicht nur in der Berufswelt stets um Ihren Platz kämpfen, sondern sich auch damit auseinander setzen, dass von Ihnen zunehmend ein engagiertes Privat- und Familienleben erwartet wird, dass Sie sich plötzlich in einer Unvereinbarkeit wiederfinden, die Sie nicht gewohnt sind.
- Wenn Sie im mittleren Berufsalter stehen, müssen Sie heute oft damit zurechtkommen, dass Sie vielleicht Ihren Arbeitsplatz verlieren oder durch strukturelle Unternehmensveränderungen plötzlich völlig umdenken müssen. Es kann sein, dass Sie sich neu orientieren und sich und anderen erneut Ihre ungebrochene und ungeteilte berufliche Leistungsfähigkeit und Belastbarkeit beweisen müssen. Auch wenn Sie es vielleicht gar nicht sind, weil die Kinder klein und die Hypotheken für das Haus hoch sind.
- Wenn Sie den Zenit Ihrer berufstätigen Zeit überschreiten, verlieren Sie heute möglicherweise Ihre Arbeit nicht deshalb, weil Sie nicht gut genug arbeiten. Oft ist sogar das Gegenteil der Fall. Die Erfahrung, Routine und Gelassenheit, kombiniert mit der Tatsache, dass die Kinder erwachsen sind und Sie daher mehr Konzentration auf das eigene Tun lenken können, stärken Sie. Den Job verlieren Sie womöglich trotzdem, weil Sie zu »teuer« geworden sind, weil die Konkurrenz der Jungen höher bewertet wird.

Egal, welcher Gruppe Sie sich zugehörig fühlen, Burnout ist jedenfalls damit verbunden, sich beweisen zu müssen – egal an welchem Punkt Sie gerade stehen. Die Gefahr des ständig »Irgendjemandem-etwas-beweisen-Müssens« führt uns zum Thema Burnout. Burnout ist nicht nur eine Krankheit, die isoliert zu betrachten ist, wie z. B. ein Schnupfen, sondern es ist auch ein Entwicklungsprozess. Ein unseliger Kreislauf von Engagement, Überlastung, Überforderung und verstärktem Engagement ist hier zu bewältigen.

In manchen Kreisen ist Burnout aber auch zu einem Modewort avanciert. Alle Menschen, mit denen ich bisher sprach, kannten den Begriff. Männer erzählten mir eher »*Ja, das kenne ich, Überforderung, Ausgepowert-Sein … Das ist ein großes Problem für manche Leute, schrecklich. Ich persönlich – nein, ich habe mein Leben im Griff … Ich teile meine Zeit ein, setze Prioritäten und weiß, was ich leisten kann*«. Frauen hingegen seufzten in der Mehrzahl tief. Auf die Frage nach Burnout erzählten sie mir ausführlich von ihren Erfahrungen damit. Wie sich Burnout anfühle, wie viele Menschen sie außer sich selbst kennen, die davon betroffen seien. Es scheint eine völlig andere Welt zu sein, in der diese Interviewpartnerinnen im Vergleich zu einigen der Männer, mit denen ich sprach, leben. Obwohl ich mich in manchen Fällen mit Menschen aus ein und derselben Familie oder demselben Unternehmen unterhielt.

Von Klientinnen höre ich oft Berichte über Empfehlungen der Hausärzte wie: »*Schalten Sie ab, lehnen Sie sich zurück, entspannen Sie sich. Nehmen Sie ein paar Tage Urlaub, dann kommt das schon wieder alles ins Lot.*«

Und obwohl ich zwar diese Art von Therapieempfehlung im Grunde genommen gut heiße, weil ich nichts davon halte, allzu viele Medikamente zu sich zu nehmen, so ist es dennoch unbefriedigend. In manchen Fällen, zum Beispiel bei übergroßen Angstzuständen oder Panikattacken, kann es durchaus zur Stabilisierung notwendig sein, mit Medikamenten zu unterstützen.

Burnout ist die Folge von externem oder selbst erzeugtem Leistungsdruck. Das trifft auch auf das Dryout[8] zu. In beiden Fällen findet sich die betroffene Person im Bestreben wieder, mehr und mehr leisten zu wollen und nicht mit seinen Realitätserfahrungen in Einklang zu bekommen. Nicht nur »die Gesellschaft« und »die Wirtschaft« machen Druck von außen. Denken wir auch an die Masse an Informationen, denen wir permanent ausgesetzt sind. Expertinnen meinen, wir erhalten heutzutage etwa 1 Million Informationen pro Sekunde und müssen von denen, die wir überhaupt wahrnehmen, jene auswählen, die für uns relevant sind. Denken wir auch an den inneren Druck, z. B. die Arbeit nicht zu verlieren, einen neuen Job finden zu müssen, die Kreditraten für das Auto oder Haus zu bezahlen, oder die Kinder richtig zu erziehen, eine gute Partnerschaft zu führen, sich um Soziales in der Gemeinde zu kümmern und, und, und – die Liste ließe sich noch beliebig verlängern. Auch gesellschaftlich positiv bewertete Verhaltensweisen, gutes Benehmen, Rücksichtnahme, Konfliktscheue, zurückgehaltene Wut, verleugnete Aggressionen sind Wegbegleiter in das Burnout. Am meisten irritiert mich diese »amerikanische« Art, ständig positiv und motiviert zu erscheinen. Ich erlebe es häufig, dass mir Menschen auf die Frage »Wie geht es Ihnen?« in dieser Art begegnen: »Mir geht es wunderbar!« – auf mich wirkt so etwas recht merkwürdig. Gerade der Begriff »wunderbar« kommt in meinem Sprachgebrauch höchst selten vor. Obwohl, wenn ich es mir genau überlege, ist die spezifisch österreichische Manier, ständig zu raunzen und granteln, auch nicht die gesündeste Art, seinen Tag zu genießen …

Wie entsteht Burnout trotz Fitness- und Wellnessbewegung?

Ich möchte noch das Umfeld, in dem Burnout entstehen kann, genauer analysieren. Über Burnout wird meist in Zusammenhang mit nicht zufrieden stellender Arbeitsleistung gesprochen. Wenn »unerklärlicherweise« plötzlich jemand zusammenbricht, fragen wir uns, warum diese Person nicht fit genug für die Anforderungen unserer Zeit ist. Wobei es hier Unterschiede gibt. Ein Herzinfarkt wird als Preis von betrieblicher Höchstleistung betrachtet. Erkrankte werden im Krankenhaus besucht und anerkannt. Eine Depression aufgrund einer Burnout-Erschöpfung sieht eher nach Unvermögen und psychischer Instabilität aus. Erkrankte werden gemieden, man verhält sich im Unternehmen, als hätte sich jemand schlecht benommen (gesellschaftlich nicht erlaubte Geräusche von sich gegeben oder Ähnliches), man schaut weg, ignoriert und bagatellisiert die Situation.

Burnout hat mit Überforderung zu tun. Wie kann es sein, dass wir uns mit einer derart negativen Auswirkung auseinander setzen müssen, wenn wir in einer Welt der Wellness und Fitness leben? Fitness ist mittlerweile in allen Bereichen unseres Lebens ein wichtiger Begriff geworden. »Fit for …«, wenn Sie diesen Begriff in eine Suchmaschine eingeben, erhalten Sie 2.540.000 Ergebnisse (und das nur im deutschsprachigen Raum!). Wenn ein Begriff zu umfassend wird, dann werde ich als Kommunikationswissenschaftlerin aufmerksam. Nie gab es so viele Vorschläge, wie man fit und dynamisch bleibt, wie in den letzten Jahren.

Warum ist das so? Was bedeutet diese Dominanz eines Begriffes? Was zeigt – und was verbirgt sie? Es muss doch einen Grund dafür geben, warum die Wellness-Industrie so boomt. Wenn es keinen Grund dafür gäbe, dann würden wir alle uns doch weit weniger um unsere Fitness bemühen, oder? Selbstverständlich vertrete ich die Auffassung, dass es wichtig ist, auf die Gesundheit zu achten. Aber zum einen habe ich auch die letzten 43 Jahre doch einigermaßen gut ohne *Wellness* gelebt, und zum anderen stellt sich die Frage danach, was wir dabei *nicht sehen wollen oder können.*

Alle Gefühle und Empfindungen müssen heute mit irgendetwas verstärkt werden. Wir sind ständig auf der Suche nach neuen »Kicks« oder der noch intensiveren Vorsorge. Das Multivitaminpräparat, das uns vor allem Übel schützt. Sanfte (und nicht so sanfte) Drogen oder sonstige Stimulanzien halten uns fit und sollen vor den bösen Grippeviren schützen oder unser Säure-Basen-Gleichgewicht im Körper wieder herstellen, überall muss ein zusätzlicher Nutzen rein. Unlängst konnte man lesen, dass es in den USA nun Nahrungsmittel (Salat, Gemüse etc.) gibt, die nach Schokolade schmecken – damit die Kids wenigstens etwas Gesundes essen (ohne den üblichen »Gemüsegeschmack«). Selbst das Wohlfühlen (und das bedeutet doch Wellness ursprünglich) ist zu einer ertragreichen Industrie geworden. In Fitnesszeitungen wird debattiert, mit welcher Unterwäsche man noch stromlinienförmiger und damit schneller laufen kann. Es gibt Tipps, wie ich in der U-Bahn – unbemerkt von anderen – ein paar Fitness- oder Beckenbodenübungen einlegen kann – wohl damit die Fahrzeit nicht ungenützt vertrödelt wird … Frauen nehmen diese Aspekte noch viel häufiger auf als Männer. Ohnedies schon multitaskingfähig, versuchen sie auch noch Fitness einzubauen. Eine Zeit lang hatte ich ein schlechtes Gewissen, wenn ich einfach mal so herumsaß – ohne »special effect«.

Ständig steigen die Jubelzahlen der Nordic-Walking-, Gentle-Running- oder Marathon-Bewegung. Jetzt werden Sie denken, ich hätte etwas gegen Sport, gegen Fitness. Ganz und gar nicht. Ich gebe den Medizinern

Recht, dass wir uns mehr bewegen müssen. Ich habe selbst immer wieder erlebt, wie angenehm und auch ein wenig leichter das Leben sich anfühlen kann, wenn man seinen Körper fit hält. Natürlich ist es wichtig, dass wir alle mehr Bewegung haben und unser Herzinfarktrisiko und anderes damit senken! Worum es mir geht, ist die maßlose Übertreibung dessen. Im Watzlawick'schen Sinn: »Zweimal so viel ist nicht doppelt so gut.«

Vielfältige Gesichter des Burnouts

Die vielen Burnout-Symptome ähneln auch »ganz normalen«[9] z. B. Müdigkeits- und Stressmerkmalen oder anderen mehr oder weniger harmlosen und kurzfristigen Befindlichkeitsstörungen. Hier ist sich die Forschung nahezu einig, dass es zwei unterschiedliche Wege zum Burnout-Syndrom gibt:

a) die aktiven Ausbrenner – das sind jene Leute, die zweimal so viel auch als doppelt so gut empfinden (Watzlawick 1998) Ein Klient formulierte es einmal sehr treffend: »*Es ist einfach unheimlich erregend, wenn da nur noch ich bin – und die Zeit. Ich kämpfe gegen die Uhr. Ein Wahnsinnsgefühl!*«

b) die passiven Ausbrenner – jene, die sich von äußeren Anforderungen – kombiniert mit persönlichen Ängsten – so weit unter Druck bringen lassen, dass sie quasi »materialermüdet« auf der Strecke bleiben. Ich höre da beispielsweise von Arbeitssituationen, wo Personal eingespart wird und vielleicht nur noch eine Mitarbeiterin an einem Arbeitsplatz sitzt, den sich vorher drei geteilt haben. Die Arbeit ist aber nicht weniger geworden.

Expertinnen schlagen vor, Burnout von »Wearout«[10], im Sinne von »Verschleiß«, zu unterscheiden. Damit sind jene Menschen gemeint, die aufgrund unerfüllter Lebenserwartungen, unveränderter unangenehmer Lebensumstände oder Ähnlichem in eine Art »innere Kündigung« gegangen sind. Hier gibt es eine Annäherung an Othmar Hills Definition von »Dryout« (siehe auch den Exkurs auf S. 61).

In beiden Fällen gilt:

- Die Betroffenen sind entweder hyperaktiv oder passiv und lethargisch.
- Sie fühlen sich zumindest lustlos oder (meist) schon erschöpft, hilflos, deprimiert; mit einem Wort demoralisiert. Ihre Selbstachtung ist im Keller, oft leiden sie unter quälender innerer Unruhe.

- Ihre Beziehungen zur Umwelt haben an einer oder mehreren Stellen einen kräftigen Knacks wegbekommen.
- Das Problem für Außenstehende ist: All dies kann relativ gut getarnt sein. Oft wird mit letzter Energie versucht, den eigenen Zustand vor anderen und auch vor sich selbst zu verstecken. Gerade Menschen, die einen hohen Anspruch an sich selbst haben, weigern sich mitunter, ihre Grenzen anzuerkennen.

Verleugnung als Motor in das Burnout

Das Hauptmerkmal eines klassischen Burnout-Syndroms und gleichzeitig das größte Problem ist die Verleugnung. Dieser Mechanismus erlaubt es, die Augen vor der Realität zu verschließen und ein Idealbild aufrechtzuerhalten, das vielleicht schon lange überarbeitet werden müsste. Oft werden belastende Eindrücke wie auch körperlicher und seelischer Druck einfach beiseite geschoben.

> Verleugnung ist das Hauptmerkmal von Burnout.

Denn ein Teil dieser Burnout-Spirale ist ja die mangelnde Zeit zur Reflexion, auch werden die Ansprüche, die die Betroffenen an sich stellen, selten hinterfragt. Frustration, Verwirrung, Belastung, Stress, Vereinsamung, Wut – wenn all dies lange genug geleugnet wird, beginnt der Burnout-Kreislauf.

> Verleugnung ist ein Prozess.

Die intensive Erwartung, dass »zuerst nur noch diese schwierige Zeit durchgestanden werden muss und man einfach nur ein bisschen die Zähne zusammenbeißen müsse, bis alles wieder gut wird« ist häufig eine Falle.

Aus dem ursprünglichen Gefühl der Ablehnung gegen eine bestimmte Erwartung oder Situation werden bald raffinierte und subtilere Methoden entwickelt, um mit der inneren Abwehr umzugehen. Um momentan handlungsfähig zu bleiben, machen Sie zwar das einzig Richtige – in dieser Situation! –, Sie finden einen Weg, um mit dem Druck umzugehen.

Aber: Langfristig können gesundheitliche Schäden die Folge dieses Verhaltens sein!

Abwehrmechanismen

Der Verleugnungsprozess wird begleitet von Abwehrmechanismen, die uns ein Instrument bieten, um nicht oder noch nicht so genau »hinsehen« zu müssen. Systemiker beschreiben die Beharrungsfähigkeit in einem gewohnten Zustand als stärkste Kraft. Systeme änderten sich nur dann, wenn ihre Existenz massiv bedroht wird. Wenn wir uns Menschen auch als Systeme definieren, so ist die Beharrungskraft hier wohl ebenso ein nicht zu unterschätzender Faktor.

- **Verdrängung** ist einer der wichtigsten und am weitesten verbreiteten Verleugnungsmechanismen. Tatsachen werden dabei schlicht nicht (an)erkannt, sondern unterdrückt.
- **Übertragung** bedeutet das Übertragen von unangenehmen Gefühlen auf eine andere Sache oder Person. Es ist z. B. leichter, auf eine Kollegin böse zu sein, als sich einzugestehen, dass sich die Arbeit, in die Sie so viel Zeit und Energie gesteckt haben, als eine Sackgasse erweist.
- **Ironisierung** dient häufig dazu, eine unangenehme oder Angst machende Einsicht zu entschärfen. Wenn Sie sich über Ihre Müdigkeit, Einsamkeit oder Wut lustig machen, dämpfen Sie damit ihre Gefühle und bringen nebenbei noch besorgte Freunde von der Fährte ab. So etwas gibt es auch als »Familienkultur«, da heißt es dann z. B. »Immer nur lächeln – ob's stürmt oder schneit …« (die klassische »Operettenfamilie«).
- **Projektion**: Das Problem wird einfach jemand anderem »umgehängt«. (»Wenn die Kollegin nicht immer so langsam wäre, müsste ich nicht für zwei arbeiten.«) Projektion ist eine Übertragung der Missbilligung eigener Unzulänglichkeiten und Wünsche, die gemeinhin als unmoralisch gelten, auf andere. Es mag zwar manchmal sogar zutreffen. Andere machen auch Fehler, und es gibt natürlich auch Menschen, die langsamer

sind oder weniger arbeiten als Sie. Dennoch: Überprüfen Sie doch einmal genauer, ob Sie damit nicht einen extrem übermäßigen Energieeinsatz Ihrerseits verschleiern. Sie übernehmen damit auch keine Verantwortung für die Veränderung der Situation.

- **Tagträume**: Wenn Sie immer wieder »abtauchen« in eine Welt nach Ihrem Geschmack, müssen Sie sich nicht mit der Wirklichkeit auseinander setzen.
- **Selektives Gedächtnis**: Sie neigen dazu, nur allzu gerne zu vergessen, wie es letzte Woche oder letztes Jahr [...] war? Solche Gedächtnislücken sind ein gutes Mittel, um den realen Umfang einer Befindlichkeitsstörung zu vertuschen und (wie bereits oben erwähnt) im Glauben bleiben zu können, dass sich diese »vorübergehende Krise« bald von allein geben wird.
- **Lügen** ist ein bewusster Verleugnungsmechanismus und dient einem doppelten Zweck. Einerseits retten Sie sich vor besorgten Familienmitgliedern und Freunden, andererseits können Sie sich sogar kurzfristig selbst etwas vormachen – indem Sie glauben, was Sie da gerade gesagt haben.
- **Sich selbst abstempeln** ist ein typischer Verleugnungsmechanismus in einer vorangeschrittenen Phase. »So bin ich eben«, »Ich bin arbeitssüchtig, eine Verrückte, eine Katastrophe, eine Perfektionistin ...«. Um aber zusätzlich mit den Überforderungssymptomen fertig zu werden, kommen Rechtfertigungen hinzu: »Ich bin eher ein harter Typ, eine Pferdenatur, ein Stehaufmännchen ...« oder »Im Sommer kriege ich immer Kopfschmerzen«.
- **Selektives Nicht-Verstehen**: »Ich verstehe nicht, was du meinst, wenn du sagst, ich sei gar nicht mehr ich selbst«, »Das musst du mir schon erklären. Ich versteh's einfach nicht«, »Ich bräuchte Ruhe, Nähe, Erholung, Aussprache«.

Exkurs: Depression

Die Frage nach der Positionierung und Funktion von Depression im Burnout-Verlauf ist umstritten. Man findet die Ansicht, dass Depression eine eigene Phase im Burnout-Prozess darstellt, andere meinen, dass

Depression eine Art begleitendes Element der gesamten Erschöpfungsphase darstellen kann. Andere wiederum sehen Depression als abhängig von speziellen Verhaltensmustern des betroffenen Menschen (intern oder extern attribuierend) und damit eine Häufigkeit eher bei den Frauen als bei Männern. Ein klassisches Depressionsbild ist der Wunsch nach Dauerschlaf. Initiative und Motivation sind gleichsam auf dem Nullpunkt. Sie wollen nur noch fliehen. Depression kann sehr gefährlich werden, weil manche Betroffenen anfangen, sich mit Selbstmordgedanken zu tragen. Die Verzweiflung und der Selbsthass ziehen sie in einen Sog. Sie können ihren wahren Wert nicht mehr von ihren Gefühlen trennen. Alltagsroutine verliert an Bedeutung. Vernachlässigt wird z. B. die Körperpflege, Wäsche bleibt liegen. Depressive Menschen haben manchmal weder Lust oder Energie sich anzuziehen, noch sich zu pflegen oder zu frisieren. Depression im Burnout-Verlauf ist extrem bedenklich und darf weder übergangen noch abgewertet werden.

Exkurs: Dryout

Das klassische Bild von Burnout ist die Kerze, die an beiden Enden brennt. Dryout stelle ich mir eher vor wie eine Pflanze, die nicht gegossen wird. Sie hat alle Anlagen, groß und stattlich zu wachsen und unser Herz zu erfreuen. Sie bemüht sich über eine lange Zeit hinweg, selbst aus der Luft, die sie umgibt, noch ein wenig Feuchtigkeit zu bekommen. Doch letztendlich, ohne Wasser, trocknet sie langsam aus und fällt irgendwann in sich zusammen. Dryout ist die womöglich noch weniger bekannte Schwester von Burnout. Während Burnout von uns mittlerweile schon wahrgenommen wird, teilweise spektakulär (im Falle eines Zusammenbruchs) und manchmal gar nicht so unerwartet kommt, ist Dryout unauffällig. Es ist dies eine Facette des Burnouts, die eher wenig Beachtung findet. Von Burnout/Dryout können nicht nur Menschen mit überaus großem und lang andauerndem Engagement betroffen sein. Auch Menschen, die unterfordert werden, können in diese Sackgasse geraten.

Manchmal werden Menschen selbst in bestehenden Arbeitsverhältnissen übergangen, übersehen. Struktur- oder Geschäftseinteilungspläne werden verändert, sie aber bleiben, wo sie sind. Unternehmen werden fusioniert, sie bleiben, wo sie sind. Niemand fragt sie nach ihren Wünschen oder Vorschlägen. Dann kündigen sie innerlich. Ständige Unterforderung führt in solchen Fällen zu einem allmählichen Rückzug. »*Dryout bedeutet, dass Menschen noch nicht einmal entflammt wurden. Eine Person, die einfach so vor sich hin arbeitet, sie wurde nicht ermutigt, nie ermuntert. Menschen, die schon im Ruhestand sind, obwohl sie noch nicht dreißig sind.*«[11]

Ob es sich um arbeitslose Menschen handelt oder um Menschen, die an ihrer Arbeitsstelle nicht genug gefordert werden – dies macht keinen großen Unterschied im Erleben. Innere Kündigung ist wie ein kleiner Tod. Man sitzt seine Lebenszeit einfach ab. Um diese Leere nicht fühlen zu müssen, entwickeln wir Menschen nicht nur schützende, sondern leider auch selbstschädigende Mechanismen. Deshalb ist dieses Phänomen im Rahmen dieser Diskussion unbedingt mit einzubeziehen.

Typische Fallen

Burnout-Falle Nr. 1: Falsche/unrealistische Ziele

Burnout-Krisen bauen sich meist über Jahre hinweg auf. Die betroffenen Menschen sind extrem hartnäckig in der Verfolgung ihres (nicht realistisch gesetzten) Zieles, das ihnen aber so wichtig erscheint, dass sie nicht aufhören können. Zum Beispiel das **Verfolgen von Zielen anderer**:

- Ein Student, der sportliche oder Ausbildungsziele mit enormer Vehemenz verfolgt und immer wieder scheitert. Sieht man genauer hin, sind das nicht selten die nicht erfüllten Träume und Erwartungen der Eltern.
- Ein Manager eines großen Unternehmens erzählte mir, dass dieser Job, den er ausübe, eigentlich eine Verschwendung seines Lebens sei. In Wirklichkeit wäre er viel lieber Musiker geworden. Aber damit könne man ja eine Familie nicht ernähren …
- Die Supermutter/der moderne Mann – Frauen und Männer lernen, dass es wichtig ist und geradezu gesellschaftlich erwartet wird, alles zu wollen: Kinder, Karriere, Beziehung, soziale und materielle Werte … und dieses alles auch zu jeweils 100 % zu erfüllen. Das ist zwar in vielen Fällen ein Fortschritt, zumindest was das Ausbrechen aus alten Rollenmodellen betrifft, aus Sicht der Überforderungsszenarien ist diese Freiheit,

alles zu dürfen (und damit quasi auch zu müssen), aber auch eine Eintrittskarte erster Klasse in das Burnout.

Burnout-Falle Nr. 2: Sackgasse

Unerfreuliche Veränderungserfahrungen, geringe Fehlertoleranz: Eine andere Möglichkeit, in die Burnout-Falle zu geraten, ist, dass man sich in einer subjektiv schwer auszuhaltenden Situation befindet. Zu einem früheren Zeitpunkt wurde einmal der Versuch einer Veränderung unternommen, dieser scheiterte jedoch. Nun findet man nicht mehr die Kraft, es noch einmal zu versuchen, und verharrt in dieser Situation:

- Eine 56-jährige Seminarteilnehmerin erzählte mir, sie sei seit Jahrzehnten mit einem Mann verheiratet, mit dem sie nicht glücklich sei. Sie hätte früher einmal versucht, sich von ihm zu trennen, aber es war finanziell zu schwierig, weil sie ja keine Berufserfahrung hatte (nachdem sie ihre Kinder großgezogen hatte und ihr Leben lang Hausfrau war). Daher setzte sie die Ehe mit diesem Mann fort.
- Einer meiner Studenten versuchte, sich seinen Traum zu erfüllen, Testfahrer zu werden. Seine Versuche, eine derartige Stelle zu bekommen, scheiterten. Nun machte er eine Ausbildung, die ihm nur zum Teil behagte, und er war meilenweit davon entfernt, Testpilot zu werden. Er machte auch keinen Versuch mehr, weil er der Ansicht war: »*Wenn ich etwas anfange, dann mache ich es auch fertig.*«[12]
- Eine ehemalige Kollegin versuchte, sich unternehmensintern von einem – für sie nicht mehr akzeptablen – Job weg zu bewerben. Nachdem dies bekannt wurde, hatte das unerwünschte Nebenwirkungen. Die meisten von Ihnen werden wissen, dass die Wände in Unternehmen »Ohren haben« – die Kollegin konnte den angepeilten Job nicht bekommen, aber ihre Chefin hatte von ihrem Vorhaben erfahren. Ich brauche Ihnen wohl nicht zu erzählen, wie schwierig das berufliche Leben für sie danach wurde.

Burnout-Falle Nr. 3: Modell Troubleshooter

Eine Gefahrenquelle für Burnout ist das **Modell Troubleshooter**. Als theoretisches Modell möchte ich noch einen Typ Mensch nennen, den Sie wahrscheinlich alle schon einmal irgendwo kennen gelernt haben: Mr.

oder Ms. Troubleshooter. In den meisten Unternehmen, aber auch in meinem beruflichen Umfeld gibt es solche Personen. Das sind die, die man ruft, wenn nichts anderes mehr geht. Zugegeben, es ist schon eine sehr wichtige und bedeutungsvolle Fähigkeit, immer wieder schwierige Situationen zu meistern. Aus der Perspektive des Burnouts allerdings werde ich immer ganz hellhörig, wenn ein Klient mir so etwas erzählt. Nicht die Fähigkeit an sich ist das Problem. Die Burnout-Gefahr besteht erst dann, wenn diejenige Person nicht mehr anders arbeiten kann, sich ihren Selbstwert allein aus dem Bestehen von Extremsituationen holt. Einmal sagte ein Unfallchirurg zu mir: »*Was ist denn sonst noch wichtig? Das Einzige, das zählt, ist, in Minimalzeit eine optimale Versorgung zusammenzubringen. Der Rest ist nebensächlich.*«

Burnout-Falle Nr. 4: Die »Steher-Typen«

»Steher« gibt es weibliche wie männliche. Jene Felsen in der Brandung, die alles ertragen, immer einsatzbereit sind, denen alles zumutbar ist. Der Typ fürs Schwierige. Typisch dafür ist, dass die Betroffenen lange Zeit ihren Zustand leugnen. Wenn ich mich als Fels in der Brandung sehe, kann ich keine Schwäche zeigen (haben). Auf mich bauen alle ihre gesamte Hoffnung. Auf meinen Schultern lastet alle Verantwortung für die Firma, das Projekt, die Familie, die Pflege von alten Eltern … Meist wird die Krise erst dann zur Kenntnis genommen, wenn so massive körperliche bzw. gesundheitliche Probleme auftreten, dass es zu einem Zusammenbruch kommt.

Abbildung 1 soll eine Übersicht verschaffen, wie die – meist schleichende – Entwicklung ausgehend von einer »üblichen, situativen und vorübergehenden Überforderungs- oder Stresssituation« hinein in eine Burnout-Dynamik aussehen kann. Dabei ist es wichtig zu bedenken, dass nicht immer alle Kennzeichen vorhanden oder sichtbar sind. Auch kann es sein, dass manche der Anzeichen überlappend, gleichzeitig oder in anderer Reihenfolge auftreten.

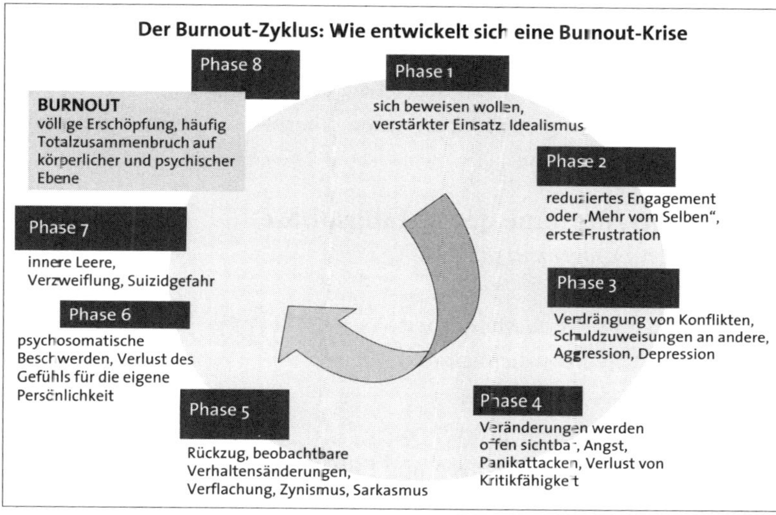

Burnout-Phasen: Der Weg der Erschöpfung

Die Forschung hat bis jetzt etwa 130 verschiedene Symptome gefunden, deren gemeinsames oder getrenntes, heftiges oder schwaches Auftreten ziemlich sichere Hinweise auf das Bestehen eines Burnout-Syndroms zulassen. Eine Burnout-Erschöpfung kommt schleichend und unauffällig. Sie verläuft in Phasen. Die meisten Menschen kennen diese Zustände aus stressigen und belastenden Momenten. Wir alle sind schon mehr oder weniger heftig die ersten Stufen der Burnout-Skala emporgeklettert. Die ersten Phasen kennen die meisten Menschen aus dem eigenen Erleben. Je nach Persönlichkeit und Belastungsgrad schreiten wir, hat es uns einmal erwischt, schneller oder langsamer voran. Manchmal überspringt man auch eine Phase, kehrt auf eine vorangegangene zurück oder schafft sogar den Weg hinaus. Manchmal allerdings gelingt dies nicht ganz so einfach. In fortgeschrittener Burnout-Erschöpfung ist es zunehmend ein Problem, sich über den schmerzvollen Weg der Selbsterkenntnis und Reflexion Klarheit zu verschaffen.

Seit den 1970er Jahren beschäftigen sich hauptsächlich Psychotherapeutinnen mit Burnout und seinem Verlauf. Auch die Coaches und Beraterinnen nehmen einen Anstieg dieses Schwerpunkts in ihrer Arbeit wahr.

Da man das Rad nicht immer wieder neu erfinden muss, habe ich mich hier für die umfassende Darstellung der Symptomatik nach Matthias Burisch (1994) entschieden. Es ist dies eine Liste, die er selbst als unvollständig beschreibt, die uns aber einen guten Überblick über die Vielfalt der Burnout-Symptome gibt.

1. Warnsymptome der Anfangsphase

a) Vermehrtes Engagement für Ziele

- Hyperaktivität
- freiwillige, unbezahlte Mehrarbeit
- Gefühl der Unentbehrlichkeit
- Gefühl, nie Zeit zu haben
- Verleugnung der eigenen Bedürfnisse
- Verdrängung von Misserfolgen und Enttäuschungen
- Beschränkung sozialer Kontakte auf Klienten

b) Erschöpfung

- chronische Müdigkeit
- Energiemangel
- Unausgeschlafenheit
- erhöhte Unfallgefahr

2. Reduziertes Engagement

a) für Klienten und Patienten

- Desillusionierung
- Verlust positiver Gefühle gegenüber Klienten
- Meidung von Kontakt mit Klienten und/oder Kollegen
- Aufmerksamkeitsstörungen in der Interaktion mit Klienten
- Verschiebung des Schwergewichts von Hilfe auf Beaufsichtigung
- Schuldzuweisung für Probleme an Klienten
- höhere Akzeptanz von Kontrollmitteln wie Strafen oder Tranquilizern
- Stereotypisierung von Klienten, Kunden, Schülern etc.
- Betonung von Fachjargon, Dehumanisierung

b) für andere allgemein

- Unfähigkeit zu geben
- Kälte

- Verlust der Empathie
- Unfähigkeit zur Transposition
- Verständnislosigkeit
- Schwierigkeiten, anderen zuzuhören
- Zynismus

c) für die Arbeit
- Desillusionierung
- negative Einstellung zur Arbeit
- Widerwillen und Überdruss
- Widerstand, täglich zur Arbeit zu gehen
- ständiges Auf-die-Uhr-Sehen
- Fluchtfantasien
- Tagträumen
- Überziehen von Arbeitspausen
- verspäteter Arbeitsbeginn
- vorverlegter Arbeitsschluss
- Fehlzeiten
- Verlagerung des Schwergewichts auf die Freizeit, Aufblühen am Wochenende
- höheres Gewicht materieller Bedingungen für die Arbeitszufriedenheit

d) Erhöhte Ansprüche
- Verlust von Idealismus
- Konzentration auf die eigenen Ansprüche
- Gefühl, ausgebeutet zu werden
- Eifersucht
- Partnerprobleme
- Konflikte mit den eigenen Kindern

3. Emotionale Reaktionen, Schuldzuweisung

a) Depression
- Schuldgefühle
- reduzierte Selbstachtung
- Insuffizienzgefühle
- Gedankenverlorenheit

- Selbstmitleid
- Humorlosigkeit
- unbestimmte Angst, Nervosität
- abrupte Stimmungsschwankungen
- verringerte emotionale Belastbarkeit
- Bitterkeit
- Abstumpfung, Gefühl von Abgestorbensein und Leere
- Schwächegefühl
- Neigung zum Weinen
- Ruhelosigkeit
- Gefühl des Festgefahrenseins
- Hilflosigkeits-, Ohnmachtsgefühle
- Pessimismus, Fatalismus
- Apathie
- Selbstmordgedanken

b) Aggression

- Schuldzuweisungen an andere oder »das System«
- Vorwürfe an andere
- Verleugnung der Eigenbeteiligung
- Ungeduld
- Launenhaftigkeit
- Intoleranz
- Kompromissunfähigkeit
- Nörgeleien
- Negativismus
- Reizbarkeit
- Ärger und Ressentiments
- defensive/paranoide Einstellungen
- Misstrauen
- häufige Konflikte mit anderen

4. Abbau

a) der kognitiven Leistungsfähigkeit

- Konzentrations- und Gedächtnisschwäche
- Unfähigkeit zu komplexen Aufgaben

- Ungenauigkeit
- Desorganisation
- Entscheidungsunfähigkeit
- Unfähigkeit zu klaren Anweisungen

b) der Motivation
- verringerte Initiative
- verringerte Produktivität
- Dienst nach Vorschrift

c) der Kreativität
- verringerte Fantasie
- verringerte Flexibilität

d) Entdifferenzierung
- rigides Schwarz-Weiß-Denken
- Widerstand gegen Veränderungen aller Art

5. Verflachung

a) des emotionalen Lebens
- Verflachung gefühlsmäßiger Reaktionen
- Gleichgültigkeit

b) des sozialen Lebens
- weniger persönliche Anteilnahme an anderen oder exzessive Bindung an Einzelne
- Meidung informeller Kontakte
- Suche nach interessanteren Kontakten
- Meidung von Gesprächen über die eigene Arbeit
- Eigenbröteleien
- mit sich selbst beschäftigt sein
- Einsamkeit

c) des geistigen Lebens
- Aufgeben von Hobbys
- Desinteresse
- Langeweile

6. Psychosomatische Reaktionen

- Schwächung der Immunreaktion
- Unfähigkeit zur Entspannung
- Schlafstörungen
- Alpträume
- sexuelle Probleme
- gerötetes Gesicht
- Herzklopfen
- Engegefühl in der Brust
- Atembeschwerden
- beschleunigter Puls
- erhöhter Blutdruck
- Muskelverspannungen
- Rückenschmerzen
- Kopfschmerzen
- nervöse Ticks
- Verdauungsstörungen
- Übelkeit
- Magen-Darm-Geschwüre
- Gewichtsveränderungen
- veränderte Essgewohnheiten
- mehr Alkohol/Tabak/Kaffee/andere Drogen

7. Verzweiflung

- negative Einstellung zum Leben
- Hoffnungslosigkeit
- Gefühl der Sinnlosigkeit
- existenzielle Verzweiflung
- Selbstmordabsichten

In seiner detaillierten Beschreibung der einzelnen Phasen führt Burisch die achte Phase, also den eigentlichen Burnout-Zusammenbruch als Endpunkt nicht mehr im Einzelnen aus. Damit hält er es im Übrigen genau so wie auch andere Fachautoren. Man kann das als positive Sichtweise in dem Sinne deuten, dass man durch die intensive Beschäftigung mit diesem Thema dafür sorgt, dass dieser Tiefpunkt erst gar nicht mehr erreicht wird.

Gemeint ist auf jeden Fall der totale Zusammenbruch auf körperlicher und psychischer Ebene, die komplette Erschöpfung sämtlicher Ressourcen. Ich werde darauf im nächsten Kapitel noch näher eingehen.

Burisch betont, dass die Liste der Symptome einerseits nicht vollständig ist und bei weiterer Forschungsarbeit wohl noch einige weitere hinzukommen werden, andererseits weist er darauf hin, dass nicht alle Symptome gleichzeitig auftreten müssen, damit von einem Burnout gesprochen werden kann. Die Wissenschaft ist sich auch nicht über die Abfolge der Symptome in einem Burnout-Zyklus im Klaren. So können sich einzelne Phasen überlagern oder zu anderen als den erwähnten Zeitpunkten auftreten. Sie können auch aufhören und später wiederkehren. Alle Symptome *können* auftreten, müssen es aber nicht. Sie *können* zeitlich aufeinander folgen, müssen es aber nicht. Manche der Symptome schließen einander auch aus. Einige Symptome können bei einer Person in einer frühen Phase auftreten, andere Menschen erleben sie später.

Ebenso wie bei der Abgrenzung zwischen Eustress und Dysstress – jener Punkt, an dem sich Stress als belebender und energetisierender Motor umwandelt in eine Belastungssituation – ist es auch eine schwer zu ziehende Linie zwischen einer vorübergehenden Erschöpfungsphase und beginnendem Burnout. Dies ist also eine Übersicht über eine Vielzahl von beobachteten Symptomen, frei von einer zwingenden Abfolge. Es sind Annäherungen und Erfahrungswerte aus meiner Arbeit und jenen Berichten, die ich in der Fachliteratur fand. In meiner Arbeit habe ich die Erfahrung gemacht, dass es auch geschlechtsspezifische Unterschiede gibt. Frauen neigen demnach eher zu »nach innen gerichteten« Verhaltensweisen und Männer offenbar eher zu »nach außen gerichteten« Verhaltensweisen. Die Psychologie nennt das intern bzw. extern attribuierendes Verhalten.

Allen Verläufen gemeinsam sind jedenfalls ein schleichender Beginn und die unauffällige Ausbreitung mit harmlos wirkenden Symptomen. Wie oft erleben wir alle Situationen, in denen wir müde und ermattet sind. Auch ist es ein hoher Wert in unserer Kultur, dass man bei auftretenden Schwierigkeiten dranbleibt und nicht aufgibt. Hier wird die Ambivalenz deutlich. Einerseits ist Leistung ohne Überwindung von schwierigen Phasen und ganz ohne Anstrengung meist nicht möglich. Und es ist ja auch ein wirklich befriedigendes Gefühl, »den inneren Schweinehund« besiegt zu haben. Andererseits sind genau diese Situationen häufig Burnout-begründend. Große idealistische Ziele, die wir voll Motivation und Tatendrang angehen, sind langfristig oft der Grundstein für das Burnout-Syndrom. Das zeigt wieder, warum Burnout so schwer zu verhindern scheint. Denn oft werden Menschen mit hoher Motivation und ungeheurer Aufopferungsbereitschaft (die »der Welt einen Haxen ausreißen« wollen) in ihrem Tun bestärkt. Gerade unsere derzeitige Kultur des Umgangs miteinander verlangt ja ein solches Verhalten.

Der Weg zurück: Es gibt ein Leben nach dem Burnout!

Meiner Erfahrung nach ist das Anerkennen einer Burnout-Erschöpfung eine Sache, das Umgehen mit dem persönlichen Scheitern sowie dem Imageverlust ist aber oft das größere Problem. Manchmal höre ich von meinen Klientinnen, dass es ihnen lieber sei, in der Erschöpfungssituation weiterzumachen, als sich der Blamage in der beruflichen Öffentlichkeit zu stellen. Das Eingeständnis einer Burnout-Erschöpfung wird oft als Gesichtsverlust und sichtbar gewordene persönliche Unfähigkeit betrachtet. Auch die Berufswelt kann mit Burnout schlecht umgehen. Der Rekonvaleszenz muss daher besondere Beachtung geschenkt werden.

Die wichtigste Information ist: Burnout ist »heilbar«. Es ist manchmal ein langer Weg aus dem Burnout heraus, aber es gibt einen Weg. Je nach Ausprägung der Burnout-Erschöpfung und Persönlichkeitsstruktur des betroffenen Menschen, je nachdem, ob es ein soziales Netz gibt und wie der Beruf oder die individuelle Beschäftigungssituation aussieht, muss unterschiedlich vorgegangen werden. Das Wichtigste ist immer, wieder den Glauben daran zu gewinnen, dass es ein Leben nach der Burnout-Krise gibt. Die Bezugnahme auf die Arbeit, das soziale Umfeld und die Gesundheit der betroffenen Person ist essenziell. Ganz wichtig erscheint mir auch die Einbeziehung der Familie in den Wiederherstellungsprozess der Gesundheit. Burnout-Betroffene finden oft nur sehr schwer ihren Weg aus der Burnout-Krise heraus. Hier hilft ein gemeinsames Programm aus Freunden, Familie und Arbeitgeberin. Auch fachliche therapeutische Unterstützung ist unter Umständen hilfreich. In der Öffentlichkeit fehlt weitgehend das Wissen um die Zusammenhänge und Mechanismen zwischen Hochleistungsmotivation und Erschöpfung. Oder ist es bloß das fehlende Interesse? Oder vielleicht doch die individuelle Angst, selbst davon betroffen zu sein …

Dieser Ansatz wird vom Modell der Salutogenese (Antonovsky 1997) wissenschaftlich bestätigt. Zentrale Frage: Welche zentralen Rahmenbedingungen oder Einstellungen brauchen Menschen, um schwierige Lebenskrisen gut überstehen zu können.

Verstehbarkeit: in welchem Ausmaß nehme ich äußere und innere Anreize als geordnet, strukturiert, vorhersehbar und erklärbar an (und nicht als chaotisches, unerklärliches und willkürliches Schicksal).

Handhabbarkeit: Es stehen mir Ressourcen zur Verfügung, mit deren Hilfe ich Probleme bewältigen kann. Ressourcen können aus mir selbst oder von anderen kommen. Ich brauche keine Opferrolle, keinen Fatalismus.

Bedeutsamkeit: Die vom Leben gestellten Probleme und Anforderungen sind es wert, gemeistert zu werden. Unglückliche Erfahrungen kann ich als Herausforderungen sehen.

Burnout ist niemals ausschließlich ein privates Problem. Vor allem jene, die davon profitierten, eine/n meist außerordentlich engagierte/n MitarbeiterIn im Unternehmen zu haben, sollten ein Hauptinteresse daran haben, an der Gesundung mitzuwirken. Gerade das Engagement und die wilde Entschlossenheit, das Beste zu geben, waren ein Motor hinein in diese Krise. Umso mehr kann diese Willensstärke zum Guten genutzt werden und anschließend in geordneter und realistischer Weise wieder eingesetzt werden.

Wenn Sie sich bereits in einem Burnout-Zyklus befinden: Der entscheidende Punkt ist, dass Sie anerkennen, *dass es Sie erwischt hat.* Und genau jener Kampfesgeist oder Durchhaltewille, der Sie hierher gebracht hat, ist es auch, der Ihnen gute Chancen verleiht, wieder aus dem Burnout herauszukommen. Eine Unterstützung durch Ihren Hausarzt oder eine Therapeutin ist hilfreich. Wenn man richtig drinsteckt, ist professionelle Hilfe oft ein sinnvoller Anfang. Freunde und Familie haben vielleicht zu Beginn nicht genug Distanz, um Ihnen tatsächlich helfen zu können. Aber auch ein solides soziales Netz ist auf dem Weg zum realistischen Maß, zur neuen Balance zwischen Einsatz, Engagement, Begeisterung und Selbstschutz, Selbstwert und Anerkennung von persönlichen Grenzen eine wichtige Stütze.

Es gibt mittlerweile eine ganze Reihe von Initiativen zur Wiedereinstiegshilfe nach schweren Burnout-Krisen (siehe die Informationen im Anhang des Buches). Die Wahrnehmung und der Informationsstand der

Gesellschaft zum Thema Burnout steigen. All dies ist eine erfreuliche Entwicklung.

Prävention ist der sinnvollste Weg. Eine wirksame Vorbeugung muss alle Lebensbereiche einbeziehen. Natürlich vertrete ich die Auffassung, dass Weiterbildung im Bereich Persönlichkeitsentwicklung und die Inanspruchnahme von Coaching ein wesentlicher Beitrag zu Ihrer Psychohygiene sein können. Sich selbst und das eigene Tun immer wieder einmal zu hinterfragen, mal eine Auszeit zu nehmen, um über sich selbst nachzudenken, das ist eine sinnvolle Zeitinvestition. Mehr darüber im Kapitel »Geschafft!«.

Der langsame Weg aus dem Burnout heraus

Ebenso wie Sie unter Umständen Schritt für Schritt in eine Burnout-Erschöpfung hineingeraten sind, gibt es für jede Phase ein Ausstiegsszenario.

Analog zum Aufbau eines Überlastungsszenarios (siehe Abbildung 1) habe ich ein Ausstiegsszenario »Der regenerative Zyklus« entwickelt. Es zeigt für jede Burnout-Phase die möglichen Instrumente oder Verhaltensweisen, um diesem Zustand zu entkommen. Aussteigen können Sie an jeder Stelle. Allerdings nimmt der Druck je nach Phase enorm zu, und unter Umständen kann sich ein Mensch, der da hineingeraten ist, nicht (mehr) alleine aus dieser Lage befreien. Die wenigsten unter uns sind wie der Baron von Münchhausen, der sich am eigenen Schopf herausziehen konnte.

Die in Abbildung 2 gezeigten Ideen stellen aber keinesfalls den einzigen gangbaren Weg dar. Je individueller Sie mit der jeweiligen Überforderungssituation umgehen können, desto besser sind die Erfolgsaussichten.

Die Schritte zur Rekonvaleszenz sind, abhängig von der Phase und Intensität des Burnouts, unterschiedlich. In den frühen Phasen kann mit Pausen, Urlaub, Sport, einer Kurzzeittherapie oder anderen Reflexionsformen – begleitend zum gewohnten Tagesablauf – gearbeitet werden.

Der Wiedereinstieg in ein unter Umständen unterbrochenes Berufsleben kann häufig erst nach einer Stabilisierung des Zustands nach einer Burnout-Krise begonnen werden. Allerdings ist hier zu beachten, dass betroffene Personen nicht nur als »geheilt« im körperlichen Sinn angesehen werden. Die Stabilisierung des Zustands bedeutet noch nicht selbstver-

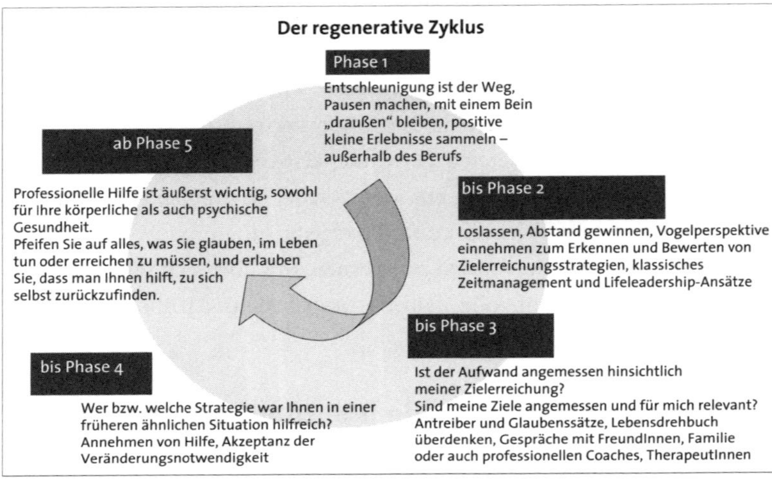

ständlich, dass die Person auch wieder regulär arbeitsfähig ist. Es darf dabei nicht vergessen werden, dass neben all den körperlichen Problemen zumeist auch die Seele[13] einen ordentlichen Knacks abbekommen hat. Der Imageverlust, den ein Mensch durch eine Burnout-Krise erleidet, ist nicht zu unterschätzen. Männer gehen damit anders um als Frauen, aber beiden ist gemeinsam, dass der »Gesichtsverlust« manchmal mehr schmerzt als körperliche Probleme. Und: Man konnte erleben, wo die eigenen Grenzen liegen. Und das in einer Zeit angeblich grenzenloser Leistungsfähigkeit. In einer Zeit, in der Motivation und Leistungsbereitschaft von höherem Wert sind als je zuvor. Damit muss man auch erst einmal fertig werden. Das Selbstvertrauen in die eigene Leistungsfähigkeit und Urteilsfähigkeit muss manchmal mühevoll (wieder-)hergestellt werden. Das ist auch der Grund, warum so viele Burnout-gefährdete Menschen lieber immer wieder in Erschöpfungskrisen hineinschlittern, als sich wirklich und nachhaltig mit der Ursache dafür auseinander zu setzen.

Bei allen Betrachtungen des Verlaufes einer Burnout-Erschöpfung ist es mir der allerwichtigste Aspekt zu betonen, dass es einen Weg aus dieser Krise gibt. Ich denke dabei immer an das Bild des Phönix aus der Asche. Auch wenn man ziemlich feststeckt, gibt es Chancen auf Erholung, Gesundung, ein Weiterleben, ein Umlernen.

Bitte halten Sie sich folgende Punkte vor Augen:

- Es gibt ein Zurück – Burnout-Krisen sind nicht das Ende. Sie können überwunden werden.
- Es existiert ein Ausstiegsszenario aus der Burnout-Phase, in der Sie sich befinden.
- Sie werden nicht alles verlieren, was Ihnen wichtig ist. Sie werden allerdings Anpassungen vornehmen müssen.
- Sie verlieren keineswegs Ihre Leistungsfähigkeit. Es braucht nur ein wenig Sammlung und ein Überdenken, wie Sie Ihre Ziele energieschonender erreichen können. Denken Sie an eine Hochgebirgstour: Wenn Sie oben, an der 2000er Marke angekommen sind, ist es normal, dass Sie müde sind. Es hätte wenig Sinn, gleich zum nächsten Gipfel weiterzugehen. Müdigkeit bedeutet hier, dass Sie eine enorme Leistung gebracht haben und nun eine Pause einlegen sollten. Es bedeutet aber nicht, dass Sie gescheitert sind!
- Sie können weiterarbeiten oder zumindest nach Ihrer Gesundung wieder anfangen zu arbeiten. Es ist nicht alles aus!
- Das Gute am Anerkennen einer Burnout-Krise ist doch, dass man erkennt, eine ganze Menge aushalten zu können. Niemand schlittert einfach so in eine solche Situation. Da gehört schon eine ganze Menge Kraft, Willen und Motivation dazu, sich so zu überfordern (oder Unterforderung so lange auszuhalten), bis man zusammenkracht.

Phase 1: Die Anfangsphase – »Idealismus«

Kernthema: Großer Wunsch nach Bestleistungen. Die Energiereserven scheinen unerschöpflich.

Der in unserer Gesellschaft positiv bewertete Wunsch, sich zu entwickeln, ist ein starker Leistungsanreiz. Diese Triebfeder kann aber eine ungesunde Dynamik bekommen, und wenn daraus ein übertriebenes Bemühen wird und Sie ein nagendes Unbehagen fühlen, zeichnet sich das erste Stadium des Burnouts ab. Diese Entwicklung wird von verbissenem Erfolgswillen und/oder übertriebenen Erwartungen an sich selbst begleitet. Es gibt eine Vielzahl von Berichten, die bestätigen, dass genau dieses Leistungsstreben gerade für Berufsanfänger die Basis für ein späteres Burnout legt. Klassische Beispiele dafür sind junge Lehrerinnen,

Pflegepersonal, Jungpolitikerinnen … aber im Grunde auch all jene, die am Anfang ihres Berufslebens stehen und endlich beweisen wollen, zu welchen Taten sie im Stande sind. Sie alle haben am Anfang ihrer Berufslaufbahn hohe Ideale. Sie wollen Menschen helfen, sie wollen ihren Teil dazu beitragen, die Welt ein wenig besser zu machen, Unternehmen sanieren …

Bei den meisten Menschen legt sich diese Anfangseuphorie wieder, und es ergibt sich eine realistische Einschätzung des eigenen Tuns. Manchmal tritt allerdings ein Missverhältnis zwischen angestrebtem unrealistischen Ziel und dem rigide verfolgten vermehrten Einsatz auf.

Ein anderes Einstiegsszenario ist die Falle eines lang andauernden unerfüllten Traums »vom gelungenen Leben«. Es geht um freiberuflich Arbeitende, die jahrelang um eine Positionierung ihres Produkts oder auch nur um das blanke Überleben auf dem Markt kämpfen, Aufträge annehmen, die ihnen weit über den Kopf wachsen, um *»endlich mal ordentliche Referenzen für die Homepage«* aufweisen zu können. Oft sind die Isolation und damit der fehlende Austausch mit anderen und der verloren gegangene Realitätsbezug eine Eintrittskarte in das Burnout. Realistische Einschätzungen des eigenen Angebots und der Marktsituation sind nur schwer möglich. Die zusätzlichen verwaltungs- und organisatorischen Aufgaben werden von vielen Selbstständigen, die z. B. aus einer unselbstständigen Beschäftigung kommen, oft stark unterschätzt. Wenn ich nur an meine Quartalskrisen (Umsatzsteuer und Sozialversicherung bezahlen) denke, die ich am Anfang meiner Selbstständigkeit durchlebte, graut es mir heute noch.

Es geht auch um Künstler, die irgendwann mal zu der Auffassung gelangen, dass ein »guter Künstler nur ein toter Künstler« ist, weil die Anerkennung ihrer Arbeit so unendlich schwer zu erreichen scheint. Oder ein arbeitsloser Computerexperte, der zu teuer ist, um »irgendeinen« Job zu bekommen, und ganz genau weiß, wie niedrig die Halbwertszeit seines Fachwissens ist … All diese und noch viel mehr Situationen sind Klassiker für Burnout.

Burnout (und auch Dryout) kann auch durch die Feststellung entstehen, wie weit man, trotz jahrelanger Bemühungen, noch immer vom Ziel entfernt ist. Eine Klientin erzählte mir einmal, dass sie das Gefühl hätte, seit dreißig Jahren als Schiffbrüchige im Meer zu schwimmen – immer in der Hoffnung, Land zu finden. Nun sei sie nicht mehr so sicher, ob es das »Land« überhaupt gäbe …

Ausstieg aus Phase 1: Entschleunigung

1. Machen Sie sich jene Denkmuster bewusst, die Sie in diese Überforderungssituation gebracht haben: Wie kommen Sie eigentlich zu Ihrer Sicht der Dinge? Erfüllen Sie Ihre eigenen Pläne? Oder versuchen Sie, jemandem etwas zu beweisen? Oder nehmen Sie an, dass jemand diese Art der Problembewältigung von Ihnen erwartet? Erkennen Sie, wie nahe und wie stark verknüpft die Bereiche Beruf, Familie, Öffentlichkeit und das eigene »Ich« sind. Woher kommen die »Regieanweisungen« zu Ihrem derzeitigen Handeln? Welche Glaubenssätze kennen Sie z. B. aus Ihrer Herkunftsfamilie? Wer rastet – rostet? Immer weiterkämpfen, bis …? Erstellen Sie doch mal eine Liste mit vertrauten Sätzen aus Ihrer Kindheit und Jugend. Meist ist das sehr aufschlussreich.
2. Entschleunigung ist die Kernaufgabe dieser Phase. Legen Sie eine tägliche Ruhephase ein und legen Sie verstärkten Wert auf gesunde Ernährung und viel Bewegung in frischer Luft (egal bei welchem Wetter).

   Setzen Sie sich eine Stunde lang hin und tun Sie *gar nichts*. – Na gut, fangen Sie mit einer halben Stunde an, aber verlängern Sie bald die Ruhephasen.

   Was passiert in dieser Zeit? Welche Gefühle, welche Empfindungen tauchen auf? Unter welchen Bedingungen ist es leicht für Sie, das zu tun? Entschleunigungsübung: Zeichnen Sie mit der Hand, mit der Sie sonst nicht schreiben. Nehmen Sie ein Blatt Papier (mindestens DINA4 sollte es schon sein) und zeichnen Sie eine fröhliche Landschaft, eine erfreuliche Szene, etwas Nettes, das Sie gerade vor sich sehen. Aber immer nur mit der ungeübten Hand. Möglichst bunt sollte das Bild werden. Und zwar gaaaaanz laaaangsaaaam, so als müssten Sie mit dem Stift einer Schnecke folgen. Das ist eine gute Übung, um zur Ruhe zu kommen.
3. Welche Ziele verfolgen Sie? Nehmen Sie nun ein Blatt Papier und schreiben Sie Ihre Ziele auf, die Sie im Moment verfolgen. Versuchen

Sie, möglichst exakt zu formulieren. Notieren Sie Ihre Ziele nach folgenden Kriterien:

- Inhalt (Was genau wollen Sie erreichen?)
- Ausmaß (Formulieren Sie, wann und in exakt welcher Ausprägung Sie Ihr Ziel erreicht haben werden. Messbarkeit fördert die Zielerreichung.)
- Erreichbarkeit/Realismus (Ist Ihr Ziel für Sie persönlich erreichbar? Oder benötigen Sie dazu jemanden oder etwas? Ist es wirklich realistisch, was Sie sich vorgenommen haben? Wenn Sie zu viel oder in zu kurzer Zeit Erfolg erwarten oder nicht die Beharrlichkeit aufbringen, die nun einmal manchmal nötig ist, werden Sie unweigerlich frustriert werden. Sind Ihre Erwartungen Vermutungen bzw. unüberprüfte Annahmen oder haben sie einen realen Hintergrund?
- Vergleichen Sie Ihre Zielerreichungsvariante mit jenen von z. B. Kollegen oder Menschen, die ähnliche Ziele verfolgen.
- Denken Sie an eine weise Ratgeberin oder einen Mentor in Ihrem Leben. Wie würde diese Person Ihre derzeitige Lage beurteilen?
- Wie sieht Ihr Leben im optimalen Fall in zehn Jahren aus? (Bitte formulieren Sie möglichst detailliert.)

4. Erlernen Sie Entspannungstechniken: Yoga, Qigong, Mentaltraining, alles, was Ihnen gefällt. Lassen Sie sich nur von Ihrem eigenen Gefühl leiten, welche der vielen Möglichkeiten Ihnen zusagt. Als wunderbar einfache Methode ohne großen Zeitaufwand empfinde ich PME (Progressive Muskelentspannung). Ich verwende dazu eine CD, die genau 11 (!) Minuten dauert. Das schaffe ich selbst, wenn der Druck sehr groß ist. Danach fühle ich mich tatsächlich erholter und habe wieder ein wenig Abstand zu den Dingen.

Phase 2: Reduziertes Engagement

Kernthema: Ein Ziel wird nicht erreicht. Ohne Anerkennung der eigenen Grenzen schwindet der Arbeitseifer dahin.

Der Zwang, sich zu beweisen, wird zur zentralen Idee. Man beginnt, der eigenen Arbeit, dem Projekt verstärkte Dringlichkeit zuzuschreiben. Watzlawicks »Mehr vom Selben« wird zum Prinzip erhoben. Das heißt, Sie verdoppeln den Druck, statt einen Schritt zurückzutreten, um zu sehen, wohin Sie geraten. Oft werden hier Begriffe wie Idealismus und Engagement zur Legitimation herangezogen. Gleichzeitig wird eine extreme Angst aufgebaut, nicht zu entsprechen (z. B. »Ich bin nicht intelligent genug für meinen Job«, »Ich bin nicht liebevoll genug zu meinen Kindern« …) – kurz, Sie befürchten, irgendwelchen Maßstäben nicht gerecht zu werden, und erhöhen dadurch Ihren Einsatz noch mehr. Langsam bekommt Ihr Verhalten etwas Zwanghaftes.

Nachdem die Phase der zu hoch gesteckten Ziele zu ersten Einbrüchen führt, tritt ein Reaktionszyklus aus Frustration, vermehrter Anstrengung, Aggression und Depression ein. Im Gegensatz zu einem Burnout-Verlauf wird im positiven Fall Erholung gemeinsam mit dem Finden neuer, lohnenderer Ziele gefunden. Im Burnout-Zyklus erfolgt zuerst eine idealistische Überhöhung der Arbeit, die dann ins Gegenteil kippt. Gut sichtbar ist dies etwa bei Pflegepersonal oder bei Lehrern. Also, wenn früher »für die Menschen«, »für die gute Sache« gearbeitet wurde, ist nun eine überhöhte, dem entgegengesetzte Erwartungshaltung zu erkennen. Wo bisher im Übermaß gegeben wurde, möchte man nun vor allem nehmen. Das führt zu Spannungen zwischen den Kolleginnen. Beispielsweise berichten Lehrerinnen, dass sie sich nicht anders zu helfen wüssten, als dass sie die Kinder nur mehr autoritär behandelten, und sich wunderten, dass sie schon jetzt wie die alten »Ausgepowerten« vor sich hin arbeiteten. Das zugehörige Gefühl ist Ausgenutztwerden, fehlende Dankbarkeit bei anderen, geringe Wertschätzung der eigenen Opferbereitschaft.

Ein wesentliches Element der Entwicklung zum Burnout-Syndrom ist die Verleugnung der Belastungssituation. Im Grunde empfindet man Angst davor, sein Gesicht zu verlieren, als zu wenig leistungsorientiert abgestempelt zu werden. Die Überforderung wird als zum Leben zugehörig empfunden und ist gesellschaftlich nicht nur anerkannt, sondern sie wird auch sehr gefördert. Junge Mitarbeiter in einem Unternehmen, die stets über ihre physischen und psychischen Grenzen gehen, werden als »Führungskräfte-Nachwuchs« noch speziell bestätigt. Bemerkungen wie *»Der hat richtig Biss, aus dem wird noch mal ein Spitzenmann«* bestätigen uns in der Verleugnung unserer Erschöpfung. Zu zeigen, dass man talentiert und engagiert ist, ist eine andere Sache, als ständig in Überforderung zu leben – und die Erschöpfung auch noch zu leugnen. Interessant ist auch die

Meinung der Expertinnen, dass die Familiendynamik, also unsere Erfahrungen und Schlussfolgerungen auf dem Weg zum Erwachsenwerden, prägend für eine Burnout-Prädisposition sein dürften (vgl. Freudenberger u. North 2000). Dazu ein Beispiel:

»Es ist, als wäre ich mit Gewichten an die Matratze gefesselt.« Wenn Tanja morgens um neun Uhr zur Arbeit geht, muss sie ihren Wecker auf 6 Uhr einstellen, damit sie halbwegs pünktlich kommt … Nach zwei zermürbenden Jahren in einer Agentur hatte die 29-Jährige vierzig Kilo zugenommen. Zu diesem Zeitpunkt funktionierte nichts mehr: Ihr Chef kritisierte ihre Entwürfe vor den Kunden, drohte mit Kündigung, hielt Versprechen nicht ein … »Ich hatte gerade erst meine Ausbildung hinter mir und war froh, in einer namhaften Agentur zu arbeiten«, erzählt sie, »da blieb ich kleinlaut.« So ließ sie Anfeindungen über sich ergehen. Bei Modeshootings war Tanja die Tonne vom Set. Bis zu 80 Stunden die Woche spielte sie ihre Rolle als selbstbewusster Artdirector verblüffend gut. (Tegen 2002)

Je größer aber die Zahl der »faulen« Kompromisse wird, desto dicker muss der Schutzpanzer für die Seele werden, um durchhalten zu können. Phänomene wie Depersonalisation sind oft die Folge. Karriere bedarf im gegenwärtigen Spiel der Wirtschaft offensichtlich eines extremen inneren Abhärtungsprozesses und kann häufig nur durch Verleugnung oder Umdeutung von Realität zustande gebracht werden.

In meiner Arbeit erlebe ich öfter, wie schwer es für engagierte Menschen ist, nach einer Phase der Fokussierung auf ein berufliches Thema, der Abkapselung und gesunkenen Wahrnehmung wieder ein Bein auf den Boden der außerberuflichen Realität zu bringen. Vor lauter Engagement und Arbeitseifer im Dienste der guten Sache entsteht ein Teufelskreis aus verzerrter Wahrnehmung, Unzufriedenheit mit »denen da draußen, die gar nicht schätzen können, wie sehr ich mich für das Unternehmen abrackere«. Es entsteht »Dienst nach Vorschrift« – wohl, um der Umwelt zu zeigen, »wie weit sie kommen ohne mich«. Manche Menschen, so Burisch, leben eine Art Doppelleben, treten Vereinen bei oder legen sich ein Hobby zu, um die Frustration zu kompensieren. Die Bezahlung wird zum ausschließlichen Grund der Beschäftigung. Die Klagen der Betroffenen gehen oft in Richtung Arbeitszufriedenheit. Dies könnte z. B. für Betriebsrätinnen eine relevante Information sein. Ich denke da an dementsprechende

Aussagen, dass man für die Mitarbeiterinnen alles Erdenkliche herausziehe oder erkämpfe, und immer wieder passte es den Mitarbeiterinnen nicht. Viele fühlen sich als eine Art moderner Sisyphos. Zum einen klingt auch das schon wieder nach Burnout, zum anderen ist es natürlich eine wichtige Information, weil in diesem Fall klar auf der Hand liegt, dass das Problem anders gelagert ist, als es vordergründig klingt.

Ausstieg aus Phase 2: Ziele, Wege der Zielerreichung überprüfen, loslassen

Dies ist eine Art Weggabelung. Die Entscheidung, die eigenen Zielvorstellungen an die Realität anzupassen und seine Arbeitsweise entsprechend zu adaptieren, ist der eine Weg. Das bedeutet je nach Ausgeprägtheit und Vorhandensein von Alternativen eine Änderung des Lebensstils.

Der andere Weg (die Burnout-Direktroute) bedeutet, nicht mehr zu arbeiten, um zu leben, sondern zu leben, um zu arbeiten. Die Betroffenen berichten von der Enttäuschung darüber, dass ihr Wirken nicht gebührend gewürdigt würde, und ziehen sich oft in die innere Emigration zurück.

- Haben Sie Ihr Ziel nicht oder nicht wie angestrebt erreicht?
- Welche Einstellung haben Sie zu Ihrer Leistung im Beruf, Ihrem Privatleben, Ihrer Persönlichkeit?
- Wenn Sie einen bildhaften Begriff dafür finden müssten, wie würde dieser lauten (vielleicht der Titel eines Films, eine Wetterlage, ein Musiktitel, eine Mahlzeit … Ihrer Fantasie sind keine Grenzen gesetzt)?

Lernen Sie zu delegieren. Es ist niemals so, dass man unbedingt alles alleine machen muss. Oft höre ich: »*Aber ich bin doch am Ende der Kette, ich kann an niemanden delegieren.*« Gerade berufstätige Mütter und Väter erzählen mir oft, dass da kein Delegationsspielraum wäre. Nachdem ich feststellte, dass ich das selbst auch dachte, ging ich in den »Selbstversuch« und erkannte: Selbst meine kleinste Tochter (damals zarte 4 Jahre alt) konnte Verantwortung für die heimische Organisation übernehmen. Sie ordnete die Polster auf dem Wohnzimmersofa und half beim Ein- und Ausräumen der Geschirrspülmaschine, und es erfüllte sie mit Stolz. Und ich gewöhnte mich langsam an die etwas andere Art der Erledigung und fühlte mich interessanterweise immer noch als akzeptable Mutter, obwohl die »Ord-

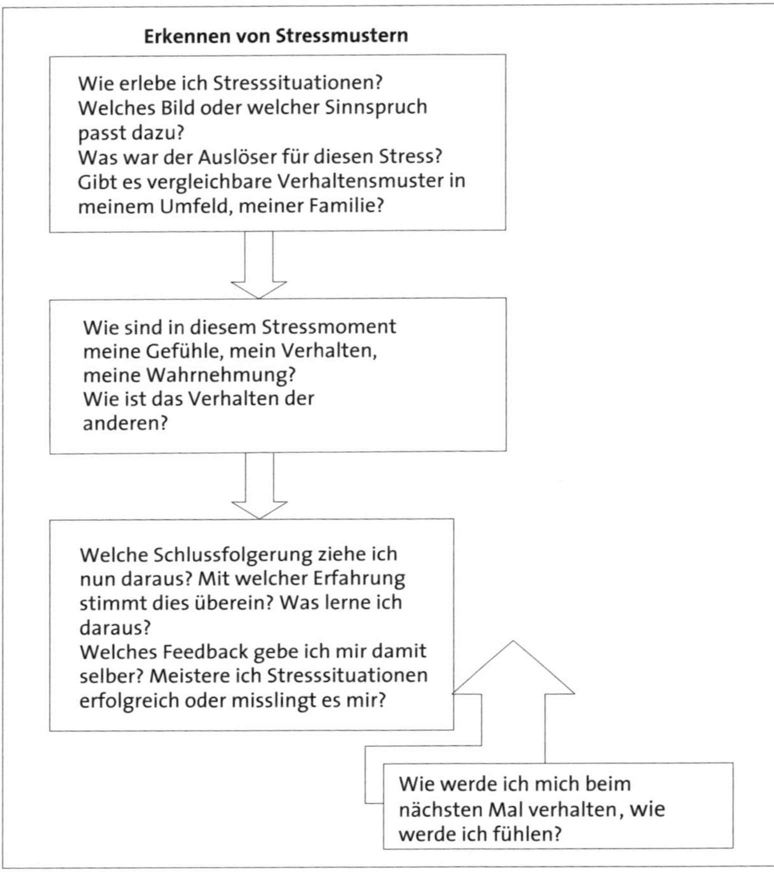

nung« neu definiert wurde. Ich stelle mir seit dieser Zeit stets die Frage, ob mein spezielles System, bestimmte Dinge zu tun, wirklich das einzig denkbare und sinnvolle ist. Das ist eine gute Übung zum Loslassen. Der Vorteil dabei: Sie durchbrechen damit den ewigen Kreislauf aus Verantwortungsgefühl, gesteigertem Einsatz und Überforderung.

Eine Übung für die Rollen meines Lebens: Wann ist mein Leben ein gelungenes Leben? Welche Rollen habe ich in meinem derzeitigen Leben übernommen? Wer gab sie mir? Wie werden diese Rollen gespielt (wie würden die Regieanweisungen dazu lauten)? Was ist das Gute an diesen Rollen?

Sehen Sie sich bitte die folgende Abbildung an. Es ist ein Schema, das Ihnen helfen kann, Ihre Stressmuster zu erkennen.

Nun noch ein gedanklicher Kopfstand: Ich lade Sie herzlich zu folgendem Experiment ein: Was ist das Gute am Schlechten? Sagen Sie jetzt nicht gleich: »So ein Quatsch!« Ich meine, dass alles, was uns passiert, einen Lerneffekt beinhaltet.

Also, überlegen Sie bitte, was der Vorteil z. B. einer der größten Enttäuschungen in der letzten Zeit war. Ich erzähle Ihnen zur Einstimmung eine alte Parabel über »gut und schlecht«:

Ein Bauer hatte einen Sohn. Das war gut. Dieser Sohn brach sich bei der Arbeit auf dem Hof den Arm. Das war schlecht. Am nächsten Tag kamen Männer vom Heer und wollten die jungen, wehrfähigen und gesunden Burschen abholen, damit sie in den Krieg ziehen. Sie nahmen den Bauernsohn nicht mit, weil er nicht gesund war. Das war gut.

Oder eine andere: *Eines Tages lief die Kuh des Bauern davon. Das war schlecht. Nach einer Weile kam sie wieder zurück und gebar ein Kälbchen. Das war gut.*

Phase 3: Emotionale Reaktion – »Schuldzuweisungen, Aggression, Depression«

Kernthema: Die Zeichen der notwendigen Veränderung nicht erkennen können; Suche nach Schuldigen

In diesem Burnout-Stadium können Depressionen oder Aggressionen, je nach innerer Prädisposition, möglicherweise auch abhängig vom Geschlecht, zutage treten, die den weiteren Verlauf der individuellen Burnout-Entwicklung bestimmen – je nachdem, wie der/die Betroffene über die Gründe der Krise denkt. Menschen, die die Ursache eher sich selbst zuschreiben, werden tendenziell in die Depression versinken. Jene, die die »Schuld« der Umwelt oder äußeren Faktoren geben, werden eher den aggressiven Verlauf dieses Stadiums erleben. In dieser Phase sind die Chancen, noch einigermaßen rasch aus dieser Krise herauszukommen, schon eingeschränkt. Wissenschaftler vermuten allerdings, dass viele Menschen an diesem Punkt ganz intuitiv eine Art »Notbremse« ziehen. Es wird angenommen, dass depressive oder aggressive Verstimmungen im Burnout-Syndrom eine Art Hilferuf bedeuten. Spricht man Menschen in einer

Burnout-Krise aber darauf an, so dementieren sie dies meistens recht heftig. »Ausbrenner« seien gewöhnt, sich stets selbst helfen zu können, sie könnten Schwäche und Hilfsbedürftigkeit sehr schwer offen zugeben (Freudenberger 1977). Das bestätigt auch meine Erfahrung, dass gerade die permanente Selbstüberforderung aufgrund zu hoher Ideale die Grundlage von Burnout manifestiert.

Ich kann mich noch gut daran erinnern: als ich in dieser Phase feststeckte, war ich in einem großen Unternehmen beschäftigt. Nach etwa eineinhalb Jahren lernte ich – damals gerade mal 21 Jahre alt und ungeheuer ambitioniert und voller Energie – die Grenzen und die Strukturen eines Büroarbeitsplatzes so richtig kennen. Ich erlebte viel Frustration, Ärger und Unverständnis, eckte überall an und – als Antwort darauf – verstärkte meinen Arbeitseinsatz ins (heute würde ich sagen) »Manische«, absolvierte aufwändige Zusatzausbildungen. Ich war superwütend darüber, dass meine Kolleginnen nicht »so viel« arbeiteten wie ich, dass sie »die Arbeit nicht so ernst nähmen« wie ich. Ich fing an, bei jeder Gelegenheit Kritik an der Struktur dieses Unternehmens und an dessen Führungskräften zu üben. Ich war felsenfest davon überzeugt, dieses Unternehmen verändern zu können, wenn es mir nur gelänge, mit noch mehr Einsatz alle zu überzeugen, dass ich Recht hätte. Mein gesamtes Engagement und meine Motivation setzte ich in dieses Vorhaben, die Vorgesetzten davon zu überzeugen, dass man diesen »verkrusteten Haufen« verändern müsste. Ständig wuchsen meine Verzweiflung und meine Frustration. Ich war der festen Überzeugung, dass alle gegen mich waren – und wahrscheinlich nur eifersüchtig auf meine Tüchtigkeit. Na ja, etwas Wahres wird wohl an all dem gewesen sein. Nach diesem etwa ein Jahr andauernden Kampf gegen dieses »Flaggschiff« von Unternehmen war ich am Ende. Don Quichotte und so. Mir ist damals wohl der Abschied von meinen Idealen nicht gelungen. Das sollte ich noch viele Jahre üben müssen. Nach weiteren zwanzig Jahren habe ich mich selbstständig gemacht, ich werde es wohl nicht mehr lernen.

Die Wissenschaft nennt »mangelhafte Anpassungsleistung« bei Menschen in dieser Phase als einen möglichen Grund für die Weiterentwicklung des Burnout-Zyklus in diesem Stadium. Das bedeutet, dass man feststeckt. Man erkennt zwar, dass man seine Ziele nicht erreichen kann, ist aber nicht in der Lage, die dahinterliegenden Ziele oder die Wege dorthin zu überdenken. Auch kann man sich vom einmal gesteckten Ziel nicht lösen. Vielleicht wäre ja ein anderes lohnender und Erfolg versprechender, dies ist aber in dieser Phase keine vorstellbare Option.

Bei meiner Arbeit erzählen mir dann Menschen z. B.: »Meine Vorstellungen von … (Politik, Altenbetreuung, internationalen Märkten etc.) sind schon richtig, aber ich bin ungeeignet, die Falsche, eine Versagerin …« Oder: »Ich bin falsch ausgebildet worden, eigentlich bin ich gar nicht auf die Anforderungen dieses Jobs vorbereitet worden, die Erwartungen meines Chefs sind nicht gerechtfertigt, das System hakt …«. Also gibt man sich selbst oder der Umwelt die Schuld.

Ausstieg aus Phase 3: Eigene Anteile überprüfen, Lebensdrehbuch überdenken

Wie viele Zeitmanagement-Seminare haben Sie eigentlich schon besucht? Besitzen Sie eine ansehnliche Menge an Literatur zur Effizienzsteigerung und zur Überwindung des inneren Schweinehundes? Es wird nun wirklich Zeit auszusteigen! Nehmen Sie bitte zur Kenntnis: Es gibt keinen zweiten Donnerstag, und Sie werden auch keine 25. Stunde am Tag herausholen.

Überdenken Sie bitte Ihre Konflikte mit der Umwelt. Am besten so, als könnten Sie sie aus der Vogelperspektive mit einem weiteren Fokus betrachten. Jetzt beschreiben Sie die beobachtbaren Aktivitäten. Ist das alles die Schuld der anderen oder ist das vielleicht ein Spiegel (wie innen so außen)? Was können Sie an Gemeinsamkeiten herausfinden, wenn Sie verschiedene Konfliktsituationen durchdenken? Wenn Sie zunehmend ärgerlich werden und sich unverstanden fühlen, holen Sie sich Feedback. Reden Sie mit vertrauten Menschen und hören Sie genau hin, was diese Ihnen zu sagen haben. Eine Außensicht der Situation kann Ihnen in dieser Phase sehr gut tun. Auch – und gerade weil Sie sich womöglich darüber ärgern, wird Ihnen so ein offenes Gespräch gut tun. Wichtig ist der Mut, sich Konflikten zu stellen und nicht in Schwarz-Weiß-Denken zu verfallen. Schauen Sie sich an, was Ihr Beitrag dazu ist und welcher Teil, realistisch betrachtet, den anderen zufällt. Durch Ärger verengen wir oft unsere Wahrnehmung. Aber gerade eine geschärfte Wahrnehmung ist in dieser Erschöpfungsphase sehr wichtig.

In dieser Phase ist auch eine Therapie oder Coaching hilfreich. Scheuen Sie sich nicht, professionelle Hilfe anzunehmen. Niemand wird heutzutage als geistig verwirrt abgestempelt, nur weil er oder sie eine Beratung und Begleitung in Krisenzeiten in Anspruch nimmt. Ein Klient erzählte mir einmal, er gehe lieber zum Coaching und rede sich dort den ganzen Ärger von der Seele, als dass er seine Frau anmeckert. Seine vorige Beziehung ist daran gescheitert, dass er den Ärger immer zu Hause ablud. Dieses Mal wolle er es anders machen.

Mir fällt dazu der Spruch ein: Gott[14], gib mir den Mut, Dinge zu verändern, die ich verändern kann, die Gelassenheit, Dinge hinzunehmen, die ich nicht ändern kann, und die Weisheit, das eine vom anderen zu unterscheiden.

Genau diese Qualität geht uns in Überforderungssituationen oft verloren – das Augenmaß, die ausreichende Distanz, um zu überblicken, was wir tun. Hilfreich ist in diesem Zusammenhang sich anzusehen, was es ist, das uns so vorantreibt wie der Herbstwind die Blätter. Die Transaktionsanalyse nennt das Glaubenssätze und Antreiber. Sich wie getrieben fühlen, andauernd überfordert und doch nicht in der Lage, damit aufzuhören. Diese Verhaltensweisen lassen uns keine Zeit, auf Distanz zu gehen. Wir folgen einem inneren Muster, das uns sagt: »Wenn du dich so verhältst, dann wirst du geliebt, wenn nicht, dann nicht.« Klassische Antreiber sind »Sei perfekt!«, »Sei stark!«, »Sei schnell!«, »Streng dich an!«, »Sei gefällig!« (auch bekannt als: »Mach es immer allen recht!«).

Wie lebt man in Ihrer prägenden Familie (das kann die biologische oder eine andere sein) in vergleichbar stressigen Situationen? Gibt es Rituale? Welche Szenarien fallen Ihnen aus Ihrer Vergangenheit dazu ein? Waren Sie schon einmal in einer vergleichbar angespannten Situation? Wie haben Sie sie damals gelöst? (Ich gehe davon aus, dass Sie irgendeine Lösung fanden, denn sonst wären Sie jetzt nicht hier in dieser Situation.)

Die Transaktionsanalyse bietet das Modell des Skripts an, das mir in diesem Zusammenhang hilfreich erscheint. Unter Skripts sind »Drehbücher des eigenen Lebens« zu verstehen, die wir im frühen Kindesalter (Experten geben hier ein Alter von etwa 4 Jahren an) selbst schreiben. Wir tun das vor allem durch Beobachtung und eigenes Erleben. Es gibt zum Beispiel »Gewinner-Skripts«: »In unserer Familie sind wir alle Gewinner!« oder

»Verlierer-Skripts«: »Bei uns geht immer alles schief. Alle sind geschieden. Bei uns klappt nie irgendetwas.« Die gesamte Palette hinauf und hinunter. Kinder beobachten und interpretieren, was sie sehen und fühlen. Das Ergebnis ist eben das »Skript«, nach dem der Mensch dann sein Leben ausrichtet. Manchmal klappt das prima. Oft stellt dies aber eine Behinderung, ja sogar eine Hürde dar, an der wir als Erwachsene zu scheitern drohen.

Maßgeblich dabei sind Glaubenssätze und Antreiber. Henry Ford soll einmal gesagt haben: »*Egal ob Sie glauben, dass Sie etwas können, oder ob Sie glauben, dass Sie es nicht können – Sie haben in jedem Fall Recht.*« Glaubenssätze sind Sätze, die wir für wahr halten. Die uns im Innersten begleiten und sogar leiten.

Hilfreiche Glaubenssätze sind ja nicht das Problem. Meine Urgroßmutter sagte immer zu mir: »*Du bist ein guter Mensch. Du hast so ein gutes Herz.*« Diese Aussage prägte mit Sicherheit mein Leben. Einerseits ist es sehr beruhigend, wenn zumindest ein wichtiger Mensch an einen glaubt. Andererseits ist das auch ein Auftrag, der nicht so ohne ist. Diesem Glaubenssatz zu entsprechen, andernfalls der Erwartung (selbst eines Menschen, der schon lange gestorben ist) nicht gerecht zu werden, ist eine Herausforderung ein ganzes Leben lang. Was sind nun Antreiber?

Antreiber[15]

Erfahrungen aus unserer Jugend mit unseren Eltern, Verwandten und Bekannten prägen unser Erwachsenenleben. Auch im reifen Alter befolgen wir die Gebote und Verbote von damals. Wenn sie von einem wohlwollenden Elternteil stammen, wie zum Beispiel »Lass dich nur nicht unnötig hetzen!«, sind sie durchaus hilfreich. Andere dagegen sind belastend, einengend und blockierend. Ziel der persönlichen Entwicklung sollte es sein, dass wir mit unserem Erwachsenen-Ich entscheiden können, ob eine solche Botschaft sinnvoll oder Stress auslösend ist.

Die Amerikaner Kahler[16] und Capers haben fünf grundlegende elterliche Forderungen herausgearbeitet, die sie als Antreiber und Blockierer bezeichnen:

1. **Sei immer perfekt!** Die anderen verlangen Perfektionismus und Vollkommenheit von mir. Es ist ein Aufruf zur Überexaktheit und gleichzeitig eine Warnung vor Toleranz.

Menschen mit diesem Glaubenssatz sind der Überzeugung, sie taugen nur etwas, wenn sie alles perfekt erledigen. Gut ist nicht gut genug. Jede Leistung überprüfen sie daraufhin, ob sie nicht noch besser hätte ausfallen können. Sie freuen sich selten oder nie über das Erreichte.

2. **Mach immer schnell!** Diese Aussage fordert, immer alles rasch und schnell zu erledigen. Es ist ein Aufruf zur Hektik und eine verborgene Warnung vor Nähe zum anderen.

   Wer von diesem Satz angetrieben wird, steht meistens sein Leben lang unter Zeitdruck. Er hat immer das Gefühl, dass ihm die Zeit wegläuft. Schnellschüsse und spontane Aktionen, Gespräche zwischen Tür und Angel und entsprechend viele Pannen sind das Merkmal dieser Menschen.

3. **Sei in jeder Lage stark!** Dies bedeutet, sich keine Blöße zu geben, Vorbild zu sein. Es ist ein Aufruf zum Heldentum um jeden Preis und eine Warnung davor, Gefühle zu zeigen und traurig zu sein.

   Menschen mit diesem Antreiber leben nach dem Motto: Mir kann keiner etwas, wie es in mir aussieht, geht keinen etwas an. Schwäche und Ratlosigkeit dürfen nicht gezeigt werden. Um Hilfe und Unterstützung zu bitten, ist unter meiner Würde. Ich bin der Größte.

4. **Mach es immer allen Recht!** Der andere ist immer wichtiger als ich selbst. »Dem Frieden zuliebe« steht im Vordergrund. Der Auftrag ist, friedlich und freundlich zu sein. Es ist aber auch eine Warnung vor Konflikten und davor, eigene Bedürfnisse anzumelden.

   Wer von diesem Glaubenssatz gestresst wird, verleugnet eigene Empfindungen von »mag ich« und »mag ich nicht«. Ihm fällt es schwer, anderen eine Bitte abzuschlagen, denn er ist der festen Überzeugung: Nur wenn ich es den anderen recht mache, werde ich geliebt. Was er selbst dabei empfindet, wie es ihm dabei geht, zählt nicht.

5. **Streng dich immer an!** Alles geht nur über Leistung und Fleiß. Der Aufruf dabei ist, dass nicht das Resultat, sondern die Leistung zählt. Er warnt vor »Sich gehen lassen« und Genießen.

   Das ist der Sisyphos-Antreiber schlechthin. Diese Menschen gönnen sich keine Verschnaufpause, machen und tun ohne Ende und kommen auf keinen grünen Zweig.

Wie kann man diese Antreiber überwinden?
Die Antreiber beeinflussen unsere Entscheidungen oft unbewusst und können uns ziemlich zu schaffen machen, vor allem, wenn wir uns ihrer nicht bewusst sind, können sie uns blockieren und einengen. Um Antreiber zu entkräften, ist es sinnvoll, sich selbst Erlaubnisse zu geben. Je mehr Sie Ihren Antreiber gefunden und verinnerlicht haben, desto stärker wird Ihr Glaube: »Das schaffe ich schon!« Mit dieser Haltung bekommen Sie mehr und mehr Kontrolle über Stressereignisse in Ihrem Leben. Ganz wichtig dabei ist die Bereitschaft, sich die Erlaubnis zu geben, sich Grenzen zu setzen. Ein auch subjektiv als schön empfundenes Leben hängt nicht davon ab, wie viel Sie möglichst schnell leisten, so dass alle Sie lieben, sondern wie viel Sie sich ersparen. Um gelassen zu werden, so meinte der Philosoph Seneca, sei es vor allem nötig, »dass wir uns selbst richtig einschätzen, denn oft meinen wir, mehr bewältigen zu können, als wir in Wirklichkeit im Stande sind«.

Erlaubnisse:
Es ist wichtig, ganz persönliche maßgeschneiderte Erlebnisse zu formulieren. Als Hilfe dazu sollen die folgenden Texte dienen.

Zu 1: »Sei immer perfekt!« entkräften Sie z. B. möglicherweise mit: »Aus Fehlern wird man klug. Deshalb sollte ich Fehler machen, um möglichst viel zu lernen.«

Zu 2: »Mach immer schnell!« entkräften Sie vielleicht mit: »Ich darf mir die Zeit nehmen, die ich zur Erledigung dieser Aufgabe brauche. Dann wird sie auch gut. Das bin ich mir und der Sache schuldig.«

Zu 3: »Sei in jeder Lage stark!« entkräften Sie zum Beispiel mit dem Satz: »Ich darf mir Hilfe holen. Dadurch verliere ich nicht mein Gesicht.«

Zu 4: »Mach es immer allen recht!« entkräften Sie möglicherweise durch: »Andere dürfen mit mir unzufrieden sein. Davon geht die Welt nicht unter.«

Zu 5: »Streng dich immer an!« entkräften Sie mit: »Weniger ist mehr. Immer schön locker bleiben.«

Phase 4: Abbau der Leistungsfähigkeit – »Veränderungen werden offen sichtbar«

Kernthema: Das Wahrnehmen von Angst und Panikzuständen ist dringend erforderlich

Kritik kann nicht mehr ertragen werden, obwohl sie in dieser Phase verstärkt auftritt. Menschen, die bis hierher gekommen sind, können zwischen dem, was sie am meisten fürchten, nämlich Angriff, und dem, was sie sich am meisten wünschen: Aufmerksamkeit und Unterstützung, nicht mehr unterscheiden. Menschen in diesem Stadium ziehen sich völlig zurück. Sie sind nicht mehr erreichbar, gehen Kontaktversuchen aus dem Weg. Teilweise leiden sie unter paranoiden Gefühlen, Unterhaltungen mit ihnen sind kaum noch möglich (sie springen rastlos von einem Thema zum anderen, weil sie sich sonst langweilen). In dieser Phase ist der Groll auf andere vorherrschend. Sie fühlen sich unterschätzt und bedroht von denjenigen in Machtpositionen. Das Verhalten ändert sich in dieser Phase so sehr, dass andere auf ihren Zustand aufmerksam werden. Freunde und Kolleginnen, die versuchen zu helfen, werden abgeschmettert, wenn sie die Betroffenen nicht mit Samthandschuhen anfassen.

Dieses Stadium kann von reduzierter Aufmerksamkeit für sich selbst und die eigenen persönlichen Bedürfnisse begleitet sein. Kleine Pflichten des Alltagslebens empfinden Sie als Belästigung, Sie neigen dazu, solcherlei zu vergessen oder zu verschieben. Die zeitliche und energische Überlastung ist nun für Sie spürbar. Oft wird dieser Punkt mit Sätzen wie »Ich würde gern mal eine Pause machen, aber ich kann einfach nicht« begleitet. Üblicherweise fallen Ihnen in dieser Phase Ihre inneren Konflikte und Ihr unausgeglichenes Empfinden und Verhalten auf. Ihre Gedanken kreisen um Ihre Gesundheit, Schlaf, Ernährung, Bewegung, Energiemangel. Die Vernunft rät Ihnen, einen Schritt zurückzutreten. Sie empfinden dies aber als lästig, als Störung. Es werden Bewältigungsstrategien entwickelt – Verleugnungsrituale beginnen. Betroffene in diesem Stadium suchen immer neue und bessere Möglichkeiten, um ihre Bedürfnisse zu verdrängen und den Konflikt wegzuschieben.

In meiner Arbeit stelle ich oft fest, dass an diesem Punkt häufig ein Fitnessstudio aufgesucht oder eine Fastenkur zur Entschlackung und Ertüchtigung des Körpers in Erwägung gezogen wird. All das, um dem fühlbaren

Leistungsabfall entgegenzuwirken. Menschen in Burnout-Krisen sind ja gerade wegen ihres übergroßen Einsatzes und starken Willens in diese Situation geraten. Daher wird hier eher versucht, mit noch mehr Krafteinsatz und Disziplin über diese »Durchhängephase« hinwegzukommen.

Nach den zuvor erwähnten Anstrengungen der ersten drei Phasen ist es wenig überraschend, dass nun ein Leistungsabfall zu verzeichnen ist. Irgendwann einmal beginnt schlichtweg die »Materialermüdung«.

Äußerlich sichtbare Merkmale sind:

- Das Nachlassen der Arbeitsqualität, Überhandnehmen von Flüchtigkeitsfehlern
- Verflachen bis zum Wegfall der Motivation
- Unpünktlichkeit
- Unzuverlässigkeit
- Dienst nach Vorschrift
- Schwarz-Weiß-Denken
- Vergessen kleinerer Pflichten und Aufgaben des Alltags

Ich erinnere mich, ich hatte einmal ein Jahr lang keine Zeit gefunden, die Winterreifen meines Autos wechseln zu lassen, und es ist mir erst im Herbst des nächsten Jahres aufgefallen. Eine Klientin war stets in Panik, einmal das Abholen ihrer Kinder vom Kindergarten zu vergessen. Manche Berufsstarter denken: »*Wenn ich jetzt nachlasse, verliere ich mein Image und kann den nächsten Karriereschritt vergessen.*« Termine werden nicht wahrgenommen, Sitzungen verpasst, Bemerkungen wie »*Ich hatte schon irgendwie das Gefühl, etwas vergessen zu haben – aber was?*« sind an der Tagesordnung.

Hohe Frustration, ja teilweise Aggression tritt zutage. Mitarbeiterinnen, die – früher kreativ und lebendig – nun dafür bekannt sind, Ideen- und Motivationskiller zu sein, könnten sich in dieser Phase befinden. Jene, zu denen Aussagen passen wie »Das haben wir alles schon versucht, funktioniert alles nicht«, »Da könnte ja jeder kommen«, »Vergebliche Liebesmüh – das bringt alles nichts«. Auch das können Menschen in einer Burnout-Krise sein.

Wechselwirkungen mit Phase 3 (aggressivem oder depressivem Verhalten) sind häufig. Wobei depressive oder aggressive Zusammenbrüche gefolgt von Erschöpfung und Leistungseinbrüchen häufig einen Teufelskreis für Ausgebrannte ergeben.

Beispiel 1: In meiner Zeit in besagtem Großunternehmen gab es eine Anzahl wohlmeinender Kolleginnen, die stets versuchten, mich von meiner – wie sie es nannten – Kamikaze-Aktion abzuhalten. Sie erklärten mir: »Es ist bloß eine Frage der Zeit, bis du dich daran gewöhnst, und dann dienst du halt durch – ist in allen Firmen so. Das ist die Realität.« Natürlich trieb mich gerade dieses Verhalten noch mehr an. Ich legte mich wohl in dieser Zeit mit allen Verantwortungsträgern des Unternehmens an.

Beispiel 2: Ein Kollege erklärte mir am Anfang meiner Selbstständigkeit als Trainerin: »Am besten, du engagierst dich gleich von Anfang an nicht so besonders, weil du das erstens nicht durchhältst und zweitens die (er meinte die Teilnehmer von Seminaren) dir eh nicht zuhören. Die versitzen auch nur ihre Zeit bei dir. Bleibt eh nix drin in ihren Köpfen.«

Jene, die ihren Leistungsabfall bewusst wahrnehmen, reagieren nach dem Motto: Nicht auffallen, keine Experimente und möglichst wenig Aufregung.

Angstzustände bis hin zu Panikattacken können auftreten, in Sorge davor, »als Stümper« entlarvt zu werden.

Bis zu dieser Phase des Burnout-Zyklus kommen viele Menschen das eine oder andere Mal in ihrem Leben. Bis hierher kann man sich auch noch relativ gut selbst wieder herausholen. Obwohl auch professionelle Hilfe hier hilfreich sein kann.

Ausstieg aus Phase 4: Hilfe annehmen, Akzeptanz der Veränderungsnotwendigkeit

Herbert Freudenberger empfiehlt hier, die Verleugnungsmechanismen zu erkennen und zu durchbrechen.

Hier zeigt sich auch, was Freundschaften wert sind. Nun müssen Ihre Freunde viel Geduld und eine hohe Frustrationstoleranz aufbringen, damit sie sich nicht von der Schroffheit abschrecken lassen, die meist mit dieser Entwicklung einhergeht. Arbeiten Sie mit Checklisten alles ab, was Sie stets aufschieben, das verringert den Druck[17]. Wenn Sie aufhören, alles aufzuschieben, verringern sich auch Ihre Ängste.

Wichtig ist auch, die Fürsorge für sich selbst zu verstärken. Behandeln Sie sich freundlich und aufmerksam. Massieren Sie Ihre Füße, nehmen Sie statt der raschen morgendlichen Dusche auch einmal ein Vollbad, gönnen Sie sich statt einer Sprühlotion auch mal eine Körpercreme zum Einmassieren (bringt wirklich nicht viel Zeitersparnis, diese Two-in-One-Produkte …). Ich sah einst an einer Straßenampel im Auto neben mir, wie sich ein Mann rasierte und die neben ihm sitzende Frau sich ihre Wimpern tuschte … Dieser Zeitersparniswahn zeigt oft merkwürdige Kapriolen.

Hilfreich ist auch, sich Coaching- oder Therapiestunden zu gönnen. Ich möchte Sie sehr einladen, sich auf einen solchen Weg unvoreingenommen einzulassen. Immer noch gibt es eine gewisse Scheu gegenüber Unterstützungsangeboten von Coaches und Therapeutinnen. Wenn all diese Beraterinnen Ihnen erzählen dürften, wie viele Leute sie konsultieren – Sie würden sich sehr wundern. Es ist keine Schande, diese Form der Unterstützung zu nutzen, sich Hilfe zu holen. Wenn Ihr Auto oder Ihre Heizung streikt, ziehen Sie ja auch Experten zu Rate. Es zeigt nicht Ihre Hilflosigkeit, sondern eher Ihr Verantwortungsbewusstsein für Ihr persönliches Wohl und damit auch für das Wohl Ihres Umfelds.

Weisen Sie Ihre Freundinnen und Bekannten nicht zurück. Es gibt Phasen im Leben, da müssen Sie auch mal auf andere hören. Wie bei der Millionen-Show: Zuhause weiß man es immer besser, als wenn man dann im Studio, in der Mitte, sitzt. Bedenken Sie, die Menschen in Ihrer Umgebung sehen Sie »von außen«, das kann eine wertvolle Information sein. Keine strengen Diäten oder Sportprogramme, bitte! Genauso wie Menschen, die es bis hierher verschlagen hat, stets nach noch effizienteren Zeitsparmechanismen arbeiten, gibt es eine Gruppe von Betroffenen, die verstärkt ins Fitnessstudio geht. Wohl um den schlapper werdenden Körper wieder leistungsfähig zu machen. In dieser Phase sollten Sie sich allerdings nicht zu viel zumuten. Ein leichtes Bewegungsprogramm, leichte Kost, viel Ruhe – das ist in dieser Zeit geboten. Sie müssen nun das Durchhaltevermögen und Ihre Willenskraft auf das Gesundwerden verlegen, anstatt Ihre Willenskraft zum Aushalten der Situation einzusetzen.

Phase 5: Verflachung – »Zynismus greift um sich«

Kernthema: Rückzug aus dem realen Leben, Wahrnehmungsverweigerung

In dieser Phase wird es schwierig, zwischen dem Wichtigen, Realen und dem Unwichtigen, Irrealen in Ihrem Leben zu unterscheiden. Die Umdeutung beginnt oft mit einem gestörten Zeitbegriff (»Ich habe in den nächsten zwei Jahren keine Zeit für Vergnügungen«). Der völlige Bruch mit der Vergangenheit und der Zukunft ist ein eklatantes und entscheidendes Zeichen. Es müsse (angeblich) nur diese Phase überstanden werden, dann …

Von der Verleugnung der Bedürfnisse kommt es ganz leicht zur Verleugnung der Gefühle. Betroffene Menschen ziehen sich innerlich von ihrer Umgebung, ihren Freunden, ihrer Familie zurück. Dieser Rückzug kann so weit gehen, dass man sich auch von sich selbst distanziert. Das »In-Watte-gepackt-sein-Gefühl«, der Eindruck, alles aus der Entfernung zu erleben, ist hier kennzeichnend. Ein Klient erzählte mir einmal, er fühle sich wie von einer »durchsichtigen Gummiwand« umgeben. Orientierungslosigkeit und Hoffnungslosigkeit steigen. Dieser Rückzug wird aber oft auch mit übertriebener Geselligkeit übertüncht (»Betriebsnudel«, lustig und quirlig, in Erfüllung einer Rolle). Die zunehmende Unfähigkeit zu echtem Kontakt zu anderen und die damit einhergehende, größer werdende Angst führen hier meist zu »falschen Therapien«: Medikamentenmissbrauch, Alkohol, Essen, Drogen.

Ausgebrannte in der Phase 5 ziehen sich Stück für Stück aus dem äußeren Leben zurück. Es tritt eine Verflachung der Emotionen ein. Soziale und emotionale Kontakte werden zurückgedrängt, Zynismus greift um sich. Die anderen werden als Objekte wahrgenommen, was zu einem Rückzug von Freunden und Familienmitgliedern führen kann. Einsamkeit ist die Folge und wird oft als Bestätigung der »Sinnlosigkeit« angesehen. Soziale Bindungen, die Gegenwart, die Vergangenheit und auch die Zukunft werden neu interpretiert. »In den nächsten zwei Jahren habe ich keine Zeit für Privatleben« ist eine klassische Aussage zu diesem Stadium. Einige Betroffene beginnen, Tabletten zu nehmen, um »hochzukommen«, und weitere Tabletten, um wieder »herunterzukommen«. Panikattacken können auftreten.

Mit Hilfe der Verleugnung der Probleme schützen sich Betroffene unbewusst vor den Schattenseiten und Anforderungen ihres gegenwärtigen

Lebens. Zynismus und Bitterkeit sind die Hauptsymptome dieser Phase. Alles, das außerhalb des festgelegten Rahmens liegt, wird nicht mehr wahrgenommen. Die »Dauerumsorgerin« (eine klassische Frauenrolle) zum Beispiel ist am anfälligsten für dieses Stadium. Weil sie in ihrem Streben nach Anerkennung so viele ihrer eigenen Bedürfnisse übergangen hat, um die Wünsche anderer zu befriedigen, wird ihre persönliche Unterversorgung nun massiv spürbar, manchmal gärt auch ihre Wut. Unbewusst verdoppelt sie ihren Verleugnungsdrang. Um aber weiterhin zu funktionieren unterdrückt sie noch mehr von sich selbst und hat infolgedessen noch weniger Energie für das, was sie jetzt als die »Außenwelt« sieht. Intoleranz ist eines der Hauptsymptome. Ohne Energie, ohne Interesse oder auch nur die Fähigkeit zuzuhören, wird alles zurückgewiesen.

Ausstieg aus Phase 5: Professionelle Hilfe ist notwendig

In dieser Zeit hatte ich mit meiner ältesten Freundin ein grobes Zerwürfnis, weil sie meine ständigen Verschiebungen und Absagen von gemeinsamen Aktivitäten so satt hatte, dass sie Vereinbarungen mit mir gar nicht mehr in ihren Kalender eintragen wollte, weil diese ohnehin nicht hielten. Ich konnte ihr Verhalten aber damals keineswegs verstehen, vielmehr war ich verletzt durch ihre vermeintliche Rohheit und ihr Unverständnis.

Als es mir so schlecht ging, dass ich eindeutig der Phase 5 zuzuordnen war, gab es Freunde, die mich täglich »rein zufällig« anriefen. Mir ging das unheimlich auf die Nerven. Ganz selten fand ich es rührend, aber immer fand ich es übertrieben. Ich ärgerte mich eher über diese »Ignoranten«, die ja nicht verstünden, wie schwer mein Job, mein Leben etc. waren. Ich nahm wahr, dass diese Leute Angst um mich hatten. Ich nahm nur meine Situation völlig anders wahr. Ständig überlegte ich, ob die mich manipulieren und demotivieren wollten und was ihnen das wohl brächte. So eine Art Weltverschwörungstheorie. Ich dachte stets, das ist jetzt halt eine schwierige Zeit, wenn ich die auch noch durchhalte, dann mache ich den gewünschten Karriereschritt … mitnichten!

Hören Sie sich selbst zu: »Wenn du wissen willst, was deine Bedürfnisse sind, dann hör zu, was du sprichst.« Zwingen Sie sich dazu, wieder Kontakt zu Freundinnen aufzunehmen. Tun Sie aktiv etwas gegen die Einsamkeit und Isolation. Denken Sie einmal darüber nach, was Ihnen früher wichtig war. Was waren Ihre Fantasien zu einem guten Leben?

Zynismus und Bitterkeit, auch Aggression gegen Menschen, die Ihnen nahe stehen, all das sind mögliche Anzeichen Ihrer sehr heftigen Burnout-Krise. Ein Bekannter erlebte diese Zeit als »*Film, der rund um mich ablief. Ich dachte, komisch, der (er meinte damit sich selbst) reagiert schon ziemlich heftig, so bin ich doch ›in Wirklichkeit‹ gar nicht. Ich dachte, jetzt bist du übergeschnappt … Kraftausdrücke und Schreiduelle gehörten zur Tagesordnung. Manchmal dachte ich, die (Menschen aus der Umgebung) merken gar nicht, wie wütend sie mich machen.*«

Nochmals: Hören Sie auf andere und lassen Sie sich helfen!

> Tipp: Behandeln Sie sich selbst respektvoll!

Lernen Sie wieder neu, sich selbst respektvoll zu begegnen. Vielleicht versuchen Sie es mit autosuggestiven Aufträgen. Sie sollten leistungsunabhängig sein und sich als Mensch anerkennen:

- Ich bin wertvoll.
- Ich achte darauf, dass ich respektvoll mit mir selbst umgehe.
- Es ist in Ordnung, dass ich auch ein paar Schwächen habe.
- Ich lebe in Würde.
- Ich behandle mich mit Respekt.
- Ich bin nachsichtig mit meinen Wünschen und deren Umsetzung.

Phase 6: Psychosomatische Reaktionen – »Was die Seele empfindet, wird im Körper spürbar«

Kernthema: Gefahr der reinen Symptombekämpfung

Burnout ist die Folge von Stress. Was passiert auf der körperlichen Ebene? Wenn ein Mensch ein hohes Maß an permanentem Stress erlebt, wirkt sich das unter anderem auf den Hormonhaushalt aus. Beispielsweise Adrenalin, Noradrenalin und Cortisol bleiben permanent erhöht. Alle Stressreize werden verstärkt wahrgenommen und im Körper verstärkt umgesetzt. An körperlichen Beschwerden treten vermehrt Magen-Darm-

Probleme auf, Verstopfung, Blähungen oder Sodbrennen sind häufige Symptome. Atembeschwerden, Bluthochdruck, Herzrasen oder Ohrgeräusche, diese und viele andere körperliche Symptome können Burnout begleiten.

Psychosomatische Symptome können im Grunde schon in der Anfangsphase einer Burnout-Erschöpfung auftreten. Die Wissenschaft ist sich über die Anzahl der Symptome nicht einig, die Zahl von 130 verschiedenen wird häufig genannt. Dies ist vor allem davon abhängig, wie sehr die betroffene Person körperorientiert ist. Es können sich z. B. eine größere Infektanfälligkeit, Schlafstörungen, Kreislaufbeschwerden, Verspannungen und Verdauungsbeschwerden zeigen.

Wer in dieser Phase des Burnouts zum Arzt geht, um ein Medikament gegen seine Migräne oder Magenschmerzen zu bekommen, muss schon Glück haben, wenn dieser in Richtung Burnout diagnostiziert. Nach wie vor gibt es wenig angewandtes Burnout-Wissen, auch unter Ärzten. Meistens wird lange nur an den Symptomen gearbeitet. Stress ist ein zu allgemeiner Begriff, und meist wird empfohlen, sich ein paar Tage Ruhe zu gönnen. Was natürlich tatsächlich ein wesentliches Element wäre. Menschen, die in der Phase der gesundheitlichen Auswirkung von Burnout angelangt sind, finden dazu aber längst keinen Zugang mehr.

Es gibt zunehmend mehr Kontaktadressen, an die man sich wenden kann, falls man zum Freundeskreis oder Familienkreis eines Burnout-Betroffenen gehört. Freunde und Familie sind hier bereits ein wirklich wichtiger Faktor, um das Schlimmste zu verhindern. (Sie finden Adressen und weitere nützliche Informationen im Anhang des Buches – mittlerweile gibt es z. B. Selbsthilfegruppen wie die *Anonymen Arbeitssüchtigen*, eine österreichische Gruppe.)

Durch verstärktes oder vermindertes Essen wird auch körperlich sichtbar, dass gravierende Probleme vorliegen. Eine Klientin berichtete, dass sie in sechs Monaten 20 Kilo zugenommen hatte. Herzbeschwerden und der vermehrte Verbrauch an Nikotin, Alkohol, Kaffee, aber auch ganz anderen Drogen nehmen ernsthafte Ausmaße an.

Ausstieg aus Phase 6: Nehmen Sie Hilfe an und sehen Sie die Schmerzen, die Sie körperlich spüren, als Notruf Ihrer Seele

Besprechen Sie mit Ihrem Arzt nicht nur die sichtbaren Symptome. Wenn Sie das Gefühl haben, nicht verstanden zu werden, wechseln Sie den Arzt. Es gibt Hilfe, und Sie können aussteigen. Therapeutische Hilfe ist angesagt. Ihre Lage ist nicht völlig hoffnungslos. Gerade dieses Gefühl der Hoffnungs- und Ausweglosigkeit führt oft dazu, verfügbare Hilfe nicht in Anspruch zu nehmen, ja nicht einmal wahrzunehmen. Oft genügt aber ein kleiner Schritt zur Therapie oder in eine passende ärztliche Behandlung, um die Dinge wieder auf das richtige Gleis zu bekommen. Lassen Sie sich nach Möglichkeit von einer Vertrauensperson zum ersten Termin begleiten. Nehmen Sie Unterstützungsangebote an. Intuitiv wissen Sie noch, dass es einen gesunden, unverletzten Kern in Ihnen gibt. Pflegen Sie ihn wie ein kleines ausgetrocknetes Pflänzchen und sehen Sie zu, wie es sich immer besser entwickelt, bis wieder ein erstes grünes Blatt sprießt.

Phase 7: – Verzweiflung

Kernthema: Körperliche und geistige Endstation, Suizidgefahr

Experten bezeichnen diese Phase als »Meltdown«, übersetzt als *Zustand »existenzieller Verzweiflung«. »Das temporäre Gefühl der Hilflosigkeit hat sich zu einem chronischen Gefühl der Hoffnungslosigkeit verdichtet. Das Leben hat seinen Sinn verloren. Selbstmordgedanken tauchen auf – und werden mit einer bestimmten Wahrscheinlichkeit wohl auch ausgeführt.«*

Eventuell ursprüngliche Zwänge haben ihren Zauber verloren. Der Wille »zu siegen« (gegen was oder wen auch immer) ist gebrochen. Diejenigen, die bis hierher kommen, haben kein »Ich-Gefühl« mehr, die Sicherung ist durchgebrannt. Es ist wichtig anzuerkennen, dass Menschen in dieser Phase in Lebensgefahr schweben. Sie bedürfen ärztlicher Untersuchungen und u. U. eines stationären Aufenthalts in einem Krankenhaus. Wenn völlige Burnout-Erschöpfung eintritt, kann die betroffene Person unter Umständen gänzlich außerstande sein, ihren Zustand richtig einzuschätzen.

Ausstieg aus Phase 7: Hilfe von außen wird dringend benötigt

Wenn Sie jemanden kennen, von dem Sie annehmen, dass er oder sie sich in einer solch ernsten Burnout-Krise befindet, seien Sie tapfer und gehen Sie »in die Höhle des Löwen«. Ich gebe Ihnen ein sehr privates Beispiel dazu: Ich erinnere mich noch gut daran, als es mir vor vielen Jahren wirklich schlecht ging. Es gab da einen Jugendfreund, der mich in diesen Monaten täglich anrief. Ich verstand damals zwar nicht warum, hatte auch schon ziemlich das Interesse an der Außenwelt verloren, aber irgendetwas trieb mich dazu, mit ihm zu telefonieren. Ich erzählte wahrscheinlich lauter Schwachsinn (ich müsste ihn mal fragen, was ich ihm damals so alles erzählte), aber letztlich führte es dazu, dass ich irgendwann den Punkt erreichte, wo mir klar wurde, dass es so nicht weitergehen könne. Dass ich mich nicht so hängen lassen könne und ich das auch nicht wollte. Noch heute bin ich ihm sehr dankbar. Allerdings nervte er mich damals eher, als dass ich es schätzen konnte.

Was ich Ihnen damit zeigen möchte, ist klar. Wenn Sie nur einigermaßen bei Kräften sind und erkennen, dass jemand aus Ihrem Umkreis in einer Burnout-Situation steckt, dann bleiben Sie bitte am Ball. Es ist möglicherweise einer der wenigen Kontakte, den diese Person noch zur Außenwelt hält. Lassen Sie sich von »Stacheligel-Verhalten« und Unfreundlichkeit nicht abweisen. Es gibt Momente, da sind Burnout-Erschöpfte so sehr mit Rückzug beschäftigt, dass sie nicht mehr erkennen können, wer ihnen wohlgesonnen ist und wer nicht.

Phase 8: Völlige Burnout-Erschöpfung

Kernthema: Körperliche Rekonvaleszenz und psychische Stabilisierung

Nicht jede Person, die an Burnout leidet, kommt bis zu diesem Punkt.

Dennoch: Jene, die es zulassen, sind völlig ausgepumpt. Das Leben erscheint sinnlos, gestaltlos und verloren. Diese vollkommene geistige und körperliche Erschöpfung ist lebensgefährlich. Betroffene fühlen sich möglicherweise leer, ausgepowert, nutzlos und erledigt. Sie wenden die falschen Hilfsmittel an, um aufzutanken. Manche beginnen, Drogen zu nehmen, oder bekommen Medikamente verschrieben, die nur die Symptome ansprechen, bekommen Platzangst oder Panikattacken. Zunehmende Orientierungslosigkeit treibt diese Menschen vor sich her.

Depersonalisation ist jener Vorgang, der uns manchmal bis zum Zusammenbruch weitergehen lässt. Er gibt einem das Gefühl, nicht mehr man selbst zu sein. Unter Depersonalisation ist eine schwere Form des Rückzugs zu verstehen. Man verliert jeglichen Kontakt zu sich selbst, zu seinem Körper, zu Prioritäten oder zur persönlichen Zukunft. »Es fühlt sich an, als ob alles taub wäre, ich spüre mich nicht mehr …« Möglicherweise wird diese Phase bereits von Alkohol- und Drogenmissbrauch begleitet. Die Wahrnehmung wird (willentlich) stillgelegt. Es existiert auch kein Zeitgefühl mehr. Manche Menschen sitzen tagelang im Bett, ohne zu essen oder sich zu waschen, und merken es noch nicht einmal.

Wenn Sie an Burnout leiden, erleben Sie an sich vielleicht gleichzeitig Symptome aus verschiedenen Phasen. Die Phasen gehen oft ineinander über; Sie können in einem Stadium »stecken bleiben« oder zwischen verschiedenen Phasen hin- und herspringen. Die Auswirkungen einer Phase entgehen Ihnen vielleicht, während eine andere Phase Sie so mitnimmt, dass es kaum zu bewältigen ist. Dauer und Intensität dieser Phasen hängen ab von Ihrer individuellen Situation, Persönlichkeit, den Neigungen, Ihrer Vorgeschichte und Fähigkeit, mit Stress fertig zu werden (Freudenberger u. North 2000).

Wesentlich ist dabei, dass Sie sich vor Augen halten, dass viele der beschriebenen Phasen Reaktionen auf das Auf und Ab des modernen Lebens sein können. Überprüfen Sie jeden kleinen Verdacht. Ein bisschen Ruhe nach einer stressigen Woche ist das Mindeste, das dabei herauskommen sollte. Und sollte sich doch herausstellen, dass da mehr dahinter ist – umso besser. Dann haben Sie bereits den ersten Schritt unternommen, um aus dem Burnout auszusteigen!

Als praktisches Beispiel darf ich Ihnen eine Geschichte einer Klientin, die sie auszugsweise zur Verfügung gestellt hat, wiedergeben. Sie ist ein Beispiel dafür, wie heftig Burnout werden kann:

»Ich-will-aber« ist heute 34 Jahre alt. Der Einfachheit halber nennen wir sie Iwa. Als Iwa noch klein war, wollten ihre Eltern sie nicht haben. Sie waren zu jung und zu sehr mit sich selbst beschäftigt. Iwa war damals schon zäh. Sie behauptete sich von ihren ersten Lebenstagen an tapfer.

Selbst Versuche ihrer Eltern, sie einfach »loszuwerden«, scheiterten. Die kämpferische kleine Iwa rappelte sich immer wieder hoch und kämpfte sich durch. Sie kämpfte ums Überleben, neben einer egozentrischen, depressiven Mutter und einem ebensolchen – aber abwesenden – Vater. Es schien, als wäre Iwas gesamtes Umfeld schwer neurotisch. Iwa beschloss, ganz ihrem Namen gerecht werdend (und außerdem war sie im Sternzeichen »Stehaufweibchen«), sich nicht unterkriegen zu lassen. »Ich will aber ein besseres Leben haben!« Iwa wurde ein guter Mensch, sie war fleißig und arbeitete mehr als andere. Einmal wurde sie um zwei Uhr nachts von einem Kollegen an ihrem Arbeitsplatz gefragt, ob sie denn auch keine Heizung zu Hause hätte …

Iwa musste sich einen dicken Panzer zulegen, um ohne Fundament und ohne Sicherheitsnetz alleine überleben zu können. Sie brauchte ihn auch, diesen Panzer, denn jedes Mal, wenn ihr wahres reines Wesen erstrahlte, kamen andere und stahlen es ihr. Sie sogen ihre Energie und ihre »Stehaufweibchen-Qualität« förmlich in sich auf. Wie die Schwämme sogen sie sich voll, bis sie triefend und satt rülpsend in einer Ecke lagen und glücklich waren. Nach so einem Überfall brauchte Iwa immer eine Weile, bis sie selbst wieder auf dem Damm war und ihre »Stehaufweibchen-Stärke« ihr wieder zur Verfügung stand. Irgendwann waren diese »Schwammattacken« so heftig, dass sie eine arge Schlagseite erlitt. Ständig kam sie vom Regen in die Traufe, sie verließ einen ungastlichen Ort, um schnurstracks in den nächsten zu geraten. Eines Tages beschloss Iwa, dass es nun genug sei, mit diesen Schwammüberfällen und den langen Erholungszeiten, die sie danach immer wieder brauchte. Sie stellte fest, dass es einen Kern tief in ihrem Inneren gab, den niemand aussaugen konnte. Sie beschloss, einen inneren Verteidigungsring um diesen zarten feinen Kern zu legen, und lebte einfach ein äußeres und ein inneres Leben. Das kostete unheimlich viel Kraft, und sie wusste nicht, wie lange sie das wohl aushielte. Eines Tages zog sie sich deshalb ganz in ihr Inneres zurück und beschloss, sich nicht mehr um die da draußen zu scheren. Sie wurde sehr krank, und diesmal schien es, als würde Iwa nicht wieder auf die Beine kommen …[18]

Ausstieg aus Phase 8: Professionelle Hilfe ist lebenserhaltend, eine klinische Betreuung ist nicht mehr zu verhindern

In der Phase völliger Erschöpfung hilft oft nur noch ein Krankenhausaufenthalt oder eine strenge medizinische Betreuung. Oft geht dem ein Zusammenbruch voraus, der Kreislauf oder andere wichtige Körperfunktionen brechen zusammen. Vorrangig ist nun, sich um die körperliche Gesundheit zu kümmern. Dieser Mensch muss aber natürlich nicht nur auf der körperlichen Ebene wiederhergestellt werden. Die begleitende psychische Behandlung ist essenziell. Je nach Konstitution und Persönlichkeit dauert eine Rekonvaleszenz nach einem Burnout-Zusammenbruch unterschiedlich lang. Einige Wochen sind es aber auf jeden Fall. Oft verliert die betroffene Person jedes Vertrauen in die eigene Belastbarkeit. In meiner Arbeit höre ich oft Beschreibungen wie: *»Das ist wie bei einem Herzinfarkt. Danach bist du ein anderer Mensch«, »Das ist eine Zäsur im Leben«, »Du weißt genau, wo deine Grenzen liegen, und du weißt, dass du sie überschritten hast«.*

Ausgebrannte Menschen müssen ihren Weg langsam zurückfinden. Mittlerweile existieren auch einige Hilfsangebote. In Österreich gibt es z. B. eine Initiative *pro mente*, die Programme entwickelt, um Menschen eine Chance zu geben, sich nach einer Burnout-Erschöpfung wieder ins Berufsleben einzuklinken. Dabei wird auf ihre individuelle und momentane Befindlichkeit Rücksicht genommen, und sie können erste Gehversuche in Richtung eines geregelten Arbeitsalltags unternehmen – dies immer mit der Sicherheit, sich zurückziehen zu können und einen neuen Anlauf, vielleicht am nächsten Tag, zu nehmen. (Eine Adressenliste finden Sie im Anhang des Buches.)

Auch Projekte der Workassistance, die aus der Arbeit mit körperlich oder geistig eingeschränkten Menschen entstand, werden zunehmend als Option für die Burnout-Rekonvaleszenz gestartet.

> Das Wichtigste zuletzt: Es gibt einen Weg aus dem Burnout! Dieselbe Kraft, Energie, Willensstärke, mit der Sie sich in diese missliche Lage gebracht haben, können Sie nutzen, um wieder herauszukommen. Sie brauchen nur Zeit und Unterstützung von wohlmeinenden Menschen und Glauben an sich selbst.

Burnout in der Berufswelt

Die Businesswelt ist ein ergiebiges Feld für Betrachtungen rund um das Thema Burnout. Während die Sozialarbeiter- und Pflegeberufe seit Jahrzehnten im Mittelpunkt der Forschung stehen, ist »das Business«[19] erst seit kurzem hinzugekommen, abgesehen vom Bild des *klassischen Workaholic*, eines (männlichen) Managers, der überarbeitet ist. Dieses Bild wird von den meisten Menschen aber nicht unbedingt als negativ, sondern als Selbstverständlichkeit angesehen. Auch hier werden wir uns mit jenen – oft verdeckten – komplexen Mechanismen beschäftigen, die Menschen dazu bringen, die Grenzen des Engagements und der Effizienz so weit überdehnen, dass ein Unternehmen, systemisch betrachtet ein »Organismus«, selbst in die Burnout-Gefahr schlittern kann.

Weiter ist es wichtig, sich die unterschiedlichen Lebenswelten von Frauen und Männern im Business anzusehen. Es werden zwar immer mehr Frauen, die Führungspositionen einnehmen – das spielt sich aber im Vergleich zu den Männern im Bereich von nur wenigen Prozenten ab. Für Frauen ist diese geringe Quote ein zusätzlicher verstärkender Faktor auf dem Weg zu einer Burnout-Erschöpfung. Es gibt einfach wenige Spitzenmanagerinnen, die in dieser Hinsicht einen gangbaren eigenen Weg entwickelt haben. Die Anforderungen an das Business-Verhalten werden immer noch von Männern definiert. Und damit auch die Vorbilder für den Umgang mit Stress, Erschöpfung und individuellen Grenzen. Die Tabuisierung von Erschöpfung ist wohl in keinem anderen Bereich so stark ausgeprägt wie im Management. Auch Frauen, die keine Managementaufgaben innehaben, stehen oft an der Grenze ihrer Belastbarkeit. Meist haben sie dazu noch den Nachteil, dass sie nicht über die finanziellen Mittel verfügen, sich Leistungen zuzukaufen.

Wie auch in den anderen Kapiteln finden Sie hier Auszüge aus Interviews mit Frauen zu diesem Thema. Ich habe die Gespräche mit Kurztiteln zusammengefasst, daher kann es sein, dass unterschiedliche Meinungen hintereinander und von mir unkommentiert aufgeführt werden.

Belastungen des Alltags

»Es gibt einfach niemanden, der einer Frau den Rücken frei hält, und das ist zu meinem Ärger unverändert zu früheren Generationen. Managerinnen finden oft keine ausreichende Unterstützung, weder im Job noch im Privatleben. Leben sie alleine, müssen sie sich um alle kleinen und großen Probleme des Alltagslebens selbst kümmern.«

»Haushalt, Versorgung – das ist bei zwölf und mehr Stunden Arbeitszeit oft nicht realisierbar. Wenn ich morgens das Haus verlasse, sind die Geschäfte noch geschlossen, Handwerker geben dir am liebsten Termine zwischen 8 und 13 Uhr für Reparaturbesuche an, Lebensmitteleinkäufe an der Tankstelle um 21 Uhr sind keine Seltenheit.«

»Leben Managerinnen mit Familie, bleibt bei ihnen nur allzu oft auch die Organisation dieses Lebensbereichs hängen. Selbst wenn Frauen das traditionelle Rollenbild auf den Kopf stellen – also sie ist die Familienernährerin und er ist zu Hause bei den Kindern –, heißt das noch lange nicht, dass sie nicht auch noch Teile der Hausarbeit und Kinderbetreuung übernimmt. Was in klassischen Aufteilungen nicht immer geschieht.«

»Oft ist es auch die persönliche (sozialisierte, anerzogene, erlernte) Vorstellung von Lebensorganisation, die den Frauen Schwierigkeiten bereitet. Männer haben eine andere Sichtweise von ›funktionierendem Haushalt‹ als Frauen.«

Die viel diskutierte Multitasking-Fähigkeit von Frauen ist hinsichtlich der Burnout-Gefahr ein Hauptfaktor. Frauen können unterschiedlichste Tätigkeiten zur gleichen Zeit erledigen, während Männer nur innerhalb eines Themenbereichs flexibel und komplex agieren können. Eine Managerin kann sich um die neuesten Personaldaten kümmern und gleichzeitig an Blumen zum Geburtstag einer Mitarbeiterin denken, während sie einem Kollegen dabei zuhört, wie stressig doch sein Job gerade ist. Und da wäre absolut noch ein gedanklicher Kanal frei, falls die Tochter anruft und für den Unterricht ein spezielles Buch benötigt.

Natürlich durchschauen die Managerinnen intellektuell, womit sie sich selbst behindern, aber trotzdem sind sie häufig nicht fähig, etwas anderes zu tun. Die soziale Rolle ist schwer abzulegen. Die Fähigkeit, sich gleichzeitig in verschiedenen Welten zu bewegen, ist eine Gabe und eine Bürde zugleich.

»Präventiv in Hinsicht auf Burnout ist möglicherweise zu sagen: ›Ich weiß, dass mich meine sozialen Ansprüche an mich selbst belasten, aber ich habe die Möglichkeit, mich entscheiden zu können und Änderungen vorzunehmen. Wahlfreiheit ist Prävention.‹«

»Männer sind zu komplexen Gedankengängen in ihrem Feld durchaus fähig. Als Manager haben sie ein hohes Maß an Komplexität zu leisten. Aber eben nur in einem Bereich (Business).«

»Manager lagern ›soziale‹ Belange aus, um sich den Rücken frei zu halten. Meist findet sich in ihrem Umfeld eine Frau, die sich dafür gewinnen lässt, sich mit all den Lästigkeiten des Alltags unterstützend auseinander zu setzen.«

Spannend dabei ist, dass es nicht immer die Assistentin des Managers sein muss, die unterstützend eingreift. Auch eine gleichrangige Kollegin lässt sich meist, selbst wenn diese ebenfalls eine herausfordernde Aufgabe ausfüllt, dafür gewinnen. Das kommt einem allerdings nur spannend vor, wenn man selbst davon nicht betroffen ist. Die Vorstellung von erfolgsorientierten Singles, die nach der Arbeit in coolen Clubs lässig ein paar Cocktails schlürfen und an ihr wohlgepolstertes Gehaltskonto denken, ist wohl ein wenig überzogen.

Schwierige Wirtschaftsphasen führen bei Mitarbeitern und Unternehmen dazu, sich mehr zuzumuten, als ihnen gut tut, um eine Kündigung oder einen wirtschaftlichen Zusammenbruch zu verhindern. Gerade Frauen neigen aus ihren anerzogenen Verhaltensweisen heraus oft dazu, sich noch weit mehr zu überfordern und sich dabei noch weit weniger Freiräume zuzugestehen als Männer.

»Frauen sind von ihrer Sozialisation her eher aufopferungsbereit. Sie machen trotz Überforderung und Überlastung weiter, weil das halt so ist, ohne Rücksicht auf ihre eigene Gesundheit. Mit Männern kann ich nicht darüber reden. Aber ich beobachte, dass sie eher einen Schlussstrich ziehen, so nach dem Motto: Und jetzt gönne ich mir eine Erholung. Männer haben andere Mechanismen der Entspannung zur Verfügung als Frauen. Nach dem Bürostress noch rasch zum Stammtisch, zum Tennisspielen oder Ähnliches. Sie würden das aber nie so sehen, aus ihrer Sicht sind sie mit diesen Tätigkeiten immer noch im Job, aber in Wirklichkeit ist das Entspannung. Das möchte ich sehen, wie eine Frau mit ihren Kindern auf dem Golfplatz rumrennt und die Zinseszinsrechnungen mit dem Sohn oder der Tochter paukt!

Frauen agieren hier völlig anders. Es ist unglaublich, wie lange Zeit Männer mit Tratschen verbringen können, das ist wichtig für den Druckabbau. Frauen nehmen sich diese Zeit meist nicht. Die Zeit in der Firma effizient zu gestalten ist bei den Frauen viel stärker verankert. Ich persönlich arbeite lieber mit Frauen in meinem Team, die sind effizienter und haben wenig Verteilzeiten eingebaut.«

Unternehmerinnen verstärken ihren oft ohnedies schon extremen persönlichen Einsatz, um Arbeitsplätze zu erhalten, im Gegensatz zu Männern, die das Universitätswissen nach »schlanker Organisation« nur allzu gern in Zahlen abbilden (also: Leute rauswerfen). In wirtschaftlich angespannten Zeiten neigen wir, wie in Krisen allgemein, dazu, rasche Lösungen herbeizusehnen. In Österreich ist »Speed kills« ein Schlagwort, um Tempo und Effektivität zu vermitteln. Ich persönlich war mir nie darüber im Klaren, wen denn »Speed« killt. Auch in den Nachbarländern gibt es derartige Diskussionen um Wirtschaftlichkeit und Effizienzsteigerung. Nichtsdestotrotz ist es ein Signifikator für unsere Thematik. Erschöpfung, Müdigkeit, individuelle Leistungsgrenzen sind das exakte Gegenteil der momentanen wirtschaftspolitischen Vorgehensweise.

Um komplexe wirtschaftliche Systeme für unseren Zweck betrachten zu können, möchte ich sie in verschiedene Betrachtungsebenen zerlegen. Ihre Gesamtfunktion und jene der Rollenträger sollen aufgesplittet werden, um sie betrachten zu können. Ich habe mich für die Ebenen

- Unternehmen
- Führungskräfte
- Mitarbeiterinnen

entschieden. Diese klassische – betriebswirtschaftliche – Struktur erscheint mir am klarsten.

Kurzer Fachexkurs für Spezialistinnen

Um möglichen Ansprüchen von Kolleginnen gerecht zu werden, muss folgende Differenzierung dargelegt werden. Die Ebenen meiner Betrachtung beziehen sich eher auf die umgangssprachlichen Begriffe und Beispiele aus meiner Erfahrung im Coaching und Training. Als Expertin werden Sie vielleicht die sachliche Genauigkeit ein wenig vermissen. Dazu ein paar Worte:

Mit der systemischen Brille müssen wir alles Vorangesagte und noch ein wenig mehr in die Debatte einbeziehen. Systemiker halten direkte Beeinflussung nicht für machbar. Ein ständiges Intervenieren, Analysieren der Reaktionen darauf und erneutes Intervenieren sind der »Standardablauf« systemischer Beratungsarbeit. Systemikerinnen gehen davon aus, dass Systeme sich nicht gerne und nicht von außen verändern lassen. Einzig die Prozesse, die durch »Störungen« in Gang gesetzt werden, vermögen Bewegung ins Spiel zu bringen.

Interventionen begleiten die Berater auf der Suche nach dem »Knackpunkt«, an dem sich das System selbst ändern will. Es wird hypothesengeleitet gearbeitet, aber es kann auch schief gehen oder etwas ganz anderes als das Gewünschte ausgelöst werden. Die systemische Beratungssicht entwickelt eine Erwartungshaltung und versucht, über Rückkoppelungen und Verifizierungen so lange nachzujustieren, bis es für das System passt. Es gibt kein richtig oder falsch. Es gibt nur ein »funktioniert« oder »funktioniert nicht«. Alles hat seinen Sinn. Hier wird vor allem auf Managementebene viel Geduld und »Gottvertrauen« abverlangt. Die Entwicklung ist nicht vorhersagbar, das System reagiert nach einer immanenten Veränderungsphilosophie, die Dauer ist nicht wirklich abschätzbar.

Schon an dieser Stelle wird klar, dass Managerinnen, die vielleicht von ihrer Ausbildung her Betriebswirte oder Technikerinnen sind, viele Informationen, Zeit und Unterstützung benötigen um diesen Beratungsansatz auszuhalten. Systemische Beratung erfordert ein Höchstmaß an Reflexionsfähigkeit der Auftraggeber. Es wird eben alles in Frage gestellt. Und das bedeutet auch die Arbeit und die Sichtweisen, Einstellungen und Haltungen der Führungskräfte. Was nicht leicht auszuhalten ist, wenn der Erfolgsdruck groß und die Zeit kurz bemessen ist.

Selbstverständlich ist »Unternehmen« für Systemikerinnen ein viel zu schwammiger Begriff. Was verstehe ich unter systemisch? Wie sind Eigentümersysteme berücksichtigt und in die Gedanken eingearbeitet? Unterschiede zwischen börsennotierten und Familienunternehmen sind ebenso einzubeziehen wie das soziale Umfeld, die Gesellschaft, geografische und kulturelle Aspekte. Natürlich kann man ein Unternehmen nicht isoliert betrachten, stets ist es auch ein Subsystem mit relevanten Umwelten. Ein Unternehmen kann sowohl ein System mit Subsystemen sein als auch selbst Subsystem. Je nachdem wie sich die Struktur und die wirtschaftlichen Abhängigkeiten gestalten. Es ist natürlich ein Unterschied, ob wir von einer Tochtergesellschaft eines internationalen Konzerns oder einem Familienbetrieb mittlerer Größe sprechen.

Christina Maslach schreibt hierzu: *Unternehmen sind komplexe Systeme, die aus einer Vielzahl von Komponenten unterschiedlicher Größe und Beschaffenheit bestehen, die miteinander in Verbindung sind. Wenn auf diese nun Druck ausgeübt wird, reagieren sie darauf, indem sie die Größe und die Beziehungen zwischen diesen Komponenten neu anordnen.* [...] *Nun hat das Unternehmen ... ein ausgeglichenes Budget, die Abteilungen hingegen müssen mit den Strapazen einer Budgetkürzung zurechtkommen.«* Einzelne Angestellte werden damit als »*Stoßdämpfer für die Probleme von Unternehmen*« gesehen (Maslach u. Leiter 2001, S. 37).

Die Schule der klassischen Unternehmensberatung führt andere Argumente an als der Ansatz der Organisationsentwicklung und eben die systemische Sichtweise. Der Weg der klassischen Managementberatung zeigt uns ein Bild der Unternehmensteile und betriebswirtschaftlichen Funktionen. Linear kausales Paradigma in Kombination mit einem technokratischen Menschenbild von Funktionieren und Dysfunktionalität steht hier im Vordergrund.

Organisationsentwickler wiederum sehen ein Unternehmen aus der Sicht der Kommunikation. Die Art und Weise der Mitarbeiterkontakte, das Beziehungsgefüge, Partizipation und gute soziale Beziehungen sind der Fokus. Sie befinden sich hiermit in der Kontraposition zur klassischen Managementberatung.

Eine weitere Zutat für diesen – meinen – thematischen »Obstsalat«[20] ist der Gesundheitscoaching-Ansatz der Salutogenese nach Antonovsky (1997), da ich über die Jahre festgestellt habe, dass wir Coaches in Krisensituationen unserer Coachees recht rasch auch mit Fragen der körperlichen und psychischen Gesundheit konfrontiert werden – wozu mir die klassischen Techniken und Sichtweisen nicht ausreichten. Nichtsdestotrotz bleibe ich bei meiner sehr vermischten Sprache und Herangehensweise. Ich denke, dass es zum Verständnis von Burnout-Prozessen in Unternehmen ohnedies sinnvoller ist, alle Fachkenntnis eher nur als Grundgerüst zu betrachten und das Thema Burnout nicht einer Methodendiskussion zu unterwerfen. Ich gehe fachlich so wie generell in meiner Arbeit vor. Meine Methode heißt, wie oben erwähnt, »Obstsalat«. Ich hole mir jene Aspekte der theoretischen Modelle, die ich brauche, um einen Gedanken sorgfältig darzustellen. Allerdings bin ich nicht eine gläubige Vertreterin einer einzigen Sichtweise, sondern bevorzuge eben die raffinierte Mischung, je nach Bedarf.

Was wissen Frauen über Burnout?

Viele Menschen wissen nicht, was Burnout ist, oder haben zumindest nur eine sehr vage Idee davon. Frauen haben diese Vorstellung noch eher als Männer. Viele fürchten sich davor, sich auch nur in die Nähe dieses Begriffes zu wagen.

Befragte Experten sehen bei der Thematik Burnout zwischen Männern und Frauen keinen Unterschied in der Anfälligkeit, aber sehr wohl in der Wahrnehmung und in der Reflexion. Muster und Bedingungen sind andere, aber die Häufigkeit ist gleich. Ich habe mehrere Frauen und ein paar Männer dazu interviewt. Hier nun Auszüge aus diesen Gesprächen:

»Burnout hat auch damit zu tun, dass du nicht aufhörst zu denken, über alles und jedes nachzudenken, nie damit aufzuhören. Die Gedanken kreisen, die Komplexität im Denken, weshalb wir Frauen ja zu Recht immer gerühmt werden, diese Fähigkeit zur Reflexion ist auch eine Burnout-Falle. Wenn du nicht mehr aufhörst, stunden-, ja tagelang über Ereignisse nachzudenken, wenn du nicht einmal zu Hause damit aufhören kannst, brennst du irgendwann aus.«

»Männer und Frauen gehen mit Burnout unterschiedlich um. Männer sprechen kaum über persönliche Probleme. Und wenn, dann mit Frauen. Frauen sprechen über Probleme ebenfalls mit Frauen.«

»Über Probleme reden Männer mit Frauen, Frauen mit Frauen und Männer eher selten mit Männern. Das ist ein zusätzlicher Stressfaktor. Männer kommen zu mir und erzählen von ihren Burnout-Problemen. Die wären nie zu einem Mann gegangen.«

»Egal ob Chefin, Kollegin, Assistentin – Hauptsache, eine Frau hört zu.«

»Die Burnout-Gefahr liegt für uns Frauen in der Frage »Wie gehe ich damit um?«. Das emphatische Zuhören, die emotionale Beteiligung führen zu Abgrenzungs- und Rollenkonflikten.«

»Alle kommen zu dir als Frau. Für Frauen ist das ein erheblicher Belastungsfaktor. Das Pendeln zwischen einerseits dem Wunsch nach Harmonie und Anerkennung und andererseits der Abgrenzung ist eine Herausforderung. Dieses Besprechen heikler Themen, wie zum Beispiel die Burnout-Belastung eines Kollegen, ist in gewisser Weise eine Anerkennung: Wenn ich lieb bin und zuhöre oder tröste, werde ich anerkannt, und nicht, wenn ich gescheit bin.«

Vor allem junge Menschen reagieren auf die Frage nach Burnout mit einer Reihe von Abwehrmechanismen.

»Wenn ein junger Mensch zu schnell, zu massiv in den Beruf einsteigt, sich zu viel abverlangt und daran scheitert (volkstümlich nennt man das verheizt werden), dann kann auch hier eine Burnout-Erschöpfung auftreten. ›Ich bin noch so jung, am Anfang meiner Karriere, und ich bin schon fertig.‹ Sich ein solch frühes Scheitern einzugestehen ist bedrohlich und erscheint imagegefährdend. Gerade die Jungen denken doch stets, dass sie die Welt verändern werden, dass sie voller Tatendrang und Elan durchs Leben fliegen. Junge Mitarbeiter haben keinen Vergleich, was normal ist, sie sind direkt in diese verrückte Welt hineingekommen – die Älteren kennen es auch anders.«

»Erschöpfung ist im Privaten kein Tabu mehr. Im Unternehmen jedoch ist es ein absolutes. Nichts sagen und zusammenbrechen ist besser, als vorsorglich Hilfe zu suchen.«

»Ein Herzinfarkt ist anerkannt. Das Unternehmen nimmt Anteil. Man hat gewissermaßen bewiesen, dass man über seine gesundheitlichen Grenzen hinaus arbeitet. Das zeigt Einsatz und Motivation. Über Panikattacken oder eine Depression darf man nicht reden, das ist kein anerkanntes Leiden im betrieblichen Kontext. Wenn ich Depressionen habe, ist das eher peinlich und deutet auf Schwäche und mangelnde Belastbarkeit hin.«

»Wenn es um betriebliche Gesundheitsförderung geht, dann werden eher Maßnahmen rund um die physische Fitness angestrebt. Gemeinsamer Morgenlauf, ein Obstkorb, mehr Salat im Menü der Betriebsküche. Einmal täglich einen Apfel essen, das fördert die betriebliche Gesundheit.«

»Die Unternehmen haben eine falsche Vorstellung von psychischer Belastung im Büroalltag. Hier gibt es viele Vorurteile. Die meisten Ausfalltage sind definitiv aufgrund psychischer Belastung. Dies hängt aber auch mit der Branche zusammen. Im Bereich der Sozialarbeit und der Non-Profit-Orga-

nisationen ist Burnout anerkanntes Wissen. In vielen Unternehmen ist es eher der Begriff Mobbing, mit dem vieles verbrämt wird. Wenn eine Mitarbeiterin sagt, ich bin ein Mobbingopfer, gibt es ein Wertesystem mit einer Vorstellung von Täter und Opfer. Das ist unmoralisch und daher abzulehnen. Hier existiert eine Begrifflichkeit. Für Burnout fehlt das.«

»Die Haltung ›Ich habe viel Stress‹ bedeutet: Ich bin überfordert. Also eine Verantwortungsübernahme des Individuums. Stress ist immer verbunden mit viel Arbeit und Zeitdruck. Aber es gibt keinen Täter wie beim Mobbing. Alle haben viel zu tun. ›Es ist so stressig!‹ ist normal. Stress ist Anerkennung von Leistungsbereitschaft. ›Es ist so ein Stress!‹ ist eine Übereinkunft mit anderen. Burnout heißt, ich bin ausgebrannt, ist also eine Selbstanklage.«

Burnout ist nicht nur ein abstrakter Begriff, der höchstens noch mit den Mitarbeitern eines Unternehmens persönlich, keinesfalls aber mit der Firma zu tun hat. Burnout führt auch zu Konsequenzen für die Organisation oder das Unternehmen. Nach Schätzungen deutscher Experten entgehen der Wirtschaft jährlich 30 Mrd. Dollar wegen burnout- und stressbedingten Leistungsverlusten.

»Spiele« von Managerinnen, in der Zusammenarbeit mit männlichen Kollegen

»Ein Aspekt ist, dass man, falls man versucht, sich zu behaupten, häufig mit Zynismus zu rechnen hat. Männer greifen dann zu Bezeichnungen wie »die Chefin«. Als Frau empfinde ich diesen Zynismus als Beleidigung. Ein Mann nähme möglicherweise die Ironie dahinter gar nicht wahr, oder er nähme den Fehdehandschuh auf und schritte zum Kampf. Ich reagierte darauf verletzt, versuchte, auf der emotionalen Ebene die Sache zu bereinigen, und zog mich, nachdem ich nichts erreichen konnte, zurück.«

»Frauen streben gute soziale Beziehungen an und wollen Gleichberechtigung, aber Männer wollen Hierarchie, wollen sich behaupten.«

»Als Frau möchtest du dich nicht – wie die Männer das ganz selbstverständlich tun – diesem Behauptungskampf stellen.«

»Meine Rolle als Chefin beinhaltet eine Selbstverständlichkeit, intern, da muss ich mich nicht bestätigen. Behaupten musst du dich, wenn du nach außen gehst.«

»Interessant ist es erst, wenn du eine formale Rolle zugewiesen bekommst: Diese Kämpferei mit ›Sich-Behaupten‹ und das Streben nach Harmonie hören dort auf.«

»Ich bin eine wenig effiziente Arbeiterin, ich nehme die Emotionen in meinem Umfeld zu stark auf und belaste mich damit. Mein Chef mochte seine Arbeit nicht besonders und hat das an mir ausgelassen. Er hat mich das täglich spüren lassen. Ich ließ mir seine Emotionen umhängen, versuchte, ihn trotz meiner eigenen Schwierigkeiten und Überforderung zu motivieren – nein, so einen Job möchte ich nicht noch einmal machen. In meiner Zeit im politischen Nahbereich hatte ich vor lauter Druck und Stress wahnsinnig zugenommen. Mein Gesicht sah schrecklich aus, ich hatte schwarze Ringe unter den Augen, regelmäßige Wochenendmigräne war der Normalzustand. Selbst wenn ich krank war, rannte ich ins Büro. Ich war so erschöpft, dass ich ununterbrochen hätte schlafen können. Ich habe immer meinen gesamten Jahresurlaub ausgeschöpft. Ich war so fertig, dass ich so oft als möglich versuchte abzuhauen. Im Stab wurde mir das sehr angekreidet und brachte mir auch Vorwürfe ein, ich würde mich nicht genug engagieren. Aber ich brauchte das. Du beschäftigst dich mit einer Menge sinnloser Dinge, führst Telefonate mit Leuten, die nicht gewillt sind, dir zu helfen, die Zeit vergeht mit Sinnlosigkeiten – das könnte alles viel einfacher sein, aber Spielchenspieler halten dich auf Trab, die kreieren sinnlose Belastungen, die du nicht wegbekommst.

Alkohol, Kaffee, lauter belastende Geschichten, dein Essverhalten ist schlecht, du ernährst dich unbekömmlich und ungesund – damit kommst du aus dem Gleichgewicht. Ich hatte meinen Jobwechsel hinter den Kulissen bereits vorbereitet. Ich dachte, mir reicht es jetzt, ich wollte nicht mehr. Aber wissend, dass man eine Zeit braucht, um etwas Neues aufzubauen, half mir dies bei meiner Erschöpfung nicht weiter. Wenn du eh schon am Boden liegst, und dann sollst du auch noch aktiv und optimistisch neue Wege erkunden, das geht einfach nicht. Aus politischen Gründen hat sich die Lage dann von selbst erledigt.«

Burnout aus der Perspektive der Unternehmen

Die sehr persönlichen Sichtweisen sind Teile eines Ganzen. Die Welten, die hier zusammenwirken, sind noch vielfältiger. Auch Unternehmensteile, ja ganze Unternehmen können in einer Burnout-Krise stecken. Wie weit ein einzelnes dabei noch Handlungsfreiheit für sich definiert, ist fraglich. Nicht nur das Unternehmen ist ein System mit eigenen Regeln und Subsystemen. Das Unternehmen kann nicht losgelöst von seiner Umwelt gesehen werden. Dem Druck der »Großen« ist kaum zu widerstehen. Ein plastisches Beispiel ist die Problematik des Lebensmittelhandels. Die wenigen »Big player« diktieren die Preise. Sowohl die Lebensmittelproduzenten als auch kleine Detaillisten müssen sich der Marktmacht unterwerfen. In einer Art Dominoeffekt gehen der Reihe nach immer mehr Unternehmen zugrunde, weil sie diesem Druck nicht standhalten können. Dieser Druck wird an die darin wirkenden Menschen weitergegeben, welche dann je nach Konstitution früher oder später in eine Erschöpfungskrise geraten. Wie später noch gezeigt wird, tritt Burnout auch in Unternehmenseinheiten als Gesamtphänomen auf.

Als Gesamtsystem betrachtet ist es für eine Organisation oder ein Unternehmen durchaus bedeutsam, die Frage nach dem Grad der internen Burnout-Belastung zu stellen. Managementfehlentscheidungen können damit ebenso zusammenhängen wie Fehlleistungen oder Motivationsschwund auf der Ebene der Mitarbeiter. Aber auch hier werden wir mit der Kraft des Tabus Erschöpfung konfrontiert. Fredmund Malik, ein von vielen Führungskräften anerkannter Experte für Management und Unternehmensführung, tritt zum Kampf gegen die Burnout-Diskussion an: »*Gute Manager reden nicht über sich selbst, sie beklagen sich nicht und gehen mit ihren Empfindungen nicht an die Öffentlichkeit. Sie konzentrieren sich auf ihre Aufgaben.*« Malik festigt damit das Tabu der Erschöpfung mit Hilfe des Kontexts der Fähigkeit bzw. Unfähigkeit einer Führungskraft. »*Professionalität in der Erfüllung der Aufgaben als Folge einer guten Managementausbildung, eine solide persönliche Arbeitsmethodik, ein einigermaßen intaktes Privatleben und regelmäßiger Sport …*«[21] – diese Aspekte würden einen garantiert vor einem Burnout bewahren.

So sehr Malik die Einseitigkeit der Burnout-Diskussion kritisiert, so kann man ihm diesen Vorwurf nur zurückgeben. Es lebt eben jeder Mensch innerhalb seines eigenen geistigen Gemüsegartens. In meinem »Gemüsegarten« kommen Aspekte zum Tragen, die auch den bestgeschulten Führungskräften und den ambitioniertesten Mitarbeitern das effiziente und erfolgsorientierte Handeln vereiteln. Ich denke da z. B. an Unternehmenszusammenlegungen, über die auch die Führungskräfte keineswegs stets rechtzeitig informiert werden, und die damit verbundenen Kulturschocks durch Einsparungen bei entsprechenden Workshops, ich denke an das Einsparen der mittleren Managementebene, mit dem Ergebnis, dass deren Führungsaufgaben zum einen an die Mitarbeiter delegiert werden und zum anderen an die nächsthöhere Managementebene. Was in beide Richtungen unsinnig ist, da deren Aufgaben jeweils andere sind. Das Topmanagement agiert strategisch und visionär, während die Ebene der Mitarbeiterinnen exekutiv, also ausführend tätig ist. Burnout entsteht dann, wenn ich engagierte Kräfte meines Unternehmens so überfordere, dass ihnen auch die besten Schulungen nichts mehr helfen, weil es eine Frage der Quantität und nicht der Qualität ist. Auch Maliks Sichtweise hinsichtlich des Sports und eines »einigermaßen intakten« Privatlebens stimmt mich nachdenklich. Betrachtet man das Privatleben von Spitzenführungskräften oder auch Politikerinnen, so lässt sich leicht feststellen, dass sie meist keines (mehr) haben. Die gängige Lebensform ist jene des geschiedenen, im Falle von Frauen oft kinderlosen Menschen. Jene, die in Beziehungen leben, empfinden sie nur in traditionellen Konstellationen (er – Manager, sie – Gattin) als gültig. Fragt man hier nach, ziehen sich die Befragten rasch in dumpfes Brüten zurück. Modernes Beziehungsleben, womöglich mit gleichberechtigter Partnerschaft und Aufteilung aller Lebensbereiche, lässt sich in diesem Sinne kaum integrieren. Entspannung finden, ausspannen, gelegentlich mal eine Kur zur Gesunderhaltung – das findet für Menschen mit Kindern und Partnern, die einem eigenen Beruf nachgehen, meist nicht statt.

Ich erlebe häufig, dass Führungskräfte sich einen »Panzer« zurechtlegen, der alle Gefühle überdeckt. Sie joggen sich durch Versagensangst und Erschöpfung, durch schlechtes Gewissen und die Sehnsucht nach einem gelingenden Leben. Erst nach einem Zusammenbruch stellen manche der Managerinnen fest, dass sie den Weg zurück, den Zugang zu ihren Gefühlen erst wieder lernen müssen. Manche entscheiden sich auch für ein Weitermachen wie vorher und gehen damit lieber ein Herzinfarktrisiko ein, als ihren Panzer zu durchbrechen.

Wo ich Malik Recht gebe, ist die Tatsache, dass Führungskräfte solide und ordentlich ausgebildet werden müssen. Ausbildung kann ein Schutz vor Selbst- oder Fremdausbeutung sein. Voraussetzung dafür ist, dass die Ausbildung nicht nur fachliche Inhalte birgt, sondern auch Sozialkompetenz in den Mittelpunkt stellt. In meiner Arbeit erlebe ich immer wieder, dass es recht wenig Wissen über Burnout und die damit zusammenhängenden Managementanforderungen gibt. Wie man mit Mitarbeitern in der Rekonvaleszenz nach einer Burnout-Krise umgeht, weiß kaum eine Führungskraft. Selbst jene, die reflektiert und wohlwollend mit ihren Mitarbeitern umgehen, wissen oft nicht genug über die Anforderungen dieser speziellen Situation. Die andere Seite der Medaille ist, dass viele Führungskräfte selbst so weit in einer drohenden Burnout-Erschöpfung »drinhängen«, dass sie sich das gar nicht ansehen können, weil sie dann unter Umständen viel zu nah an ein viel für sie zu heikles Thema herankämen. Jedoch frage ich mich, ob Wegsehen oder Leugnen für ein Unternehmen sinnvoll ist.

Bei der immer kurzfristigeren Verweildauer von Führungskräften in Unternehmen ist aus meiner Sicht eher die Frage zu stellen, ob der/die ManagerIn überhaupt die Zeit hat, im Unternehmen sinnvoll zu wirken. Die berühmten 100 Tage der Eingewöhnung gibt es seit langem nicht mehr. Es werden unverzügliche Erfolge erwartet. Manager werden Prämien vom Vielfachen eines Jahresgehaltes geboten, damit ein paar Einsparungsprozente des Jahresergebnisses erreicht werden, um die Aktionäre zu bedienen. Konzernmütter verkaufen ihre Töchter, obwohl sie Gewinne erwirtschaften, um eigene Negativ-Ergebnisse abzufangen. Wen kann so etwas anspornen, nachhaltige Managemententscheidungen zu treffen, die möglicherweise beachtlicher Zeit bedürfen, bis eine Wirkung sichtbar wird? Ich stelle mir die Frage, ob das nicht sehr verlockend für eine Führungskraft ist, sich mit raschen und sichtbaren Ergebnissen zufrieden zu geben.

Interessant ist in diesem Zusammenhang eine aktuelle Studie der Beratergruppe Neuwaldegg. In ihrem Top Management Survey 2005[22] stellte sich heraus, dass Manager offenbar nicht besonders gestresst sind und ihre Zeit recht gut im Griff haben. Die Berater kommen nach diesem erstaunlichen Ergebnis zur Frage: Wie ehrlich sind Manager zu sich selbst?

Die zufriedensten Manager leben demnach in der Schweiz: 43 % geben an, mit ihrer Work-Life-Balance »sehr zufrieden« zu sein, in Österreich meinen das immerhin 34 %, in Deutschland 27 % der befragten Führungskräfte. »Zufrieden« fühlen sich in Deutschland 68 %, in Österreich und in der Schweiz ebenfalls mehr als die Hälfte der Managerinnen und Manager, wobei die Männer tendenziell zufriedener als ihre Kolleginnen sind. Etwa ein Drittel der Befragten waren Frauen.

Das Arbeitspensum liegt laut dieser Umfrage im Schnitt bei relativ moderaten 50,3 Stunden pro Woche – ein Wert, den die Neuwaldegger Berater aufgrund ihrer Erfahrungen ebenso sehr bezweifeln wie die »Zufriedenheits«-Werte. Die Gewichtungen der befragten Manager sehen folgendermaßen aus: 10 % kommen mit 40 Stunden durch, 14 % arbeiten 45 Stunden, 36 % sind 50 Stunden im Einsatz, 12 % arbeiten 55 Stunden, und 11 % geben 60 Stunden Wochenarbeitszeit an.

Ein Grund – so der Interpretationsansatz der Beratergruppe – für diese eher niedrigen Werte könnte der Faktor Erfolg sein. Die Managerinnen sähen es auch als persönliche Stärke an, ihre Arbeitszeiten im Griff zu haben.

Auch mich erstaunen diese Aussagen der Manager. Die Gespräche, die ich mit Managern und Managerinnen führe, ergeben anderes. Management-Gurus haben da scheinbar ganze Arbeit geleistet. Ein guter Manager ist eben gut strukturiert und hat offenbar weder Stress, noch arbeitet er mehr als die Normalarbeitszeit … Wer's glaubt, wird selig!

Was mich dabei frustriert, ist, dass auch die befragten Managerinnen zu keinen anderen Aussagen kommen. Ich erlebe diesen Unterschied öfter in meiner Arbeit als Coach. In »der Öffentlichkeit« reden Frauen nicht mehr über ungerechte Unterschiede in Bezahlung und Bedeutung, Stress und Vereinbarkeitsproblematik. Eine Zeit lang schien es mir, als würde die Tatsache, dass es immer mehr Frauen im Management gibt, auch zu einer Klimaveränderung und einer Veränderung der Spielregeln führen. Leider ist das Gegenteil eingetreten. Die Frauen haben gelernt mitzuspielen und sprechen nun auch dieselbe Sprache. Das ist im Sinne der Selbstbehauptung in einer Männerwelt nachvollziehbar, aber schade. In Coachings (also »off records«) erlebt man jedoch ein völlig anderes Bild von Führungskräften und deren Überforderung, Selbstzweifel und Erschöpfung.

Unternehmerisches Umfeld

Die Wirtschaft wird heute getragen von neoliberalen Wirtschaftsphilosophien. Nachhaltigkeit und verantwortungsvolles Unternehmertum kann oder will sich nicht jedes Unternehmen leisten. Corporate social responsibility (CSR) wird als Luxus für bessere Zeiten betrachtet. Genau wie spezielle betriebliche Fördermaßnahmen (Gesundheitsförderung, Frauenförderung und Ähnliches) sofort eingestellt werden, wenn es finanziell schwierig wird. Mir kommt das vor, als würde ich genau dann aufhören, mich fit zu halten, wenn ich viel Stress habe. Gerade dann sollte ich genau es nicht tun. Einsparungen von Leistungen, die das Wohlbefinden der Mitarbeiter sichern, gehen gerade in schwierigen Zeiten nach hinten los.

Die neue Religion »Veränderungsmanagement« halte ich zum Teil auch für recht zynisch. Es hilft, Mitarbeiter freizusetzen, ohne dass man sich dabei sonderlich schlecht fühlt. Als Modell zur Kostensenkung ist das für mich nicht glaubwürdig. Die unternehmerische Sichtweise fokussiert allzu oft nur noch auf die Finanzmärkte und nicht mehr auf die Mitarbeiter oder die Produkte.

Für sehr gefährlich im Sinne der Gesunderhaltung von Menschen in Unternehmen halte ich auch die Entwicklung im Bereich der Führungskräfte-Rekrutierung:

Veränderungsprozesse können auch schon mal 10 Jahre dauern. Die mittlerweile recht kurzfristige Erfolgserwartung und damit zusammenhängend kurze Verweildauer der obersten Manager ist eine unselige Entwicklung. Manche Managerinnen bekommen gerade mal zwei Jahre Zeit, um Ziele zu erreichen – wer denkt da an Mitarbeiter-Entwicklung. Personalabbau ist oft der einzige Weg, um große Kostenpositionen zu senken. Die Managerinnen werden immer jünger, Verträge werden immer kurzfristiger. Diese Situation erfordert schon eine gehörige Portion »unternehmerisches Denken«, Ausdauer und Glauben an das Unternehmen, um als Manager nicht dem Bedürfnis zu erliegen, möglichst wirklich nur seine Zahlenvorgaben zu erreichen, die Prämien – die u. U. ja das doppelte Jahresgehalt ausmachen können – einzustreichen.

Alles wird schneller und instabiler. Die Frage, ob wir es mit einem Werteverfall zu tun haben, wird heftig diskutiert. Der unternehmerische Fokus liegt auf Shareholder Value, also der wirtschaftlichen Befriedigung (nervöser) Aktionäre. Diese Sichtweise als Entscheidungsgrundlage ist wichtiger geworden als andere – ebenfalls unternehmerisch wichtige – Werte. Soziale Aspekte sind aufgrund des großen Drucks, der auf den Unternehmen lastet, in den Hintergrund getreten.

Immer, wenn der Druck auf einen Organismus (sei es ein Mensch, ein Tier oder eben auch eine Organisation) steigt, wird dieser auf seine ursprünglichen Muster und Wertestrukturen zurückgeworfen. Quasi ein unternehmerisches Stammhirn übernimmt die Führung. Stressforscher wissen, dass der Körper alle »nicht lebensnotwendigen« Funktionen herunterfährt, um das physische Überleben zu sichern. Unternehmen reagieren nach Johann Risak (2003) ebenso. Um das physische Überleben zu sichern, reduzieren sie ihre Funktionen auf die wesentlichsten. Jedenfalls auf jene, die die Führung als solche definiert. Zuerst werden so genannte Sozialleistungen reduziert. Alles, was nicht gesetzlich vorgeschrieben ist, fliegt raus. Ich kann mich noch gut daran erinnern, als ich in einem großen Unternehmen arbeitete. Plötzlich wurde ein Teil der Mittagspause auf die Arbeitszeit der Mitarbeiter umgelegt. Das bedeutete, wir hatten zwar immer noch eine halbe Stunde Zeit zum Essen, aber davon wurden nur noch zwanzig Minuten vom Unternehmen bezahlt. Für die Belegschaft war dies ein irritierender Schritt. Ich bezweifle bis heute, dass dies eine tatsächliche Einsparung brachte. Nach meiner Erinnerung war die Reaktion so, dass eben die Pausen im Büro ein »klein wenig« verlängert wurden. Möglicherweise gab es auch den einen oder die andere, die dabei ein schlechtes Gewissen hatte, aber damit hatte es sich auch schon. Der »Spargedanke« ging wohl daneben.

Der Wirtschaftspsychologe Othmar Hill sieht zum einen die Nomadisierung der Wirtschaft *(»Die Unternehmen ziehen wie die Nomaden durch die Welt auf der Suche nach den kostengünstigsten Produktionsoasen«)*, zum anderen eine Entwicklung zur »Value-light-society« (der Verfall von Werten, das Sinken von Loyalität zwischen Arbeitnehmerinnen und Arbeitgeberinnen – und zwar auf beiden Seiten) als Grund für die sozialen Spannungen und die Instabilität der Wirtschaft. Die Grundproblematik in der westlichen Industriegesellschaft liegt nach Hill in der Angst vor der Endlichkeit. Unser Motor ist die Suche nach der Unendlichkeit. Angestrebte Ziele seien Omnipotenz und Omnipräsenz. Alles zu können, sich alles gönnen zu dürfen, überall gleichzeitig sein zu können mittels Internet und Handy, die Informationstechnik macht es möglich. In der Wirtschaft sei die Triebfeder: mehr Prozente, mehr Geld. Hill nennt den Lebensaustauschstoff Geld als wesentlichstes Element, um das Leben in vollen Zügen genießen zu können. Die Batterie ist das Bankkonto. Je mehr, umso besser. Dies verhelfe zu Potenz in den Medien und der Öffentlichkeit.

Mehr Freiheit – mehr Kontrolle?

Spannend finde ich, dass die Kontrollbedürfnisse der Unternehmen umso größer werden, je mehr die Technik diese auflöst. Vielleicht sollten Informationstechniker nicht die Schnelligkeit der Datenübertragung verbessern, sondern vertrauensbildende Maßnahmen entwickeln. Es ist in Zeiten von Internet & Co. einfach mehr Vertrauen nötig denn je. Moderne Arbeitsformen, wie Teleworking und die Auslagerung von Unternehmensteilen in ferne Länder, verlangen neue Strukturen. Es ist keine Ersparnis, neue Methoden zu entwickeln, Menschen an ihrem Heimarbeitsplatz ständig zu überprüfen. Die Buchhaltung nach Indien, die Helpdesks für die Kunden überall auf der Welt verteilt – je nach günstigstem Telefonkostensatz –, all das benötigt einen gewissen Vertrauensvorschuss. Für Kunden ist es spannend, denn im Grunde weiß man nie, wo die Person, mit der man über sein Serviceproblem redet, gerade ihren Arbeitsplatz hat.

Am allerbesten gefällt mir ein Beispiel aus der Bankenwelt. Mit der Überwälzung der Kontobearbeitung auf die Kunden (Überweisungen werden selbst durchgeführt, Electronic Banking als Serviceleistung und der Bankautomat zum Geldabheben) haben die Banken eine Menge Geld gespart. Dies erweist sich nun langsam als Eigentor, weil die Banken feststellen, dass sie kaum noch neue Produkte verkaufen können. Neue Produkte erfordern Kontakt zum Kunden. Ich persönlich habe auch ein »Lesezeichen« im Internetprogramm zum Electronic Banking gesetzt, das mich zu meinem Konto durchschaltet. Und ich nehme die Werbung meiner kontoführenden Bank eher als Störung wahr, denn als Service. Wenn ich in seltenen Fällen doch in die Filiale gehe, habe ich oft das Gefühl, von den Mitarbeiterinnen eher überfallen, als beraten zu werden. Jeder dort versucht, mir mindestens eine neue Spar-, Versicherungs- oder Veranlagungsform anzubieten. Das ist ein wahrlich unerfreuliches Zusammentreffen meiner und derer Bedürfnisse. Dieses aus meiner Sicht wenig kundenorientierte Verhalten führt dann stets dazu, dass ich für längere Zeit nicht mehr in die Filiale gehe. Aber am schlimmsten empfand ich es als Konsumentin, als meine Supermarktfiliale plötzlich begann, Sparleistungen anzubieten, und die Kassiererin jedes Mal von mir wissen wollte, ob ich eine Einzahlung auf mein Konto vornehmen wolle bzw. ob ich an einem Konto interessiert sei. Stellen Sie sich mal vor, sie kommen nach einem anstrengenden Arbeitstag nach Hause, gehen noch schnell beim Supermarkt vorbei, um einen Liter Milch zu besorgen, und plötzlich überfällt sie eine verunsicherte, aber zwangslächelnde Kassiererin, die nicht etwa die Milch kassiert, sondern Sie in ein Sparbuch-Gespräch verwickelt. Gott sei Dank ist das zumindest in Österreich wieder vorbei – und die Kassiererin und ich finden uns in der altgewohnten Situation wieder. Ich gebe ihr Geld, und sie gibt mir die Milch – fertig.

Die globale Wirtschaft hat sich verändert. Die Regierungen der Industriestaaten haben einige Handelsbarrieren abgebaut. Konkurrenz gibt es nicht mehr nur im eigenen Land, sondern weltweit. Global herrscht ein Wettbewerb um die günstigsten Betriebsansiedelungsangebote. Die Herstellung von Produkten, für die wenig Know-how erforderlich ist, wird weltweit oft in Abständen von wenigen Monaten verlagert. Je nach Arbeitskosten, Steuerbelastung und Machtposition bzw. Vorhandensein von Schutzbeschränkungen (z. B. für Kinderarbeit) tourt der Produktionszirkus. Und das alles, damit wir Konsumenten T-Shirts für 1,99 Euro kaufen können. Mehr können wir – nachdem viele von uns arbeitslos geworden sind, weil ihre Produkte nun in anderen Ländern hergestellt werden – auch gar nicht mehr bezahlen.

Burnout-Expertin Maslach beschreibt dies folgendermaßen: *»Anstatt eine Basis für Forschung und langfristiges Wachstum zu schaffen, investieren Unternehmen ihre Gewinne, um kurzzeitige Aktiengewinne zu erzielen. Geliehenes Geld heizt das ohnehin schon rasante Tempo bei Fusionen und Übernahmen zwischen den internationalen Unternehmen an … Die mangelnde Auseinandersetzung mit dem Produkt oder den Menschen dreht das Verständnis für eine Unternehmensphilosophie ins Gegenteil um. Das Unterneh-*

men existiert nicht, um die Fähigkeit der Menschen, ihren Lebensunterhalt zu verdienen, zu vergrößern …, eher sind die Menschen gezwungen, ihren Lebensunterhalt und ihren Einsatz für das Wohl des Unternehmens zu opfern. Die Arbeit wird mehr zu einer Verpflichtung als zu einer Ressource« (Maslach u. Leiter 2001).

Das Arbeitsumfeld

Die Wechselwirkung von Arbeitsumfeld und Burnout ist eine spannende Frage. Je enger die wirtschaftliche Lage wird, desto mehr wird auf Führungsebene versucht, die teuren Personalkosten loszuwerden. Die gegenwärtige Debatte über die Verlängerung der Arbeitszeit versus Senkung der Steuern und/oder Personalkosten zeigt erneut das Aufeinanderprallen der verschiedenen Denksysteme.

Die Entwicklung der Informationstechnik und die damit einhergehende Kostenersparnis ist eines meiner Lieblingsbeispiele: Es wäre doch eigentlich ganz informativ, eine Studie zu haben, die die Frage beantwortet, wie viel Ersparnis durch vermehrten IT-Einsatz tatsächlich erwirtschaftet wird. Wenn ich mir überlege, wie lange ich brauche (genau genommen mein armer Mann!), um zurechtzukommen, wenn mein Computer wieder mal nicht funktioniert …[23] Ich bin sicher, Sie haben diese Erfahrungen ebenso leidvoll gemacht.

Wie viel wird durch neue Technologien eingespart?

Der Volkswirt Georgescu berichtet, dass er versuche, sich schneller zu rasieren, damit er mehr Zeit habe, eine Maschine zu erfinden, die das Rasieren beschleunigt. Dieses Muster finden wir in vielen Bereichen wieder.

Durch neue Informationstechnologien werden Mitarbeiterinnen im EDV-Bereich eingespart. Die wenigen verbliebenen Expertinnen ringen verzweifelt darum, den Boden unter den Füßen nicht zu verlieren. Sie leisten mehr Serviceeinsätze, weil Mitarbeiter in der Abteilung reduziert wurden. Sie verlieren den Anschluss an die Weiterbildung (die Halbwertszeit von EDV-Wissen liegt bei drei Monaten), weil sie keine Zeit mehr dafür aufbringen können. Sie versuchen, Serviceleistungen an die Mitarbeiterinnen im Gesamtunternehmen zu delegieren. Das führt dazu, dass viel mehr Probleme von »den Usern« gelöst werden müssen, was diese häufig nicht können. Außerdem werden Fehler durch eigenständiges Herumprobieren oft noch schlimmer – was dazu führt, dass die Experten aus der EDV erst recht wieder geholt werden müssen. Jetzt sagen Sie mir mal, wie viel sich das Unternehmen nun wirklich eingespart hat. Kurzfristig allerdings sinken die Personalkosten. Gleichzeitig werden durch den Glauben an die – theoretisch mögliche – Ersparnis Menschen arbeitslos. Maslach und Leiter (2001) meinen, dass in der Zeit zwischen 1980 und 1990 die Zahl an Arbeitsplätzen in Produktionsbetrieben in den USA um 5 % gefallen ist, dies entspräche einer Zahl von ungefähr einer Million Menschen. Natürlich sind das nicht alles EDV-Technikerinnen, aber die Relationen stimmen wohl auch für Europa.

Keine Frage: Unternehmen müssen knapp kalkulieren. Für mich stellt sich dennoch die Frage, ob es das richtige Ende ist, an dem gespart wird. Wenn sie große Summen für die Erneuerung ihrer EDV ausgeben, muss das irgendwo eingespart werden. Ergebnisorientiert betrachtet, bieten sich hier die Personalkosten an. Wenn wir den Gedanken an die (nur scheinbare) Ersparnis weiterdenken, dann ist der Weg in den Burnout der Mitarbeiter – und damit für den Organismus Unternehmen – klar sichtbar.

Die Installierung eines neuen EDV-Systems oder einer sonstigen IT-Technologie ersetzt möglicherweise drei Mitarbeiterinnen. Diese werden prompt versetzt, oder – eher noch – Ihnen wird gekündigt. Nun wird erwartet, dass sich die Investition amortisiert. Stattdessen funktioniert das neue System nicht. Die verbliebenen Mitarbeiterinnen haben nun nicht nur das neue System zu erlernen, sondern sie müssen auch die drei gekündigten Kolleginnen ersetzen, mit denen auch oft das über Jahre gewachsene Wissen über alte Programme verloren geht. Den Druck können wir uns alle gut vorstellen.

In diesem Zusammenhang scheint mir die neuerliche Auseinandersetzung mit dem Klassiker der Führungsinstrumente, der Theorie von McGregor (1970), wesentlich. Er definierte schon 1970 zwei *Typen des Verhaltens* von Menschen zu ihrer Arbeit. Diese These ist auch unter dem Namen X/Y-Theorie bekannt. McGregor geht davon aus, dass Führungskräfte zu einer der beiden Thesen als Grundlage ihres unternehmerischen Handelns neigen. Hier nur kurz eine kleine, von mir kommentierte Zusammenfassung der beiden Theorien:

Theorie X: »*Der Mensch hat eine angeborene Abneigung gegenüber Arbeit und wird sie zu minimieren suchen. Der Mensch möchte Verantwortung vermeiden und geht Entscheidungen aus dem Weg. Er will lieber Direktiven und Sicherheit.*«[24]

- Mitarbeiter sind in ihrer Grundhaltung faul und müssen demnach stark kontrolliert werden. (Deshalb sind Pausen zu untersagen, zumindest zu hinterfragen. Grundsätzlich ist davon auszugehen, dass selbst das Rauchen einer Zigarette nur dazu geschieht, das Unternehmen zu schädigen – nicht etwa sich selbst. Immerhin dauert eine Zigarettenlänge ca. 7 Minuten – jetzt rechnen Sie sich mal aus, wie viel Zeit im Laufe eines Arbeitstages da verraucht; bei durchschnittlich 20 Zigaretten, die ein Raucher an einem Arbeitstag verputzt, sind das geschlagene 140 Minuten = 2 Stunden 20 Minuten! Ich bin mir da nicht so sicher, ob jene Unternehmen, die Rauchverbot in ihrem Haus verhängt haben, sich wirklich so sehr um die Gesundheit ihrer Mitarbeiterinnen sorgen oder ob das nicht eine Frage der Personalkosten ist. Und dann kommen noch diese lästigen Arbeitnehmerinnen-Schutzbestimmungen, wonach sie jetzt auf dem Gang rauchen müssen, wenn jemanden das Rauchen im Büro stört. Überlegen Sie sich doch bitte, wie viel Zeit diese Leute da herumstehen und nichts tun. NICHTS! Wahnsinn. Und dann kommt noch das Essen … Wieso essen die denn auch noch und wieso brauchen sie eine halbe Stunde dafür? Könnte man den Raucherinnen nicht vielleicht die Mittagspause von den Rauchpausen abziehen?) Na gut, Sie haben Recht! Ich muss jetzt aufhören, sonst wird das ein Kabarettprogramm statt eines Buchs über ein ernstes Thema.
- Mitarbeiter sind nicht vertrauenswürdig, deshalb müssen Führungskräfte stets auf der Hut sein, dürfen kein Vertrauensverhältnis und schon gar keine Eigeninitiative zulassen. (Sie könnten ja sonst irgendeine Revolution lostreten … oder vielleicht eine neue Idee produzieren, die gerade nicht ins Konzept passt.)
- Mitarbeiter machen Fehler. (Kennen Sie den alten Spruch: Wer arbeitet, macht Fehler, wer nicht arbeitet, macht keine Fehler – und wer keine

Fehler macht, wird befördert …) Auf jeden Fall muss verhindert werden, dass Mitarbeiterinnen ihre Vorgesetzten kritisieren! So weit kommt's ja noch!

- Weil man Mitarbeitern nicht vertrauen kann und weil sie das Unternehmen durch ihre Faulheit stets schädigen, muss man ausreichend viele Regeln erfinden. Regeln machen das Kontrollieren leichter. Außerdem verringern sie den Freiraum (für z. B. Faulsein usw.). Wenn die Arbeit von der Führungskraft für die Mitarbeiterinnen straff organisiert wird, dann müssen die Leute gar nicht mehr so viel nachdenken und arbeiten stattdessen effizienter.

Theorie Y: »*Der Mensch hat keine angeborene Abneigung gegenüber Arbeit und Verantwortung, sondern kann und will auch gerne arbeiten. Verantwortungsflucht, Fehlen von Ehrgeiz usw. sind Folgen von Erfahrung und Erziehung.*«

- Mitarbeitern soll von den Vorgesetzten demnach Unterstützung und Achtung entgegengebracht werden. (Hoffentlich erfahren die Vorgesetzten dies auch ihrerseits und achten und schätzen sich auch selbst. Sonst funktioniert das nämlich nicht.)
- Der organisatorische Rahmen muss so gestaltet werden, dass er den Mitarbeitern Entfaltungsmöglichkeiten gewährt.
- Die Mitarbeiter sind Teilhaber an den Entscheidungsprozessen und nicht bloße Befehlsempfänger. (Nochmals: Hoffentlich leben auch die dazugehörigen Führungskräfte ihrerseits in diesem Umfeld; man sollte es nicht glauben, aber das ist oft der Fall, dass es zwar Absichtserklärungen gibt, die durchaus hehren Ursprungs sein können, die Führungskräfte selbst leben aber in einer völlig anderen Welt – Willkommen, Burnout!)
- Vorgesetzte entwickeln effektive Gruppen und sehen sich selbst als Mitglied von Teams. (Hochleistungsteams zeichnen sich u. a. dadurch aus, dass es völlig egal ist, ob eine Führungskraft da ist oder nicht.)
- Vorgesetzte stellen sich einer sachlichen Kritik. (Hoffentlich gibt es gegenseitiges wertschätzendes Feedback für Mitarbeiter und Vorgesetzte und die Unternehmensspitze. Leitbilder sind das Papier oft nicht wert, auf dem sie gedruckt sind, wenn die guten Vorsätze nicht durchgängig gelebt werden.)

Managementtheorien und Führungskonzepte gibt es wie Sand am Meer. Dieses Modell von McGregor zeigt jedenfalls die Gefahren, wie Menschen in eine Burnout-Erschöpfung getrieben werden, gut auf. Ich denke, dass es egal ist, wie schwer die Zeiten sind, in denen ein Unternehmen sich bewähren muss. Wenn die Psychohygiene zwischen Leitung und Mitarbeitern stimmt, dann stehen sie auch schwierige Phasen gemeinsam durch. Maslach und Leiter bestätigen meine Thesen, wenn sie schreiben: »*Burnout ist ein Maßstab für eine wichtige soziale Fehlfunktion am Arbeitsplatz. Burnout muss ernst genommen werden. Die emotionellen und finanziellen Kosten dafür sind zu hoch, um ignoriert oder noch länger als unwesentlich betrachtet zu werden.*«

Das Arbeitsumfeld steht also in einer engen Wechselwirkung zur Frage der Burnout-Erschöpfung betroffener Menschen. Obwohl viele es kennen oder im Kolleginnenkreis bzw. bei Führungskräften miterleben, geschieht nichts dagegen. Möglicherweise ist es zu wenig dramatisch. Alkoholismus, Arbeitsausfälle, Minderleistung oder andere Probleme des Büroalltags sind sichtbarer. Wenn Menschen von Burnout bedroht sind, werden sie manchmal stiller oder ziehen sich in sich zurück. Allerdings entspricht dies, oberflächlich betrachtet, der Illusion von Konfliktfreiheit in vielen Unternehmen. Damit ist momentan, aus unternehmerischer Sicht, kein Handlungsbedarf gegeben. Wenn Burnout dennoch offensichtlich wird, geht die Suche nach Schuldigen los: Frauen wirft man meist so etwas wie »Klimakteriumsbeschwerden oder sonstige psychische Beschwerdelagen« vor. Bei Männern ist Burnout-typisches Verhalten wie Schweigen oder gegebenenfalls auch Aggressionsanfälle ohnedies gesellschaftlich anerkannt und damit möglicherweise keiner weiteren Beachtung würdig. Nach dem Motto: Was ein richtiger Mann ist, der darf auch mal ausrasten. Wozu soll man sich also auf Unternehmensebene damit auseinander setzen, wo es doch genug andere Probleme gibt. Wer hierzu Erfahrung gesammelt hat, weiß, dass es eine umfassende und langwierige Angelegenheit sein kann, Burnout zu thematisieren und etwas auf gesamter Ebene dagegen zu unternehmen. Solange die Burnout-Betroffenen einfach nur in sich zusammenklappen und dann aus der Firma verschwinden, ist es auf Unternehmensebene wohl der bequemste Weg, dies einfach auszusitzen.

Studie zum Thema Burnout und Bindung an das Unternehmen

Die Auseinandersetzung mit Burnout findet fast ausschließlich personenbezogen statt. Es existiert wenig Fachliteratur zum Zusammenhang zwischen Burnout und Unternehmen. Umso interessanter scheinen mir ein paar wichtige Details zu sein, die folgende Studie aus dem Jahre 2002 aufzeigt (research team 2002):

- 22 % der Berufstätigen zeigen die geheime Bereitschaft für einen Firmenwechsel.
- Davon machen mehr als 30 % den Firmenwechsel vom Sinnverlust im beruflichen Alltag abhängig.

Die Ergebnisse zeigen einen starken Zusammenhang zwischen Personen mit einer Burnout-Erschöpfung und dem Unternehmen, in dem sie tätig sind. Die Verantwortung kann also nicht so einfach auf das Individuum abgeschoben werden. Besagte Studie wurde 2002 durchgeführt – also durchaus schon in einer wirtschaftlich in Europa recht schwierigen Zeit, in der man davon ausgehen kann, dass Themen wie Jobwechsel sicher nicht von den Mitarbeiterinnen ausgehen. Umso interessanter sind die folgenden Ergebnisse.

Die Autoren der Studie weisen einen Zusammenhang mit »Sinn und Werten« einerseits und der »Loyalität zum Unternehmen« andererseits nach. Das für mich relevante Ergebnis ist der Zusammenhang von Burnout – hier als Folge von Sinnverlust – und Jobwechsel.

Mehr als 30 % der Mitarbeiterinnen machen einen Firmenwechsel vom Sinnverlust im beruflichen Alltag sehr stark abhängig. Nach den Ergebnissen dieser Studie geben sich Burnout-Betroffene offensichtlich nicht immer nur selbst die Schuld am Geschehenen. Und scheinbar gibt es für Betroffene auch einen Weg »nach draußen«, statt wie allgemein eher angenommen nur nach innen. Ein klares Ergebnis der Studie zeigt: Bindung an das Unternehmen wird vor allem durch das Erleben von Sinn gefördert. Längerfristige Belastungen, unter anderem als Folge von Sinnverlust, führen zum viel zitierten Burnout, dem Gefühl des »Ausgebranntseins«. Neben Motivationsverlust und subjektiv sowie objektiv reduzierter Leistungsfähigkeit ist der Wechsel des Unternehmens vorprogrammiert.

Auch Mitarbeiterinnen, die im Allgemeinen gern im Unternehmen sind, können Sinnverlust erleiden und die Firma wechseln, wenn dieser anhält. Die latente Bereitschaft zu wechseln, äußert sich natürlich nicht bei jeder Person in tatsächlichem Arbeitsplatzwechsel. Eine weitere »Fluchtmöglichkeit« ist der innere Rückzug, die »innere Kündigung«, manchmal als starke Demotivation erkennbar, die in extremen Fällen bis zu destruktivem Verhalten gehen kann.

Forschungsergebnisse zeigen, dass Demotivation und »innere Kündigung« kein irreversibler Prozess sind, aber konstruktiven Vorgehens seitens der Führung eines Unternehmens bedürfen.

Ich frage mich, ob Führungskräfte, die selbst in einer massiven Anspannungssituation und unter großem Erfolgsdruck stehen, diese Erfordernisse nach konstruktiver Problemlösung – und damit verbunden situationssensibler Mitarbeiterführung – überhaupt erfüllen *können*.

Burnout kostet Geld

Nachdem es kaum Zahlen zum Burnout gibt, verwende ich hier jene aus der Stressforschung. Da die Bereiche nahe beieinander liegen, halte ich diese leichte Vermischung für akzeptabel. Die Arbeitspsychologin Martina Molnar[25] zeigt die Kosten auf, die psychische oder körperliche Belastungen in Deutschland verursachen:

Körperliche Belastung:
direkte Kosten – 14,9 Mrd. Euro
indirekte Kosten – 13,5 Mrd. Euro

Psychische Belastung:
direkte Kosten – 11,1 Mrd. Euro
indirekte Kosten – 13,4 Mrd. Euro
(Quelle: Die BKK, 2/2002)[26]

Kann man die psychischen Auswirkungen eines Burnouts am Arbeitsplatz erkennen?

Herbert Mackinger[27] sagt nein,

- wenn die Symptome für den Arbeitsplatz irrelevant sind (z. B. Bulimie),
- wenn sie unsichtbar sind (z. B. Zwangsgedanken),
- wenn die Mitarbeiterinnen ihre Symptome verstecken (z. B. Suizidabsicht),
- wenn die Mitarbeiterinnen erfolgreich kompensieren (z. B. die nicht erledigte Arbeit mit nach Hause nehmen),
- wenn die Störung nur als Disposition existiert (d. h., wenn sie zwar bereits vorhanden ist, aber nicht wirksam wird),
- wenn die Anpassung das Symptom ist (z. B. hohe Leidensfähigkeit in Abhängigkeit von speziellen Situationen).

Mackinger betont allerdings auch die Gefahr, dass Depression für ein Unternehmen durchaus zwei Gesichter haben kann:

Depression ist *negativ*, weil:

- die soziale Integration abhanden kommt,
- Kreativität leidet oder schwindet,
- die Arbeitsprozesse verlangsamt werden,
- viele Fehltage zusammenkommen,
- es eine »Außenwirkung« gibt (wenn z. B. Kunden merken, dass etwas nicht stimmt),
- die Mitarbeiterinnen im Umfeld sich belastet fühlen.

Depression ist für das Unternehmen von *positiver Wirkung*, weil:

- es zu einer erhöhten Leistungsmotivation kommt,
- großes Harmoniebedürfnis besteht,
- Solidarität und Loyalität zur Firma gesteigert sind,
- Leidensfähigkeit zum Durchhalten auch unangenehmer Situationen führt,
- bessere Qualität gebracht wird,
- auch »mindere« Arbeiten übernommen werden.

Stichwort: »Innere Kündigung«

Die innere Kündigung Einzelner oder des ganzen Betriebes hat starke Auswirkungen. Gefährdet sind sowohl das Arbeitsklima als auch die Leistungsergebnisse. Unfreundliches Verhalten von Mitarbeiterinnen, Produktionsrückgang und fehlende Kreativität sowie Innovationskraft kommen hinzu. Hohe Fluktuation und Fehlzeiten verursachen Kosten für das Unternehmen, die beachtlich sein können.

»Management by Impatience«: Ungeduld tut selten gut

Das Motto der modernen Unternehmensführung scheint zu lauten: Tempo, Speed kills, Zeit ist Geld! Während in meiner Studienzeit noch MbO (Management by Objectives) das Gelbe vom Ei war, zielt heute alles auf den Kampf gegen die Zeit.

»Geduld ist etwas für Leute, die nichts zu tun haben.« »Wirklich dynamische Menschen und Unternehmen sind von Grund auf ungeduldig. Sie wollen rasch sein und effizient und Synergien nutzen. Da ist doch keine Zeit für Soft Skills und so ein Quatsch.« »Wer hat schon Zeit für Beziehungspflege.« (Zitate aus einem meiner Interviews zum Buch)

Glauben Sie mir, dieses und Ähnliches höre ich ganz oft in meiner Arbeit.

Was bedeutet das im Kontext von Unternehmensführung? Change-Management-Prozesse dauern ihre Zeit. Neue Systeme – wie vorhin beispielhaft skizziert – oder Umstrukturierungen können natürlich sinnvoll sein und ein gewisses Einsparungspotenzial beinhalten. Wenn allerdings von der Führung des Unternehmens erwartet wird, dass innerhalb der nächsten fünf Wochen der Laden wieder läuft (und zwar sogar besser) – dann haben wir das Problem auf dem Tisch. Erfahrene Fachleute wissen, dass Veränderungsprozesse einige Jahre dauern können. Das heißt, wenn mein Unternehmen in eine Krise gerät oder schwierige Zeiten anbrechen, dann bin ich mit meinen Überlegungen bereits Jahre zu spät dran. Die Zeit, die einem Manager heutzutage zum Verändern oder Erneuern bleibt, wird immer kürzer. Sind nicht sofort Erfolge sichtbar oder in Dividendenausschüttung umsetzbar, wird der Manager oft abgesetzt oder »weiterempfohlen«.

Bewegung und gesunder Leistungsdruck sind zwar für Unternehmen die besten Vorbeugemaßnahmen gegen Trägheit, Erstarrung und Verfallserscheinungen … *»Andererseits ist die Geschwindigkeit allein noch kein Garant für dauerhafte Erstarrungsprophylaxe. Gerade in besonders dynamischen Phasen bleibt oft wenig Zeit für die erforderliche, bewusste und zielgerichtete Erneuerung der Strategie, des Produkt- und Leistungsportfolios, der eigenen Organisation und Technologie sowie der Wissens- und Qualifikationsbasis im Unternehmen.* [°] *Undifferenzierte Beschleunigung als Selbstzweck, Reform-Aktionismus und hektische Einzelaktionen mögen zwar die Handlungsfähigkeit des Managements unter Beweis stellen, sind aber kein geeigneter Beitrag zur Sicherung der dauerhaften Leistungsfähigkeit« (Risak 2003).*

Selbst erfahrene Turnaround-Manager wie Risak sehen in der Frage der Geschwindigkeit nicht nur Vorteile. Die Diskussion, ob Burnout auch das gesamte Unternehmen ergreifen kann, scheint mir hier eher relevant zu sein.

Namhafte Autoren von Managementliteratur gehen von der These aus, dass ein Unternehmen nicht anders funktioniert als der menschliche Organismus. Mir erscheint das plausibel. Akzeptieren wir diese These, dann liegt es nahe, darüber nachzudenken, ob Burnout ein Phänomen für ein gesamtes System, ein Unternehmen, eine Organisation sein kann. Wenn ich an so manche der großen Institutionen oder Organisationen denke, fallen mir einige Beispiele ein, die diese These zu stützen scheinen.

Burnout in Organisationseinheiten und Unternehmen

Ausgehend von der These, Burnout sei eine Erschöpfungsreaktion eines Mechanismus aufgrund von lang dauernden, aufreibenden und von wenig Anerkennung gekrönten Bemühungen, dann trifft das auch auf einzelne Organisationseinheiten zu. Teams können ebenso von Burnout betroffen sein wie einzelne Menschen, genauso wie die Tatsache, dass es für ein Team oder eine Arbeitsgruppe Auswirkungen hat, auch wenn bloß ein einzelnes Mitglied darunter leidet. Dasselbe gilt für Unternehmen in ihrer Gesamtheit.

Risak (2003) argumentiert, dass ein Unternehmen einem menschlichen Organismus gleiche. »*Die Realität (der Unternehmensentwicklung: Anm. d. V.) ist in den meisten Fällen vielmehr durch eine Abfolge von Auf- und Abschwungphasen und schrittweisen Erstarrungsprozessen bis hin zu teils existenziellen Krisen gekennzeichnet, nach welchen im Rahmen einer Sanierung Leistungsfähigkeit und Ertragskraft durch harte Einschnitte wiederhergestellt werden müssen.*« Das ist nichts anderes als die Beschreibung eines Burnout-Verlaufs. Die Erstarrung, das Festhalten, das Mehr-vom-Selben ist der Anfang allen Übels. Genauso wie beim Menschen der Rückzug und die immer massiveren Anstrengungen nicht zum Erfolg führen. Die unternehmerische Abwärtsspirale aus Selbstzufriedenheit, nachlassenden Bemühungen, höheren Entschädigungserwartungen, Trägheit, Erstarrung, Existenzkrise ist die Abbildung von Burnout im Unternehmenskontext.

»*Selbstverständlich. Es kann auch ein ganzes Team ausbrennen, Flächenbrand – da kannst du nur noch auflösen. Ein Team kann in eine ernste Krise kommen, wenn es mehrere Mitglieder im Team gibt, die für derlei Mechanismen empfänglich sind, und sie über keine Werkzeuge verfügen, mit übergroßem Druck umgehen zu können. Auch wenn die Führungskraft ein Thema pusht, ohne Rücksicht auf die Belastung des Teams, dann geht es gemeinsam in den Abgrund. Ich habe erlebt, dass sich ein Abteilungsleiter und sein Vorgesetzter so sehr bekriegt haben, dass sie beide arbeitsunfähig waren und damit das ganze Team ausgehebelt wurde. Das Team sah keine andere Möglichkeit, als in die innere Emigration zu gehen. Beide Männer waren sicher am Rande ihrer Belastbarkeit. Das Team wollte weiterarbeiten, sie versuchten immer mehr, über informelle Wege die gestellte Aufgabe zu lösen – es ging nicht, alle brannten aus. Mir ist aktiv noch kein Mann begegnet, der sich in einer Burnout-Krise zurückgenommen hätte.*« (Zitat aus einem meiner Interviews zum Buch mit einer Unternehmensberaterin)

Der Phasenverlauf der Burnout-Erschöpfung (siehe S. 65) ist leicht auf Unternehmenskrisen anwendbar:

Phase 1: Die Anfangsphase – »Idealismus«

- Die Energiereserven scheinen unerschöpflich zu sein.
- Die Motivation und Leistungsbereitschaft sind groß.

- Die Gründerinnen haben das Gefühl unendlicher Freiheit und strotzen vor Kraft und Optimismus.
- Mitarbeiterinnen, die in dieser Phase schon dabei sind, fühlen sich als Pioniere.
- Je nach Temperament werden mehr oder weniger realistische Pläne geschmiedet, um »der Welt einen Haxen auszureißen«, wie man in Österreich sagt.

Phase 2: Reduziertes Engagement

Wesentliche Ziele werden nicht erreicht.

- Ohne neue Perspektive schwindet die Energie.
- Zeit des Erstarrens – Regelwerke werden geschaffen, die als einengend, als Kontrolle und sichtbares Misstrauen betrachtet werden.

Phase 3: Emotionale Reaktion – »Schuldzuweisungen, Aggression, Depression«

- Die Konkurrenz, die Globalisierung, der Wirtschafts- und Finanzminister – alle sind »schuld« an den Schwierigkeiten.
- Das Unternehmen verwendet viel Energie auf die Rechtfertigung der Geschehnisse gegenüber den Kontrollorganen und Aktionären.
- Kommunikations- und Teamtrainings und erste Beraterinnen-Leistungen werden eingekauft, um »die Leute wieder auf Trab zu bringen« (und um einen Außenfeind zu haben).

Phase 4: Abbau der Leistungsfähigkeit – »Veränderungen werden offen sichtbar«

Äußerlich sichtbare Merkmale sind:

- Das Nachlassen der Arbeitsqualität
- Überhandnehmen von Flüchtigkeitsfehlern – häufigere Kundenbeschwerden
- Stärkere Kritik an den Mitarbeitern, mangelnde Motivierung
- Verflachen des Engagements bis zum Wegfall der Motivation
- Unpünktlichkeit der Mitarbeiter
- Unzuverlässigkeit
- Dienst nach Vorschrift

- Schwarz-Weiß-Denken
- Vergessen kleinerer Pflichten und Aufgaben des Alltags

Phase 5: Verflachung – »Zynismus greift um sich«

Die Unternehmenskultur wendet sich zunehmend in Richtung Geringschätzigkeit. Abwertende Verhaltensformen und Zynismus nehmen viel Raum ein.

- Sündenböcke werden gesucht (am liebsten die Beraterinnen, häufig auch die EDV-Abteilung oder die Konzernmutter).
- Mobbing ist an der Tagesordnung. Sowohl auf Mitarbeiterebene als auch auf der Ebene der Führungskräfte wird der Umgangston schärfer und die informellen Kontakte schwieriger.
- Alle sind auf der Hut, nicht ins Zentrum von Abwertung oder Gerede zu kommen.
- Das Nachlassen der Arbeitsqualität wird als stiller Widerstand eingesetzt.

Phase 6: Psychosomatische Reaktionen – »Was die Seele empfindet, wird im Körper spürbar«

- Wie innen so außen.
- Die angestrengte Stimmungslage im Inneren des Unternehmens wird für die Kunden sichtbar. Beschwerden steigen.
- Die Servicequalität wird kritisiert – und sinkt auch tatsächlich.
- Die innere Kündigung Einzelner führt zu einem sterilen Betriebsklima.
- Die fehlende Kreativität und Energie wirken sich betriebswirtschaftlich aus.
- Die geringe Wertschätzung, die sich mittlerweile zur Firmenkultur entwickelt hat, wird auch von den Kunden erfahren und kritisiert.
- Gleichzeitig verträgt das Unternehmen keinerlei Kritik mehr. Das Selbstbild und das Fremdbild klaffen zunehmend auseinander.

Phase 7 und 8: Verzweiflung, Suizidgefahr und Burnout-Zusammenbruch

- Die »Schuld« für den Zusammenbruch wird häufig in der Wirtschaftslage gesucht.

- Statt zu versuchen zu gesunden, werden Unternehmensteile »outgesourct«, jene paar Teile, die noch Gewinne oder zumindest nicht so viele Kosten verursachen, müssen den Betrieb aufrechterhalten, bis sie unter diesem Druck ebenfalls zusammenbrechen. Damit verliert aber der Unternehmensorganismus die letzten Energien – und bricht meist vollständig zusammen.

Woran erkennen nun Unternehmen, dass sie auf dem Weg in den kollektiven Burnout sind?

Turnaround-Experte Risak nennt hier beispielhaft Konsequenzen einer solchen Entwicklung:

- Die Verschlechterung der Kostenposition
- Die Verringerung der Qualität des Kundenservices
- Das Absinken der laufenden Innovationskraft
- Eine Verkrustung von Organisationsstrukturen und Prozessen
- Die Veralterung der Infrastruktur und Technologie sowie eine Degeneration der Unternehmenskultur.

Die Führungskräfte

Spitzensportler trainieren auf ein oder einige wenige besondere Sportereignisse hin. Vorher werden Kondition und Leistung aufgebaut. Danach reduzieren sie ihre Trainingsanstrengungen auf ein Maß, das die Erhaltung der Fitness gewährleistet – aber nicht mehr. Das bedeutet, es gibt Pausen. Manager bringen Leistungen, die Spitzensportlern nicht nachstehen, vergessen aber den zweiten Teil. Extremleistungen kann man nicht jeden Tag erbringen, ohne jemals eine Ruhephase einzubauen. Man kann nicht wöchentlich auf den Nanga Parbat steigen.

Führungskräfte sind – wie in anderen Belangen auch – in einer Sandwichposition zwischen Mitarbeiterinnen und Unternehmensspitze. Gerade sie haben meist auch wenig Raum für Austausch und Reflexion ihres Handelns und ihrer Befindlichkeit. Das ist auch einer der Gründe für die Notwendigkeit von Coaching im Führungskräftebereich. Die Leute haben ja niemanden zum Reden. Im Unternehmen selbst ist die Konkurrenz so stark, dass niemand den Mut aufbringt, offen über Schwierigkeiten zu sprechen, und im Privatleben verbringen sie meist sehr wenig Zeit, und wenn sie mal mit dem/der PartnerIn sprechen, dann hoffentlich über anderes. Manche meiner Klienten bezeichnen ihr Arbeitsumfeld als Schlangengrube. Oft ist das Topmanagement nur an Zahlen und Statistiken interessiert und nicht daran, wie diese zustande kommen. Mitarbeiterinnen interessiert meist nicht vorrangig, welche Probleme der Vorstand wälzt und was ihre Führungskräfte bewegt. Führungskräfte sind also recht einsam. Überlegt man sich die Alltagssituation von Managerinnen, so wird klar, warum in den Anfängen der Burnout-Forschung hauptsächlich von Sozialarbeitern und Pflegepersonal die Rede war. Managerinnen, die mit innerer Kündigung reagieren, neigen zu einem Laisser-faire-Stil, mit der Gefahr, dass destruktives Verhalten der Mitarbeiterinnen oder Fehler in den Abläufen übersehen werden können. Es gibt wahrscheinlich auch keine Mitarbeiterinnen-Jahresgespräche mehr, oder zumindest nur noch extrem abgeflachte.

Um die Gründe zu verstehen, ist es notwendig, sich ein wenig mit den gängigen Vorurteilen und Stereotypen auseinander zu setzen. Manager sind ja schließlich der Inbegriff von Karriereorientierung, Leistungsstärke und Durchsetzungskraft. Sie lassen sich nicht so leicht umwerfen. Sie sind loyal zum Unternehmen und stufen andere Belange außer den unternehmensinternen stets in ihrer Wichtigkeit zurück. Eine klassische Führungskraft ist rund um die Uhr erreichbar, niemals krank, sportlich fit und immer *state of the art* hinsichtlich Fachinformationen, aber natürlich auch hinsichtlich moderner Führungsstile. Führungskräfte können mit ihrer Zeit souverän umgehen und sind zukunftsorientiert. Für ihre Mitarbeiterinnen haben sie stets ein offenes Ohr sowie eine ebensolche Tür. Nach dem Motto »Störungen haben Vorrang«, sind sie helfend und unterstützend allzeit bereit, ihren Mitarbeiterinnen auf die Sprünge zu helfen. Wenn einer Führungskraft nicht mindestens einmal am Tag langweilig ist, dann macht die Person etwas falsch – andererseits sind sie unfair zu ihren Mitarbeitern, haben zu wenig Vertrauen, kontrollieren zu viel, können nicht delegieren. Die Unternehmensspitze weiß, dass Führungskräfte sich nicht durchsetzen können, nicht in der Lage sind, ihre klaren und eindeutigen Anweisungen operativ umzusetzen, die Leute nicht im Griff haben und scheinbar noch nicht kapiert haben, dass sie keine *normalen* Mitarbeiter mehr sind. – Aus der Sicht von Fachcoaches und Beraterinnen können Führungskräfte oft keine klaren Arbeitsanweisungen geben, d. h., sie delegieren nicht oder falsch, sie haben keinerlei Interesse an den Mitarbeiterinnen und an deren Potenzialentwicklung, sie setzen Mitarbeiterinnen oft auch nicht eignungsgerecht ein. Deshalb sind sie Innovationshemmer und verursachen einen Wachstumsschaden für das Gesamtunternehmen. – So oder ähnlich läuft die Diskussion über die Führungskräfte.

Puh! Also ganz ehrlich, ich bin froh, dass ich so einen Job nicht machen muss. Mir wäre dieses Anforderungsprofil zu stressig. Aus der Lehre der Salutogenese stellt sich die Frage, was denn hier wohl ein lohnendes Ziel für eine Führungskraft sein könnte.

Eine Kerze, die an beiden Enden brennt

Eine der klassischen Definitionen für Burnout ist »eine Kerze, die an beiden Enden gleichzeitig brennt«. Diese Formulierung dürfte nach der Betrachtung der Managerinnen entstanden sein.

»*Wissen Sie, meine letzte Beziehung ging daran zugrunde, dass ich nur mehr gearbeitet habe, alle Probleme mit nach Hause genommen habe und in der Hast meine Freundin gar nicht mehr wahrgenommen habe. Jetzt ist sie weg.*« So eröffnete ein junger Manager ein Gespräch mit mir. Er wolle nun, da er wieder eine neue Beziehung angefangen habe, diesmal nicht denselben Fehler machen. Also, mich freut es, dass offensichtlich eine neue Generation von jungen Führungskräften da ist, die offenbar frühzeitiger reflektieren und mit mehr Sorgfalt für sich selbst an den Job herangehen. Ich hoffe, dieser Entwicklungstrend bleibt bestehen und es gibt bald mehr als die paar, die ich in meiner Arbeit bis jetzt getroffen habe.

Jede vierte Führungskraft in Deutschland ist gesundheitlich gefährdet (Institut für Arbeitshygiene 2004). Die Hauptbeschwerden sind Gelenk- und Rückenschmerzen, Reizbarkeit, Schlaflosigkeit, depressive Verstimmungen und Erschöpfung. Die Hauptursache: Dauerstress.

Bei diesen Aussagen frage ich mich, warum es überhaupt noch Führungskräfte gibt. Wie wollen wir denn Unternehmen führen, mit *den* oben genannten Aussagen über leitende Mitarbeiter?

Führungskräfte nehmen durch ihr Handeln sowohl direkt als auch indirekt Einfluss auf Motivation, Befinden und Gesundheit ihrer Mitarbeiterinnen. Mit ihrem Verhalten können sie ein Vorbild sein, für den Umgang mit Belastungen und berufsbedingten Problemen – so drückte es Herbert Mackinger einmal aus.[28]

Was aber, wenn die Führungskraft von einer Burnout-Erschöpfung betroffen ist? Und wenn die Führungskraft das Burnout gar nicht erkennt? Menschen neigen dazu, ihre emotionale oder psychische Lage zu verbergen, weil sie sich ihrer eigenen »Nicht-Leistungsfähigkeit« schämen. Dieses Verhalten ist für die Führungskraft fatal. Die Kluft zwischen dem betroffenen Menschen und der Büroumwelt wird größer.

Auch und vor allem dann, wenn die Führungskraft selbst davon betroffen ist. Es entspricht nicht unserer allgemein gültigen Auffassung eines dynamischen Managers oder einer Managerin, wenn die Person ihre Erschöpfung, ihr Ruhebedürfnis, auch ihre Überforderung offen legt. Es gehört Vertrauen zu den eigenen Leuten dazu, im Team zur Situation zu stehen. Ich denke, ein solches Verhalten könnte jedoch viel eher zur Vertrauensbildung und Motivation eines Teams beitragen als diese zu zerstören. Natürlich bedeutet das Mut und Wertschätzung füreinander. Wenn die Führungskraft dazu stehen kann, dass sie sich übernommen hat und Ruhe braucht, dann steigt damit automatisch der Freiraum für die Mitarbeiterinnen. Wie sie diesen nutzen, ist das Ergebnis der bisherigen Arbeitsbeziehung. Lief es gut, dann haben diese Führungskräfte ein Team, das ihnen hier durchhilft. Und das Team kann sich im umgekehrten Fall auch auf die Führungskraft verlassen. Ist das nicht eine sehr angenehme Vorstellung vom Umgang mit Erschöpfung im Arbeitsalltag?

Besonders schmerzvoll ist es, Burnout zugeben zu müssen, wenn damit der Verlust von hohem Sozialprestige und unter Umständen der Karriere verbunden ist. Othmar Hill meinte dazu im Gespräch, es wäre zu solch einem Zeitpunkt besonders spannend zu beobachten, wer sich sofort von einem abwendet, wer voyeuristisch nachfragt, wie es einem denn gehe, und wer dableibt und einem zur Seite steht.

Wie oft wird das wohl eher zu einer Verdrängung der Erschöpfung (bis zur Eskalation) führen als zu einer klaren Auseinandersetzung. Maslach und Leiter (2001) sehen als Ursachen für Burnout im Arbeitsumfeld sechs Missverhältnisse zwischen Mensch und Arbeit: Arbeitsüberlastung, Mangel an Kontrolle, unzureichende Belohnung, ein Zusammenbruch der Gemeinschaft, ein Fehlen an Fairness und widersprüchliche Werte. Die Sichtweise der Unternehmen, den Arbeitsumfang mit Produktivität gleichzusetzen, sei nur eine Seite der Medaille. Watzlawicks These des »Mehr vom Selben« geht eben nicht immer auf.

Weibliche Führungskräfte

Frauen haben auch im Management andere Herausforderungen zu bewältigen als Männer. Immer noch werden sie als Fremdkörper, als Spieler eines anderen Spiels betrachtet. Oft finden sie sich in einer Doublebind-Situation wieder. Entweder sie spielen das meist für sie unpassende »Männer-Spiel« mit, oder sie sind ständig unter Druck bei dem Versuch, eigene Wege zu entwickeln, ohne Vorbilder und mit wenig Austausch mit anderen.

Heidrun Friedel-Howe formulierte Mythen über Frauen in der Arbeitswelt.[29]

Die Wissenschaftlerin hält fest, dass den Frauen heute das Recht auf »Berufstätigkeit« nicht mehr abgesprochen wird. Anders verhielte es sich jedoch, wenn Frauen nicht nur einen »Job« wollten, sondern auch eine Karriere, also ein energie- und zeitintensives, in eine Führungsposition mündendes berufliches Engagement. Hier schiene gegenwärtig die soziale Toleranzgrenze zu liegen, weibliche Berufstätigkeit würde nur insoweit toleriert, wie sie mit der Familienrolle der Frau (»Mutter und Hausfrau«) nicht (allzu sehr) kollidiert. Mit dem Anspruch auf Führung und Autorität, so Friedel-Howe, kündige die Frau ihren (untergeordneten) »Platz« im beruflich-funktionellen Ranggefüge. Ursache und zugleich Folge solchen Unbehagens seien zahlreiche Mythen.

Mythos 1: »Frauen können nicht führen«

Die Tatsache, dass sich nur wenige Frauen, aber sehr viele Männer im Management befinden, verleite zu der Schlussfolgerung, dass hierin ein Geschlechtsunterschied in der Eignung für Führungsaufgaben zum Ausdruck komme. Das so genannte männliche Management-Modell besagt nicht nur, dass Manager Männer sind (was fast der Realität entspricht), sondern vor allem auch, dass Manager Männer sein *sollten,* weil diese die besseren Führungskräfte abgäben. Die Wissenschaftlerin geht davon aus, dass männliche Chefs ihre Mitarbeiter und Mitarbeiterinnen auch unterschiedlich förderten, weil sie gar nicht auf die Idee kämen, dass sich Frauen unter Umständen als Führungsnachwuchs eigneten. Auch wenn Frauen Chefinnen seien, träfe dieses Verhalten zu. Denn unter Umständen halten sich Chefinnen auch für Ausnahmen.

Mythos 2: »Die Frauen wollen den Aufstieg gar nicht wirklich«

Karriereambivalenz dieser Art, mangelndes Selbstvertrauen bei der Ergreifung von Karrierechancen, mangelnde Karrieremotivation und überhaupt eine zu

geringe Bereitschaft, sich den »mikropolitischen Spielregeln beim Kampf um Aufstieg und Macht« anzupassen, werde den Frauen vor allem dann angelastet, wenn es um die Erklärung des oft nur mäßigen Erfolgs so genannter Frauenförderungsmaßnahmen für den Aufstieg in das Management gehe.

Die Schwierigkeiten solcher Mythen träten, so Friedel-Howe, vor allem dann zutage, wenn sie auf eine wechselseitige Verstärkung hinausliefen – wenn also angenommen wird, dass Frauen sowohl nicht führen können, als auch gar nicht wollen. Personal entwickelnde Maßnahmen, die auf der Annahme eines Geschlechtsunterschiedes in der Führungseignung zu Lasten der Frauen gründen, würden demnach zu einer sich selbst bestätigenden Prophezeiung. Führungseignung müsse – wie jede andere Eignung, die nicht verkümmern soll – entwickelt und geübt werden. Frauen seien in ihrer Karriereorientierung insgesamt wahrscheinlich leichter zu verunsichern als Männer und erführen im Entwicklungsprozess zur Führungskraft ja auch keine Bestärkung. Irgendwann gäben sie dann selbst auf, und beide Mythen hätten sich »bestätigt«.

Mythos 3: »Frauen verkörpern ein erhöhtes Kostenrisiko«

Der Mythos nähme seinen Ausgang von einer gegenüber den Männern höheren Fluktuationsrate der Frauen. Infolgedessen steige das Risiko der Entstehung von Fluktuationskosten (Leistungsausfall, Wiederbeschaffung) proportional zum Frauenanteil in einem Funktionsbereich. Basis des Mythos ist die soziale Normierung der Primärverantwortlichkeiten der Geschlechter in Bezug auf die Familie. Während der Mann die »Letztverantwortung« für die Ernährerrolle trägt und daher die Berufsrolle nur im äußersten Notfall aufgeben »darf «, verhielte es sich bei der Frau umgekehrt: Im (Rollen-)Konfliktfall hätte sie sich gegen die Berufsrolle zu entscheiden, um ihrer Letztverantwortlichkeit als Mutter und Hausfrau nachzukommen.

Unterstellte man bei den Frauen ein a priori erhöhtes Fluktuationsrisiko, so müsse man, denke man ökonomisch, die erwarteten Fluktuationskosten möglichst niedrig halten. Man stelle sie daher dort nicht ein, wo Fluktuation besonders »teuer« wird (Führungsnachwuchs-, Führungsbereich), und investiert nur wenig in sie (Entwicklungs-, Qualifizierungsmaßnahmen), um Fehlinvestitionen möglichst zu vermeiden.

Friedel-Howe zeigt zwei wesentliche aktuelle Forschungsergebnisse auf:

1. Bei den berufstätigen Frauen zeigte sich im Allgemeinen, dass im Vergleich zu früheren Jahren
   - weniger Frauen ihre Berufstätigkeit unterbrochen hatten,
   - eine Unterbrechung später und nach längerer Berufstätigkeit erfolgte und
   - familiäre Verpflichtungen als Hauptunterbrechungsgrund an Bedeutung verlören.
2. Die zuvor angeführten Ergebnisse träfen in stärkerem Maße auf hoch qualifizierte Frauen zu.

Zusammenfassend hält die Forscherin die Frage der Geschlechtszugehörigkeit eines Menschen für nur gering aussagekräftig, was die Bereitschaft zu einem Unternehmenswechsel anbelangt. Es kämen auch Aspekte wie Ausbildung, Alter und gebotene Entwicklungschancen (!) zum Tragen.

Mythos 4: »Weibliche Führungskräfte kann man nur beschränkt einsetzen«

Der Mythos beschreibe, dass weibliche Führungskräfte weniger nützlich seien als männliche. Zum einen herrsche die Vorstellung, dass eine Managerin größeren Beschränkungen in der Einsatzbreite unterliege, was vor allem auch die Außenkontakte des Unternehmens betrifft (Kunden, Lieferanten und sonstige Geschäftspartner). Zum anderen bestünden Zweifel an ihrer Belastbarkeit in Bezug auf die Einsatzintensität, wozu Zeitaufwand und auch (regionale) Mobilität zählten. Hintergrund sei, dass Frauen – sofern sie Familie haben – gern unterstellt würde, die Familie wäre ihnen wichtiger, und sie hätten mehr Verantwortung und Organisationsleistung dafür wahrzunehmen. Restriktionen im Sinne mangelnder Akzeptanz bestünden zunächst im Auslandseinsatz, wenn es sich um Länder außerhalb des westlichen Kulturkreises handele, in denen die Rolle der Frau Beruf und gar Führung nicht vorsähe.

Weniger speziell und auch nicht nur im Außenkontakt ein potenzielles Problem sei, dass die Managerin aufgrund der geringen Vertretung ihres Geschlechts im Management häufig Aufmerksamkeit und Neugier auf sich zieht, die nicht unbedingt nur auf ihre fachliche Kompetenz gerichtet seien. Bei Verhandlungen etwa liegen darin Chancen und Risiken. Gelänge es der Frau, eine überzeugende Mischung von Weiblichkeit und Kompetenz zu liefern oder (notfalls) auch nur ihre Kompetenz zu beweisen, so stehe sie gegenüber ihren männlichen Konkurrenten aus anderen Unternehmen unter Umständen im Vorteil, weil man(n) ihr besser zuhöre, sich intensiver mit ihren Argumenten auseinander setze. Werden Verhandlungserfolge allerdings weniger am Verhandlungstisch und mehr an der Bar eines Nachtlokals erzielt, so geriete die Managerin in einen Nachteil. Beim gegenwärtigen Stand der Dinge sind ihre (Einsatz-) Möglichkeiten der »Betreuung« von Geschäftspartnern »außer Haus« und außerhalb der Geschäftszeiten wohl in der Tat beschränkter als die einer männlichen Führungskraft. Jedoch dürften hier auch wieder Mythen – dieses Mal über die Praxis des erfolgreichen Verhandlungsabschlusses – eine Rolle spielen.

Ist eine Managerin familiengebunden, was sehr häufig nicht der Fall sei, so dürfte sie stärker als ihr männlicher Kollege einer Doppelbeanspruchung ausgesetzt und damit in ihrem zeitlich energetischen Berufsengagement auch eingeschränkter als dieser sein. Allerdings trauen die »Mütter-Manager« sich selbst mehrheitlich zu, »beides« zu schaffen. Zwar sei die Mobilitätsbereitschaft der Männer insgesamt größer als die der Frauen, sofern damit ein Aufstieg verbunden sein sollte. Jedoch stellte sich auch heraus, dass den Frauen zum Zeitpunkt der Untersuchung sehr viel seltener als den Männern überhaupt ein entsprechendes Mobilitätsangebot gemacht worden war. Sie hätten somit weniger als die Männer Gelegenheit, auf den »Geschmack des Erfolges« durch Mobilität zu kommen, denn als wichtigste Determinante der Mobilitätsbereitschaft der Männer erwies sich die vorangegangene Anzahl »erfolgreicher« Versetzungen.

Weitere Stress auslösende und Druck verstärkende Aspekte findet Friedel-Howe in den Ängsten der Männer:

- ***Angst der Männer vor der weiblichen Konkurrenz um knappe Ressourcen***: Eine Vergrößerung des Frauenanteils im Management bedeute zwangsläufig eine Verringerung des Männeranteils und damit denn Nichtaufstieg von Männern, die andernfalls in den Genuss der Vorteile einer Führungsposition gelangt wären.
- ***Bedrohung der männlichen Identität:*** Eine »Verweiblichung« des Managements würde einen Angriff nicht nur auf den Status quo der materiellen Ressourcenverteilung zwischen den Geschlechtern bedeuten, sondern auch die tieferen Schichten der männlichen Persönlichkeit, namentlich seine Identität als Mann (be)treffen. Häufiger und intensiver müssten die Männer sich mit der (beruflich) »kompetenten Frau«, womöglich sogar mit der kompetenteren Frau auseinander setzen. Eine zweite potenzielle Bedrohung käme hinzu: die »weibliche Emotionalität«, der von den Männern oft als irritierend empfundene freiere Umgang der Frauen mit eigenen und fremden Gefühlen. Wäre man(n) bisher am Arbeitsplatz allenfalls bei untergeordneten weiblichen Personen damit konfrontiert, so würde das »Ärgernis« jetzt in größere persönliche Nähe rücken und verbindlichere Reaktionen fordern.
- ***Ambivalenz aufgrund der sexuell-erotischen Implikationen:*** Mit dem Eintreten der Frauen in die Männerdomäne »Management« materialisiert sich mehr oder weniger zwangsläufig auch die sexuelle Dimension der Geschlechterbeziehung, und zwar jetzt – ungewohnt für beide Seiten – auf der Kollegenebene. Im Einzelfall schon erlebte und ansonsten antizipierte Störungen des psychosozialen Gleichgewichts der bisherigen »Männergesellschaft« mögen dazu beitragen, sich lieber nicht allzu viele Frauen in das Management zu wünschen.
- ***Angst vor Statusverlust:*** *» Wenn es in diesem Beruf viele Frauen gibt, wird es so sein wie bei den Lehrern: Bezahlung und gesellschaftlicher Status gehen den Bach runter.«*[30] (Zitat aus dem o. a. Beitrag von Heidrun Friedel-Howe)

Es ist hinlänglich nachgewiesen, dass Berufe, in denen überwiegend Männer beschäftigt sind, höhere Einkommen erzielen. Sobald allerdings mehr Frauen in diesen Beruf strömen, sinkt das Durchschnittsgehalt, und die Männer verlassen diesen Beruf.

- ***Angst vor den häuslichen Konsequenzen:*** Weibliche Karriereambitionen und -Ansprüche hätten in den letzten Jahren schon manche Partnerschaft in Bedrängnis gebracht. Unausgesprochene Befürchtung manch männlichen Managers mag es daher sein, durch ein »Mehr« an Frauen im Management selbst einmal – im Sinne einer »Ansteckung« der eigenen Partnerin – von dieser Entwicklung getroffen zu werden.

Diesen umfassenden Betrachtungen der Wissenschaftlerin möchte ich die Praxisberichte meiner Interviewpartnerinnen anfügen. Die befragten Frauen bestätigen die Thesen der Wissenschaftlerin durch Schilderung ihrer Lebensrealität.

Managerin mit oder ohne Kinder

Die Zahl der Managerinnen, die kinderlos sind, ist erheblich höher als jene der männlichen Führungskräfte. Weibliche Führungskräfte leben auch seltener in einer Partnerschaft als männliche. Die Belastungen einer Führungskraft sind enorm. Daher verschieben Frauen die »Kinderfrage« eher auf später oder entscheiden sich für ein Leben ohne eigene Kinder. Ressourcenknappheit bedeutet für sie also – ganz im Gegensatz zu männlichen Managern –, sich gegen Kinder entscheiden zu müssen. Nicht alle Frauen betrachten dies als Verzicht. Dennoch werden auch Frauen, die keinerlei Wunsch nach Kindern verspüren, mit dieser Frage konfrontiert, was nicht wenige als kompromittierend empfinden. Über die Fertilität, also die biologische Fähigkeit, Kinder zu gebären, definiert zu werden, ist vielen Frauen ein Dorn im Auge.

Dieses Thema wird ausführlich im nachfolgenden Kapitel »Frauen und Männer« beleuchtet und mit Interviews unterlegt.

Hilfe annehmen/geben

Führungskräfte werden von Sekretärinnen, Assistentinnen, Teams unterstützt. Wenn ein Mann keine Assistentin hat oder sie nicht verfügbar ist, finden sich andere Frauen in seiner Umgebung, die sich um ihn kümmern. Eine Managerin achtet meist sehr genau auf das betriebliche Erfordernis und verlangt meist nichts »Privates« von ihrer Sekretärin. Oft ist es sogar umgekehrt. Sie kümmert sich auch noch um die persönlichen Belange des Teams.

»Managerinnen kümmern sich häufig um die Bedürfnisse und Befindlichkeit ihres Teams, statt umgekehrt – Fürsorge der Managerin wird oft als ›normal‹ angenommen.«

»Ich bin noch nie auf die Idee gekommen, dass sich die Assistentin um meine persönlichen Dinge kümmern sollte.«

Wenn derartige Unterstützung angenommen wird, dann ist das eher die Ausnahme. Für solche Extra-Leistungen bedanken sich Managerinnen meist ausführlich mit noch mehr Aufmerksamkeit, kleinen Geschenken und viel Lob.

»In meiner Bürogemeinschaft gibt es eine gemeinsame Infrastruktur für mehrere Selbstständige. Alle erhaltenden oder versorgenden Maßnahmen obliegen automatisch mir oder anderen Frauen, falls welche da sind. Übernehmen die Frauen diesen Teil des Alltags nicht, so passiert nichts. Egal ob es sich um Milch für den Kaffee, Malerarbeiten reklamieren oder fehlendes Toilettenpapier handelt.«

Männer finden es normal und zur Arbeit der Assistentin zugehörig, auch ein Geburtstagsfest für Freunde des Chefs zu planen, dazu spannende Arrangements bei Essen und Eventgestaltung zu entwickeln und auch noch eine Geburtstagszeitung für den Jubilar herzustellen. Zu Weihnachten bemühen sich Heerscharen von Sekretärinnen darum, Kindergeschenke zu besorgen und Skiurlaube für den Chef zu buchen.

»Weibliche Manager kümmern sich um solche Dinge eher selbst – oft auch noch um die Geschenke und Weihnachtsfeier im Team.«

Die Kombination von meist hoher sozialer Kompetenz und Fürsorge mit Fachkompetenz und mindestens gleicher Leistungsbereitschaft im Vergleich zu männlichen Kollegen bereitet Managerinnen beachtlichen Druck.

Auch hier ist die Wahlfreiheit wieder ein relevanter Faktor. *»Manche Dinge mache ich auch wirklich gern selbst, das empfinde ich auch als angenehm. Schwierig wird es, wenn sich alle darauf verlassen, dass ich mich kümmere.«*

Bedürfnis nach Anerkennung
Das Bedürfnis nach Anerkennung schöpfen Männer eher aus Erfolgen in fachlicher Hinsicht. Kaum ein Manager kann mit der Anerkennung, sich immer an die Geburtstage der Teammitglieder zu erinnern und entsprechende Geschenke zu besorgen, auch wirklich etwas anfangen. Frauen messen sich selbst – und werden wohl auch häufig von anderen so gemessen – an der fachlichen Leistung, aber auch an der emotionalen und sozialen Kompetenz. *»Frauen sind bescheiden, sie wollen für ihre Leistungen anerkannt werden. Anerkennung kriegst du aber meist nicht für Tüchtigkeit. Die Männer plustern sich auf, schlagen ein paar Pfauenräder – und bekommen prompt die Anerkennung, nach dem Motto ›Tue Gutes und rede darüber!‹.«*

»Frauen sind im Selbstmarketing oft nicht so gut.«

Rollenverständnis

»Die Erziehung oder Sozialisation zur ›Frau‹ ist häufig ein Burnout-Faktor. Häufiger als Männer lernen Frauen, dass es eine wichtige Tugend ist ›lieb‹, ›fürsorglich‹ und ›verständnisvoll‹ zu sein.«

Das ist heute genau so wie vor 30 Jahren. Was sich verändert hat, ist, dass die Frauen gelernt haben, dass es von Vorteil ist, das »männliche« Spiel mitzuspielen. Das bedeutet, dass sich Frauen erfolgsorientiert, sachlich, schnell, hart in der Sache, strategisch und leistungsstrebend verhalten, weil sie dies von Rollen-Modellen gelernt haben, also von bestehenden Führungskräfte-Vorbildern. Und das sind nun einmal Männer. Nur einige Frauen versuchten bisher, eigene Wege zu gehen und ihre Sozialisation als Führungsinstrument zu implementieren. Frauen werden im Management nach wie vor als Fremdkörper betrachtet.

»Wenn Frauen das tun, was die Männer machen, wird es von Frauen und manchen Männern abgelehnt. Von Männern nur teilweise. Solche Frauen polarisieren stark. Das erschwert das ohnehin anspruchsvolle Managerinnenleben. Frauen werden stärker beobachtet und kritisiert als Männer.«

Die attraktive Managerin
Die Frage nach dem äußeren Erscheinungsbild ist immer noch eine Frauenfrage. Kein Manager würde jemals über seine Hüftbreite oder das Aus-

sehen seiner Beine qualifiziert. Keine männliche Führungskraft müsste sich nachsagen lassen, dass er wohl geringere Intelligenz aufweise, weil er blond sei. Als Managerin ist man solcherlei Abwertung und Definition über Äußerlichkeit ausgesetzt.

»Frauen, die gut aussehen, haben es immer noch leichter als andere«

»Gut aussehende Frauen haben wiederum das Problem der sexuellen Belästigung. Es ist schwer, Anerkennung anzustreben, ohne die Balance zwischen einerseits freundlich und fürsorglich, andererseits tough und sachbetont zu agieren, zu verlieren.«

»Du bekommst leichter Anerkennung, wenn du eine attraktive Frau bist.«

»Nein: Als Frau wirst du in zwei Gruppen eingeteilt: entweder hübsch und blöd oder fade und gescheit.«

»Mit einer gut aussehenden, gescheiten Frau tun sich Männer immer noch schwer«

Ob Frauen sich diesem Druck unterwerfen, ist eine Altersfrage. Auch wie stark Männer in diesem Schubladendenken verhaftet sind, ist eine Frage des Alters. Ältere Männer sind dem Bild »Ist eine Frau hübsch, ist sie auch dumm« nach wie vor sehr zugeneigt. Bei den jüngeren Männern legt sich dies langsam.

Sexuelle Belästigung

Gesetzeslage hin oder her, gebildeter Umgebung und gesellschaftlicher Ächtung zum Trotze: Sexuelle Belästigung ist für alle Frauen – unabhängig von Qualifikation und Position – belastend und nach wie vor ein Thema, das den Druck und damit die Erschöpfung verstärkt.

»Ich habe dieses Thema nicht so kennen gelernt. Eher die Kategorien Heilige oder Hure. Es geht um eine ständige Gratwanderung zwischen ›attraktiv-sein‹ oder Anzüglichkeiten abwehren – dabei aber nicht zu sehr in eine prüde oder erotische Ecke gestellt zu werden.«

Viele Frauen wissen, dass es ein Unsicherheitsritual mancher Männer ist, die sexuelle Verfügbarkeit von Frauen zu thematisieren. Spielt die Frau mit, ist sie eine …, spielt sie nicht mit, ist sie eine … Egal, wie eine Frau sich verhält, die Definitionsmacht liegt scheinbar immer noch in der männlichen Rolle.

»Es kann sehr schwierig für eine Managerin werden, sich entsprechend abzugrenzen, ohne nicht als ›Mannweib‹ oder ›Amazone‹ von den männlichen Kollegen verspottet zu werden.«

Auch hier hat sich historisch nichts verändert. Einerseits ist es wichtig, in der Bezugsgruppe anerkannt zu werden, andererseits genügt es für eine Managerin nicht, sich über Fußball oder Autos zu unterhalten, um als Teil der Führungsschicht anerkannt zu werden. Verweigert die Frau dieses Rollenspiel, so steht sie unter Umständen erst recht im Aus und wird als »hart« abgeurteilt.

Sprache als Stress verursachendes Element

Die geschlechtsrollentypische Unterschiedlichkeit, mit der Managerinnen den Anforderungen des Berufs zu begegnen haben, drückt sich auch über die Sprache aus.

»Überhaupt nicht selbstverständlich ist, dass man nur auf der Sachebene agieren kann. Die Frage, komme ich in einer Sitzung überhaupt zu Wort, wird mir meine Sachkompetenz abgesprochen, werde ich über den Tisch gezogen, verursacht Stress und macht mürbe.«

»Frauen müssen lernen, wie die Männer zu reden, damit sie gehört werden, aber es wirkt immer ein wenig unecht – ganz wie eine Fremdsprache. Man kann üben, so viel man will, Native Speaker werden immer erkennen, dass die Sprache angelernt ist.«

»Wenn du dir deiner Sprache sehr bewusst bist, kannst du mit der Unterschiedlichkeit viel erreichen, aber die Belastung bleibt, dass es eine Fremdsprache ist. Überraschen oder Brüskieren kann eine Strategie sein, um sich durchzusetzen. Man kann einzelne Momente des Nachdenkens erwirken, indem man sehr bewusst eine gefühlsbetontere Sprache einbringt. Von einigen Männern wird dies durchaus als Vertiefung des Gesprächs geschätzt. Aber es bleibt sensibel im Ausmaß.«

Gesprächskultur

»Im normalen Geschäftsleben gilt, wer am lautesten schreit, der gewinnt. Für viele Frauen ist das oft nicht der gewünschte Weg.«

»Und wenn, dann geht das auch oft nach hinten los. Ich kann damit nur ganz schlecht umgehen. Manche Gespräche haben Regeln, mit denen ich mich sehr schwer tue. Oder es fällt mir schwer, das Spiel mitzuspielen, dann bin ich verhalten, komme nicht zu Wort. Mach ich es genau so wie die Männer, ist das sehr unbefriedigend.«

»Gespräche mit Frauen laufen anders. Das männliche Anfangsaufgeplustere fällt weg. Das gegenseitige Imponiergehabe (Hat der eine Ahnung? Hierarchie? Macht? Einfluss? … fällt bei Frauen weg. Frauen sind als Gesprächspartnerinnen sachorientierter.«

»Ich bekomme manchmal Feedback von meinen Mitarbeitern: Ich sei sehr offen, immer zugänglich, man könne immer zu mir kommen. Ich hätte ihnen viel weitergeholfen. Und dann: Ich hätte ihnen schon Dinge gesagt, die sie momentan geschockt hätten. Ich sei sehr tough. Interessant ist für mich, dass ich mir mit diesem letzten Teil schwer tue, es gut zu finden. Wenn sie sagen, ich könne gut zuhören und ich versuche, Lösungen zu finden – das tut gut. Aber Feedback, das auf andere Eigenschaften abzielt, jene, die nicht fürsorglich oder mütterlich sind, sondern tough … da bin ich nicht ganz so bereit, das anzunehmen. Ich nehme mich selber nicht so wahr.«

»Frauen tun sich schwerer zu differenzieren, ob sie als Person betroffen sind oder in ihrer Rolle. Im Kritikfall hinterfragst du dich als Person. Damit hast du zu wenig Distanz zur Rolle als Führungskraft.«

»Kritik führt mich immer wieder in die Rollendiffusion.«

Konkurrenz

Wenn über frauen- und männerspezifisches Verhalten diskutiert wird, so kommt oft relativ rasch das (Männer-)Argument der »Stutenbissigkeit«. Es wird damit das weibliche Konkurrenzverhalten beschrieben, das – aus Sicht der Männer – die Frauen daran hindert, professionell zu agieren. Im Expertinnengespräch kam die Sprache eher auf eine andere Facette von Konkurrenz:

»Bei Frauen gibt es oft sehr viel Konkurrenz, aber nicht um den Rang. Es wird, auf gleicher Ebene, sehr kühl, sehr vorsichtig, nicht sehr offen agiert. Im Vergleich zum Männerverhalten auf gleicher Ebene – da gibt es diese Art von Konkurrenz nicht, weil der Status klar ist. Es gibt keine Rangkämpfe, wenn alle wissen, wer wo steht.«

»Meine Hypothese ist, dass es gar nicht um Konkurrenz im Sinne von ›Ich bin besser als du‹ geht. Bei Männern sind Statuskämpfe normal. Die Hierarchie in einer Organisation ist eine Männerordnung, Frauen haben eher Anhängselcharakter, Konkurrenzverhalten ist ein Ergebnis dieser Männerordnung – das ist nicht das ureigene Verhalten der Frauen, weil das nicht ihre Welt ist. Es geht den Frauen vielmehr um das Buhlen um Anerkennung der Männer.«

»Macht hast du, wenn du einen mächtigen Mann hinter dir hast. Das Verhalten der Frauen zielt auf die Anerkennung der Männer ab. Dieses Verhalten brauchen Männer nicht, Kämpfe um die Position in der Männerstruktur sind ohnedies Routine und Teil des Geschehens. Als Frau, wenn ich in der Hierarchie weiter oben bin, weiß ich: Das ist nicht meine Organisationsform.«

Konkurrenz unter Frauen

Das Druck erzeugende Verhältnis von Frauen und Männern wurde bereits ausführlich dargestellt. Was ebensolchen Druck bis hin zu Burnout erzeugt, ist die Frage des Umgangs von Frauen miteinander.

Managerinnen müssen in mehreren Welten bestehen – gegenüber den meist männlichen Kollegen, gegenüber Vorgesetzten und gegenüber Mitarbeitern und Mitarbeiterinnen. Diese Rollenvielfalt ist wohl nicht ohne Stress lebbar. Je nachdem wie eine Frau mit den vielfältigen An- und Herausforderungen zurechtkommt, besteht mehr oder weniger Burnout-Gefahr aus dieser Ecke.

Die viel gerühmte Frauensolidarität hat es ohnedies nie gegeben. Nicht einmal in den zwei großen Frauenbewegungen. Was es sehr wohl gab, ist der Traum der Frauen von Solidarität. Frauen erwarten von Frauen einfach ein höheres Niveau in der Reflexion und im Umgang. Das erhöht den Druck noch mehr. Die Erwartungen, die Frauen an Frauen stellen, erhöhen den Druck oft erheblich. Während Frauen gelernt haben, mit den

Erwartungen einer Männerwelt zurechtzukommen, werden Erwartungshaltungen von anderen Frauen oft als überzogen erlebt. Managerinnen klagen, dass sie bei ihren weiblichen Mitarbeiterinnen oft die Erwartungshaltung erleben, nicht nur kompetente Führungskraft zu sein, sondern auch noch Freundin, Mutter, Gefährtin. Diese Rollenvermischung führt definitiv zu einem zusätzlichen Erschöpfungspotenzial.

Managerinnen geraten nur allzu leicht in einen ungesunden Konflikt, wie den von einer Interviewpartnerin beschriebenen:

»Ich muss mich den Männern gegenüber behaupten. Gelingt mir das, empfinden das die Frauen in meiner Abteilung, in meinem Team als unsolidarisch. Verhalte ich mich wie eine Chefin, empfinden mich meine männlichen Mitarbeiter als kompetent, meine weiblichen Mitarbeiterinnen allerdings als hart und »männlich«.

Verhalte ich mich weiblich-emotional und führe mittels Sozialkompetenz, dann empfinden die Frauen in meinem Team es möglicherweise als angenehm, die Männer hingegen sind verwirrt, vermissen die Führung und sägen an meinem Stuhl. Muss ich dann eine unerfreuliche Entscheidung treffen, nehmen die Männer mich nicht ernst, und die Frauen sind beleidigt. Manche kündigen mir sogar die Freundschaft auf. Kümmere ich mich darum, all diesen Anforderungen gerecht zu werden – kommt meine Familie mit Vorwürfen, dass ich mich zu Hause nicht genügend kümmere. Wie lange ich das noch aushalte, weiß ich nicht.«

Exkurs: Burnout und Selbstständigkeit

Erschöpfung ist ein Begleiter in den ersten Jahren des Aufbaus einer Firma. Man arbeitet selbstausbeuterisch, die Verantwortung, der Druck und der organisatorische Aufwand sind enorm.

»Als Unternehmerin erlebe ich die Reaktion von Männern in einem Projekt oft so, als wäre ich eine Art Fremdkörper.«

»Gerade Frauen mit traditionell hohem Fairnessanspruch versuchen auch in dieser aufreibenden Zeit immer noch, gute, harmonische Verbindungen aufrechterhalten zu können. Ich bin bis um 10 Uhr nachts im Büro gesessen, ich habe am meisten von uns dreien gearbeitet – die zwei Männer sahen das weit weniger streng. Die ersten drei Jahre habe ich nur an mir

selbst gespart. Habe an meinen Reserven zugunsten der Firma gezehrt, mir nicht einmal ein Gehalt zugestanden. Aufgrund des sozialen Harmoniebedürfnisses habe ich einen großen Teil der Gründungsschulden auf meine Kappe genommen. Es gab Zeiten, da blieb ich nur aus Verantwortungsgefühl dabei. Wenn ich heute meinen Extrabeitrag zur Firma berechne, habe ich wohl den Wert einer hübschen Eigentumswohnung verplempert. Damals glaubte ich an die gemeinsame Firmenidee. Heute sehe ich es weniger idealistisch: Ich muss die Schulden abzahlen, die ich nicht alleine verursacht habe, ich mache etwas, das ich nicht mag, aber ich habe keine Kraft mehr, etwas anderes zu tun. Es ist ein Viertel Herz in meiner Firma, wenn mein ganzes Herz darinnen läge, sähe vieles anders aus. Ich bin nicht superunglücklich, aber ich gehe heute so früh als möglich aus dem Büro, ich versuche, das Leben zu genießen, ohne irgendwelche Ambitionen. Selbst Firmenhighlights genügen mir im Augenblick nicht. Ich bin müde und ausgelaugt. Wenn ich an eine Änderung denke, finde ich mich in einem Appetenz-Aversions-Konflikt wieder. Jetzt wieder alles von vorne beginnen? Nein, ich habe keine Energie mehr für etwas Neues.«

»Grundlegendes Erschöpftsein ist vielleicht auch eine Alterserscheinung. Mit 45 kann ich einfach nicht mehr so wie mit Dreißig. Man stellt sich die Frage, wie es wohl sei, wenn ich zufrieden wäre. Ich sehe mich in der Mitte meines Lebens, kann andere coachen. Aber wo stehe ich selbst?«

»Ist es das Alter? Beweisen brauch ich niemandem mehr etwas. Weder mir noch meinen Eltern … Mein Bedürfnis wäre ein bisschen mehr Gleichgewicht, eine grundlegende Zufriedenheit. Ich will nicht etwas ganz anderes machen, vielleicht um steinreich zu werden – ich will mehr Zufriedenheit. Ich fühle mich angekommen. Das heißt nicht: ausrangiert, am Ende meines Lebens oder Ähnliches. Ich genieße das Gefühl. Das Mosaik des Lebens (sich beweisen müssen, noch höher aufzusteigen, noch mehr Karriere …), das alles ist jetzt erledigt und stimmig. Jetzt soll es mehr Spaß machen, anderes zu verwirklichen.«

»Die gegenwärtige Arbeitswelt entspricht nicht dem Bedürfnis, mehr Zeit für das Leben zu haben. Schon die Arbeit machen, aber sich nicht sich so aufsaugen zu lassen. Teilzeitmodelle gibt es im Management zu selten. Work-Life-Balance-Arrangements mit Unternehmen zu entwickeln, das wäre ein spannendes unternehmerisches Denkmodell.«

»Ich denke doch, dass eher mehr Frauen als Männer diesen Punkt erreichen: Ich muss nicht mehr weiter Karriere machen, ich brauche mir nichts mehr beweisen. Frauen gestehen sich das eher ein als Männer, sie sind mehr in der Tretmühle ihrer Peergroup verhaftet. Männer träumen davon, tun es aber nicht. Männer empfinden mehr sozialen Druck der Bezugsgruppe.«

Burnout und Arbeitsplatz

Nachdem Burnout so gut an persönlichem Verhalten von Menschen festzumachen ist, tendiert die allgemeine Betrachtungsweise dazu, es als individuelles Problem von Einzelnen zu sehen. Ist es aber tatsächlich ein »Problem der Menschen«? Die meisten von uns arbeiten in einem beruflichen Umfeld, in dem wirtschaftliche Parameter wichtiger geworden sind als Selbsterfüllung, Sinnstiftung und soziale Werte. Viele Menschen gehen bereits mehr als einem Job nach, damit sie die Basisversorgung decken können.

Jener berühmte Stolz der Demelinerinnen (so werden die Mitarbeiterinnen der bekannten Wiener Hofkonditorei Demel genannt) dazuzugehören, ist heute ein Wert, der niemanden mehr zu interessieren scheint, vor allem nicht mehr die Unternehmen. Loyalität und Zusammengehörigkeitsgefühl holen wir uns mit asiatischen oder amerikanischen Teamtrainern wieder herein. Und jene, die es interessieren würde, die können es sich oft einfach nicht leisten.

Wir selbst – und das sehen wir gar nicht gern – haben mitgeholfen, diese Kultur zu zerstören, für deren Re-Implementierung Unternehmen nun viel Geld ausgeben. Teamtrainings wie die Fish(!)-Philosophy sind auch von meinen Kunden stark nachgefragt. Ich freue mich, dass ich eingeladen werde, Seminare darüber zu halten, dass es auch Spaß machen darf zu arbeiten. Hätten wir nicht alle dazu beigetragen, dass das Arbeitsleben so unerfreulich wurde, müssten wir jetzt nicht lernen, dass man einfach motivierter und besser arbeitet, wenn man gern und mit Freude tut, was man tut. Klar ist, dass es globale Entwicklungen gibt, die von großem Einfluss sind, und bei denen der/die Einzelne sich nur als allzu kleines Rädchen vorkommt. Auch ich kaufe Klamotten für die Kinder, die unter ungeklärten Umständen produziert wurden. Und ich habe auch ein schlechtes Gewissen dabei. Allerdings wäre dies noch schlechter, hätten meine Kinder nichts anzuziehen. Sehen Sie, also habe ich doch auch was mit der Kultur zu tun, die ich kritisiere ... Und Sie?

Zurück zum Thema. Burnout und Arbeitswelt sind ein etabliertes Begriffspaar. Dazu ein paar Zahlen:

Europäische Aussagen zu Kosten psychischer Erkrankungen und Arbeitsplatz (EU-Kommission 2005):

Jedes Jahr sind mehr als 27 % der Erwachsenen in der EU von einer psychischen Erkrankung betroffen. Depressionen und Angststörungen sind die am weitesten verbreiteten psychischen Probleme. Einschlägige Studien prognostizieren, dass im Jahr 2020 Depressionen die häufigste Krankheitsursache in den Industrieländern sein werden.

Was die wirtschaftlichen Auswirkungen angeht, so verursachen psychische Erkrankungen in der EU Kosten in Höhe von 3–4 % des BIP als Folge von Produktivitätsverlust und finanziellen Belastungen für den Gesundheits-, Bildungs- und Justizsektor.

Bei der psychischen Gesundheit bestehen erhebliche Diskrepanzen zwischen den Mitgliedstaaten. Die Selbstmordrate reicht von 44 pro 100 000 Menschen in Litauen bis zu 3,6 pro 100 000 Menschen in Griechenland. Die Zahl der unfreiwilligen Einweisungen in psychiatrische Einrichtungen ist in Finnland 40-mal höher als in Portugal. Der Anteil der Ausgaben für psychische Gesundheit am nationalen Gesundheitsetat reicht von 13 % in Luxemburg bis zu gerade einmal 2 % in der Slowakei.

Laut neuestem DAK-Gesundheitsbarometer[31] stimmen 85 % der Aussage zu, dass heute mehr Menschen als noch vor einigen Jahren unter psychischen Erkrankungen leiden. Doch die betriebliche Realität zeigt, dass immerhin 30 % der Befragten glauben, dass der Vorgesetzte wenig Verständnis hat, wenn ein Mitarbeiter wegen psychischer Probleme am Arbeitsplatz fehlt.

- Nur 38 % der Befragten glauben, dass sich Allgemeinärzte heute stärker psychischen Problemen widmen als früher.
- Nur 16 % der deutschen Arbeitnehmer sind in ihrem Beruf sehr engagiert – das heißt, sie sind loyal, produktiv und empfinden ihre Arbeit als befriedigend.

- 69 % dagegen sind wenig engagiert – sie sind zwar produktiv, empfinden jedoch keine Verpflichtung gegenüber ihrer Arbeit und dem Unternehmen.
- 15 % sind sogar »aktiv unengagiert«: verstimmt, negativ eingestellt, aggressiv oder in der inneren Kündigung.
- Nur 41 % der Mitarbeiter sind mit dem Unternehmen, in dem sie arbeiten, global zufrieden – und nur 16 % empfinden eine starke Firmenzugehörigkeit.
- 50–80 % der Mitarbeiter in deutschen Unternehmen haben innerlich gekündigt.
- Bereits 10 % aller berufstätigen Österreicher leiden an einer psychischen Erkrankung.
- 2 Millionen Arbeitstage gehen österreichischen Betrieben jährlich aufgrund psychischer Gesundheitsprobleme der Mitarbeiter verloren.
- 30 % befinden sich wegen psychosomatischer Erkrankungen in Behandlung.

In der Schweiz sieht die Situation nicht anders aus:

- 83 % aller Arbeitskräfte in der Schweiz fühlen sich laut einer aktuellen Studie des Staatssekretariats für Wirtschaft (seco) gestresst. Eine allgemeine Statistik über Burnout-Fälle gibt es bislang nicht, auch nicht im internationalen Rahmen. Vorläufige Ergebnisse des Zürcher Empowerment-Programms deuten darauf hin, dass bis zu 25 % der Mitarbeitenden in der psychiatrischen Versorgung in hohem Maße unter emotionaler Erschöpfung leiden.[32]

Gründe für die zunehmend schwierige Situation könnten sein:

- Weniger Personal bei gleichem Betriebsergebnis
- Verstärkte Personalselektion
- Neue Arbeitsformen (Teilzeit, Telearbeit)
- Unsichere Arbeitslage (befristete Beschäftigungsverhältnisse)
- Erhöhte Mobilitätsanforderungen
- Fehlende Rückmeldungen und Unterstützung
- Zeitdruck
- Permanente Überforderung

Arbeitsplatzspezifische Merkmale, die Burnout unterstützen, sind:

- Über- oder Unterforderung durch Termindruck, Zeit- und Verantwortungsdruck
- Angst vor Arbeitsplatzverlust
- Kommunikationsbarrieren
- Unklare oder unerreichbare Ziel- oder Erfolgskriterien
- Fremdbestimmtheit im Arbeitsablauf
- Viel Verantwortung und wenig Macht
- Unbewältigbare Arbeitsmenge führt zu permanentem Frust
- Mangelnde Bestätigung und Anerkennung
- Legitimationsdruck (z. B. »Rabenmutter-Syndrom«, »Superfrauen-Syndrom«)
- Perfektionsbedürfnis

Psychische Belastung am Arbeitsplatz wird also langsam doch ein Thema der breiteren Öffentlichkeit. Burnout ist dabei am wenigsten klar umrissen. Arbeitspsychologen arbeiten an einer Beschreibung des Zustandes »psychische Belastung«, doch die individuelle Situation des Mitarbeiters oder der Mitarbeiterin ist damit nur unzureichend definiert. Immerhin *ist es* definiert. Was einen Namen hat, existiert. Eine Erschöpfung bis hin zu Burnout wird von den Betroffenen selbst meist nicht eingestanden. Zum einen weil es manchmal als Versagen empfunden wird, zum anderen weil oft die Angst um den Verlust des Arbeitsplatzes größer ist als die Sorge um die eigene Gesundheit. Burnout wird oft jahrelang geleugnet, oft so lange, bis es tatsächlich zum körperlichen Zusammenbruch kommt. Frauen sind es meist gewöhnt, unter extremen Belastungssituationen zu arbeiten und die vielen Facetten ihres Lebens im Griff zu behalten. Wenn man die neuesten medizinischen Forschungsergebnisse einbezieht, wird klar, dass sich bisher niemand wirklich um die Stressbelastung bei Frauen zu kümmern scheint. Frauen sind, obwohl sie sich durch multiple Verantwortungssituationen meist viel mehr belastet fühlen als Männer, nicht Gegenstand der Betrachtung. Frauen gelten als emotional und nervös. Auf Unternehmensebene finde ich häufig Ignoranz und Blindheit gegenüber der Stressbelastung der Mitarbeiterinnen. Angeblich sind »die Zeiten« schlecht, und »wir müssen alle unser Letztes geben«. Was als Rechtfertigung für die Einsparungsmaßnahmen in der Gesundheitsförderung offenbar ausreicht. In jenen Unternehmen, die noch einen hohen sozialen Standard aufrechterhalten, gibt es Aktivitäten zum Umgang mit Arbeitsstress und – unter Umständen, allerdings positionsabhängig – auch Coachings.

Vorteil Burnout und Depression am Arbeitsplatz?

Das klingt im ersten Moment vielleicht zynisch. Allerdings ist es zur Beseitigung eines Problems wichtig, auch seine Vorteile in Betracht zu ziehen. Sie sind es nämlich, die meist eine Lösung verhindern, sofern sie nicht integriert werden können. Herbert Mackinger gibt zu bedenken, dass depressive Menschen eigentlich zum Nutzen des Unternehmens arbeiten. Auch wenn es auf den ersten Blick überheblich und bösartig klingt, es ist was dran. Depressive suchen die Schuld bei sich selber, sind nie zufrieden mit ihrer Arbeit und verlangen nicht, dass man ihnen hilft, weil sie ohnedies davon ausgehen, selbst schuld zu sein, wenn etwas nicht klappt. Depressive sind konfliktscheu – wieder ein Aspekt, der im Grunde für Unternehmen angenehm ist. Konfliktscheue Menschen haben eben keine Konflikte, und das wird – zumindest in unserem Kulturkreis – eher als gut denn als schlecht empfunden. Nachdem Depression eines der Symptome und eine Begleiterscheinung von Burnout sein kann, ist es verständlich, dass es im Grunde niemanden interessiert und auch keinem im Betrieb auffällt, wenn Mitarbeiterinnen in psychische Schwierigkeiten aufgrund Über- oder Unterforderung gelangen.

Gerade aber die Nicht-Akzeptanz dessen, was wir nicht wahrhaben wollen – Othmar Hill nennt dies die Existenz- oder Todesangst in uns – verleitet uns dazu, noch intensiver wegzuschauen. Die unmittelbaren Kolleginnen wissen natürlich Bescheid. Aber wer würde so etwas wie Erschöpfung thematisieren? Zum einen geschieht dies nicht, weil sie ohnedies mit der eigenen Befindlichkeit beschäftigt sind, zum anderen, weil sie ihre Kolleginnen nicht in Schwierigkeiten bringen wollen, indem sie Vorgesetzten über deren Ermüdungszustand berichten. Verstärkend kommt hinzu, dass immer mehr angelernte Arbeitskräfte, Leihpersonal und befristete Dienstverhältnisse zu einer Entfremdung führen. Es gibt keine soziale Basis innerhalb von Organisationseinheiten mehr. Alle linsen nur ganz vorsichtig zu den Mitstreiterinnen hinüber – um zu sehen, ob man selbst mit seinem Sozialverhalten irgendwie im Mittel liegt. Konkurrenz kommt von Zusammenarbeit. Von Team kann man in den meisten Fällen nicht mehr sprechen.

Meist löst diese Grafik bei überlasteten Menschen Widerstand aus. Wer könne schon selbstbestimmt arbeiten, in diesen schlechten Zeiten, heißt es dann. So herausfordernd dieser Gedanke der Selbstbestimmtheit auch klingen mag, die Burnout-Gefahr sinkt, wenn wir selbstbestimmt arbeiten können, und sie steigt, wenn wir das Gefühl haben, keine Kontrolle über unser Tun zu haben. Kann man dies z. B. bei Pflegepersonal noch nachvollziehen (denn woher soll man denn wissen, was ein/e PatientIn gleich benötigt oder welche Befindlichkeit die gerade mit dem Rettungsdienst eingelieferte Person hat), ist dies in einem klassischen Bürojob nicht so ohne weiteres sichtbar. Bedenken Sie aber die Situation vieler Menschen mit so genannten Nine-to-five-Jobs genauer, sind auch hier die Überlastung und die Kontrollfrage ein Thema. Die ständige Suche nach Synergien und das damit zusammenhängende stete Einsparungsgebot an alle Abteilungen führen zu ziemlichen Spannungen. Noch dazu, wenn die Mitarbeiterinnen oft nicht informiert werden, wohin eine Veränderung führen soll.

Das Gefühl einer Chefsekretärin, die sich nicht traute, in Urlaub zu gehen, weil sie fürchtete, dass ihr Arbeitsplatz dann weg sei, soll hier stellvertretend für viele Ängste der Betroffenen stehen. Das erzählte Gespräch lief ungefähr so:

Chefsekretärin: *»Ich brauche dringend Unterstützung für das Projekt XY. Ich kann nicht alles alleine machen. Ich arbeite schon jedes Wochenende.«*

Chef: *»Ich denke, Sie bräuchten vielleicht eher einen Urlaub.«*

Chefsekretärin: *»Ja, das haben Sie sich so gedacht! Und dann komme ich zurück, und Sie haben sich eine andere gesucht, eine jüngere, die nicht so ausgelaugt aussieht wie ich!«*

Chef: *»Aber ich sage doch nur, dass Sie sich Urlaub nehmen und mal ausspannen sollen. Die Zeit werde ich schon irgendwie überbrücken.«*

Chefsekretärin: *»Na eben! Sage ich ja! Sie brauchen mich nicht mehr und wollen mich elegant loswerden …«*

Die Klientin erzählte von einem darauf folgenden Nervenzusammenbruch und einem Krankenhausaufenthalt. Sie konnte sich im Gespräch mit mir nicht mehr erklären, warum sie so »ausgerastet« war.

Solche Dialoge sind leider Klassiker. Ich möchte hier nicht alle Beteiligten analysieren, das ginge schon aufgrund der fehlenden Informationen über den »Chef« nicht. Was aber in dieser Geschichte gut sichtbar wird, ist die Schnelligkeit, mit der die Burnout-Erschöpfung oft ausbricht. Mit großer Wahrscheinlichkeit schleppte diese Frau ihre Erschöpfung und beginnende Burnout-Krise schon länger mit sich herum. Manchmal dauert es Jahre, bis diese sichtbar wird.

Maslach und Leiter (2001) sehen in Burnout einen Verschleiß der Seele. Er sei der Maßstab für die Diskrepanz zwischen dem Wesen eines Menschen und dem, was er in seiner Arbeit tun muss. Oft müssen Menschen in der gegenwärtigen Wirtschaftslage aber Jobs annehmen, hinter denen sie nur bedingt, manchmal gar nicht stehen können. Die Menschen erbrächten eben die besten Leistungen, wenn sie an das, was sie tun, glauben und wenn sie ihren Stolz, ihre Integrität und ihre Selbstachtung behalten können.

In meiner Coachingarbeit ist mir auch immer wieder aufgefallen, wie wenig Führungskräfte über den Umgang mit Burnout-betroffenen Mitarbeiterinnen wissen. Darüber lernt man offenbar kaum etwas in den einschlägigen Seminaren. Selbst bei jenen aufgeschlossenen und reflektierenden Führungskräften, die durchaus bereit sind, sich ihrer Führungsverantwortung auch in einer derart unangenehmen Situation nicht zu entziehen, herrscht die Meinung vor, dass man es eben mit einer Mitarbeiterin oder einem Mitarbeiter zu tun habe, die/der eben weniger leistet als andere.

Völlig außer Acht gelassen wird dabei das Spezifikum, das die betroffenen Menschen in die Burnout-Krise »begleitet« hat, nämlich ihre meist überhöhte Motivation und Leistungsbereitschaft und ihr oft sehr hohes Potenzial. Es ist also mehr als kontraproduktiv, mit diesen Mitarbeitern so umzugehen, als wären sie einfach nur leistungsschwächere Personen, die man eben auch beschäftigt.

Dieses Verhalten ist zwar mit Sicherheit gut gemeint, im Sinne der Schonung und des sozialen Verständnisses gegenüber der Person, meist erschwert es jedoch die ohnedies schon schwierige Rekonvaleszenz. Menschen, die durch ihr Engagement und ihre hohe Leistungsbereitschaft in eine Burnout-Krise gestolpert sind, fühlen sich – zu Recht – noch mehr abgewertet, wenn man sie als »einfach strukturiert« oder sogar »dumm« behandelt. Sie sind lediglich erschöpft und aus diesem Grund nicht so belastbar, nicht, weil sie nicht das intellektuelle Potenzial hätten.

Wer ist schuld?

Immer wenn irgendetwas Unbehagen verursacht oder nicht so gut funktioniert, wird nach Schuldigen gesucht. Damit können sich die anderen – für den Fall, man hätte einen Schuldigen gefunden – entspannt zurücklehnen. Denn damit hätte man selbst ja dann wohl nachgewiesenermaßen nichts mehr zu tun. Verschlimmernd für diese Situation ist, dass sich die Mitarbeiterinnen die Schuld für ihre Burnout-Erschöpfung selbst geben. Und damit fühlen sich sofort alle anderen entlastet. Aus mir nicht nachvollziehbaren Gründen ist es in unserer Gesellschaft unheimlich wichtig, dass jemand »schuld« ist. Nicht in jedem Fall sehe ich darin einen Nutzen oder auch nur eine Notwendigkeit. Tatsache ist, dass es Menschen gibt, die erschöpfter sind, als ihnen zuträglich ist. Und eine weitere Tatsache ist, dass die Menschen Anerkennung und Unterstützung brauchen. Die »Schuldfrage« ist hier – aus der für mich wesentlichen Lösungsorientierung betrachtet – sekundär. Die Suche nach der Ursache (Problemorientierung) mag von Fall zu Fall sinnvoll sein. Natürlich haben die betroffenen Menschen selbst einiges zur Situation beigetragen. Glaubenssätze und ein Wertesystem, das auf Gewinn- und Leistungsorientierung ausgerichtet ist, fördern den Weg in die Burnout-Erschöpfung. Dennoch können sich die Unternehmen nicht aus der Teilverantwortung stehlen. Der Wind der Arbeitswelt weht schärfer denn je. Heute stehen alle zueinander in Konkurrenz. »Schneller – höher – stärker« scheint eine Managementphilosophie geworden zu sein. Das bedeutet aber auch, dass Unternehmen – wenn sie Tempo als Lösung ihres wirtschaftlichen Überlebenskampfes ansehen – den Druck auf die Mitarbeiterinnen extrem erhöhen. Soziale Verantwortung für jene, die da nicht mitkommen? Dafür ist keine Zeit! Leider werden sie in dieser Sichtweise auch von der Forschung und Lehre zu einem beträchtlichen Teil unterstützt. Es gibt kaum Literatur, die diese Sichtweise aufbricht.

Die Frage der Schuld, oder vielleicht besser der »Verantwortung« ist allerdings hinsichtlich des Unternehmensbezuges nicht so ohne weiteres vom Tisch zu wischen. Nämlich dann, wenn Führungskräfte in Unternehmen einfach wegsehen, die Leute kündigen oder Mobbing nicht ahnden – so lange, bis sie selbst gehen.

Othmar Hill sieht in einem Unternehmen, das Menschen in Burnout-Krisen kündigt, eine existenziell nicht gefestigte Organisation. Sie ist nicht gereift und kann mit der Endlichkeit nicht umgehen. In dieselbe Kerbe, wenn auch vor anderem Hintergrund, schlägt Johann Risak, wenn er feststellt, dass Managerinnen nicht zur Kenntnis nehmen, dass auch Organisationen einen Lebenszyklus haben und diesen bestenfalls verlängern, nicht aber aufhalten können. Hill argumentiert, dass es für das Management daher eminent wichtig ist, sich mit der eigenen (individuellen und organisationsbezogenen) Endlichkeit auseinander zu setzen. In diesem Zusammenhang ist auch seine Sichtweise zu unternehmerischen Turbulenzen und Gefahren spannend: Das Ausgleichsverfahren für ein Unternehmen sei demnach so etwas wie eine Krankheit, von der es wieder gesunden kann, während ein Konkurs der Tod ist.

Außer Diskussion steht für mich: Es ist weder ein Makel noch ein Charakterfehler, wenn Menschen, die von einer Burnout-Erschöpfung betroffen sind, eben im Moment nicht so leistungsfähig sind. Es ist ein Makel oder Charakterfehler jener, die (vielleicht aus reinem Glück und Zufall) nicht selbst drinstecken. Maslach und Leiter gehören zu jener Gruppe von Forscherinnen, die die Grundthese der Personenorientierung des Burnouts aufbrechen: »*Unsere Forschungen haben zu einem völlig gegensätzlichen Resultat geführt. Unsere umfassenden Studien haben ergeben, dass Burnout nicht das Problem der Menschen selbst ist, sondern das Problem des sozialen Umfelds, in dem Menschen arbeiten. Die Strukturierung und Ausgestaltung des Arbeitsplatzes prägt die Interaktion zwischen den Menschen und der Art und Weise, wie sie ihre Arbeit erledigen. Wenn das Arbeitsumfeld die menschliche Seite der Arbeit nicht berücksichtigt, dann steigt das Risiko von Burnout, und ein hoher Preis ist dafür zu bezahlen*« (2001, S. 36).

Natürlich passt es gut in diese rasende Zeit, in der Schwache unerbittlich rausfliegen, die Verantwortung zu re-individualisieren. Es ist vielleicht nicht einmal nur die »böse Absicht der herzlosen Unternehmer«. Ich denke, die Verantwortung und der Druck, der auf den Managerinnen liegt, sind beachtlich. Da kann es auch zu Fehlverhalten im sozialen Bereich kommen. Ich stelle mir hierbei immer die Situation eines Kapitäns in schwerer See vor. Wenn die Wogen hochgehen und das Unwetter heranbraust, dann hat der Kapitän auch keine Zeit, wertschätzende und demokratische Diskussionskultur zu pflegen. Wenn er sie nicht aus seiner Ethik heraus schöpfen kann, wird er sie in einer schwierigen Situation, in der es um das Überleben der Passagiere und Mannschaft geht, nicht plötzlich aus dem Hut zaubern können. In Extremsituationen ist oft Schluss mit noblen Gesten und eleganten Umgangsformen. Unreif finde ich es erst dann, wenn die Reflexionsfähigkeit völlig fehlt. Ich muss in der Lage sein, mein eigenes Verhalten zu reflektieren und zu sehen, was ich unter Umständen damit »angerichtet« habe, um eine sozial kompetente Führungskraft zu sein. Keinesfalls macht es Sinn, »Notfalls-Autorität« zum Normalen zu erheben, weil's so praktisch ist.

In wirtschaftlichen Extremsituationen ist es nicht anders. Ich verstehe bis zu einem gewissen Grad, warum in der Krisenzeit, in der wir uns nach wie vor befinden, nicht die allermeiste Aufmerksamkeit auf einzelne Mitarbeiterinnen gelegt wird. Nachvollziehen können heißt nicht, es gut zu heißen. Man muss halt nur aufpassen, dass dieser Krisenzustand nicht in den normalen Betrieb übergeht. Auch der verantwortungsvollste Kapitän muss anerkennen, wenn die Mannschaft k. o. ist und die Passagiere eingeschüchtert sind. Autoritäres Führungsverhalten kann nach modernen Gesichtspunkten nur genau in der Krisensituation sinnvoll sein. Wesentlich ist, dass Führungskräfte rasch erkennen, ob sie sich tatsächlich noch in der Krise befinden. Für mich ist die zentrale Frage, wie lange können Unternehmen und auch Mitarbeiterinnen es sich noch leisten, nicht hinzusehen und die Erschöpfung beständig zu leugnen. Wegsehen ist noch nie eine Lösung gewesen.

Wiedereinstieg nach Burnout?

Nach einer Burnout-Erschöpfung ist der betroffene Mensch oft mehr in seinem Selbstwert zerstört als körperlich. Die körperliche Gesundheit ist nur allzu oft die Messlatte für den Wiedereinstieg. Allerdings bewegt man sich da auf dünnem Eis. Die reine körperliche Funktionsfähigkeit sagt noch nicht viel über die Stressresistenz oder emotionale Stabilität eines Burnout-rekonvaleszenten Menschen aus. Üblich ist, dass diese Mitarbeiterinnen als psychisch krank oder eben leistungsschwächer betrachtet werden und demnach entweder auf eine Art Abstellgleis gestellt oder in den normalen Arbeitsprozess – mit weniger Stunden – eingegliedert werden.

Im ersteren Fall findet die Person ihr momentan ohnedies angeschlagenes schlechtes Selbstbild von außen bestätigt *(»Ich bin gescheitert und zusammengebrochen – also bin ich nichts wert«)* – was einer vollständigen Gesundung im Wege steht. Im zweiten Fall ist es ein 1.-Klasse-Ticket in den nächsten Zusammenbruch. Selbst wenn die betreffende Person guten Willens ist, ihre Arbeit wieder aufzunehmen, ist die Anforderung, den normalen Arbeitsablauf wieder aufzunehmen, oft zu hoch. Häufig war ja gerade der tägliche Arbeitsablauf ein Mitverursacher des Zusammenbruchs.

Wir alle hätten gerne, dass jemand, der nach einer Abwesenheit, einer Krankheit wieder zurück an den Arbeitsplatz kommt, die Arbeit wieder aufnimmt – und fertig. Dann sind wir mit uns und der Welt zufrieden. Wir (die zufällig Nicht-Zusammengebrochenen) üben uns in Toleranz und sind mit unserer wertschätzenden Haltung zufrieden. Aber nun erwarten wir, dass die Arbeit so weitergeht wie zuvor. Schließlich müssen wir unsere Leistungsziele ja erreichen. Mit Wertschätzung oder ohne. Nun kommt es aber gerade in Rekonvaleszenzsituationen oft zu Auf- und Abbewegungen in der Leistungsfähigkeit. Wenn nun die anderen Teammitglieder oder im Fall der Führungskraft das eigene Team in Mobbingverhalten umschwenkt, statt weiter tolerant und unterstützend zu sein, so kann das recht rasch wieder schief gehen. Burnout ist eben ein längerfristiges Problem als eine Abwesenheit wegen einer Grippe, nach der die Person wieder in den Job zurückkehrt, Liegengebliebenes aufarbeitet und die Stellvertreterinnen wieder entlastet.

Eine ganze Reihe von Employee-Assistence-Modellen wird angeboten, damit Menschen nach Burnout wieder ihren Einstieg in die Arbeitswelt unter für sie akzeptablen Bedingungen finden können (mehr dazu im Anhang des Buches).

Exkurs: Dryout

Ohne die Möglichkeit, Entscheidungen bezüglich ihrer Arbeit fällen zu können, ja auch bloß die Auswirkungen der eigenen Arbeit zu erfahren, verlieren Menschen das Interesse daran. Sie verwenden ihre Zeit darauf, Dinge zu tun, die die Art der Erledigung rechtfertigen, um sich der Unsicherheit zu entziehen, nicht zu wissen, ob es richtig oder falsch, bedeutsam oder belanglos ist, was sie tun. Kontrollverlust oder Informationsmangel zählt zu den häufigsten Ursachen für Dryout-Phänomene bei Mitarbeiterinnen.

Hierzu eine alte Parabel:

Ein Reisender kam an drei Männern vorbei, die mit dem Bearbeiten von Steinen beschäftigt waren. Der Erste sah griesgrämig und lustlos drein. Der Reisende fragte ihn, warum er denn so griesgrämig dreinsehe. Darauf antwortete der Gefragte: »Wie soll ich schon dreinschauen. Ich haue den ganzen Tag auf Steinen rum.« Der Reisende ging zum Nächsten, der ein wenig gelangweilt aussah. Er fragte auch ihn: »Warum siehst du so gelangweilt aus?« Da antwortete dieser: »Wie soll ich nicht gelangweilt aussehen. Ich haue Tag für Tag Felsbrocken zu einer bestimmten Größe. Das wird eben langweilig.« Der Reisende kam zum dritten Mann, der mit einem zufriedenen Lächeln dieselbe Arbeit tat wie seine beiden Kollegen. Er fragte ihn: »Wie kommt es, dass du so lächelst bei dieser schweren Arbeit?« Da antwortete der Dritte:

»Ich behaue Steine, damit sie in der Stadt die Kathedrale wieder aufbauen können.«

Oft genug kommt es vor, dass trotz aufwändiger Potenzialanalysen, Assessment Center und Berater-Interviews einige »Potentials« nicht erkannt werden. Ich bedauere es, dass die Potenzialsuche sich zu häufig nur auf zukünftige Führungskräfte bezieht. In meiner Praxis begegnen mir immer wieder Frauen, die sich zum Beispiel gar nicht um die Teilnahme an einer Potenzialanalyse bemühen und von Vorgesetzten möglicherweise auch nicht als dafür geeignet wahrgenommen werden.

Das bedeutet, dass bereits durch die Einladung zur Teilnahme eine Vorauswahl getroffen wurde – und damit fällt eine ganze Reihe von Menschen bereits dieser Selektion zum Opfer. Hier wird am falschen Platz gespart. Aus meiner mehr als 25-jährigen Berufserfahrung in Unternehmen unterschiedlichster Größe und Internationalität weiß ich, dass nicht nur die Suche nach Hi-Po's (High Potentials, Menschen mit hervorragendem Potenzial, das mit geeigneten Maßnahmen für den Unternehmenserfolg sinnvoll eingesetzt werden kann) für ein Unternehmen sinnvoll sein kann. Auch die Mid-Po's können, wenn sie gefördert werden, beachtliche, manchmal unerwartete Leistungen bringen. Menschen, denen beim ersten Hinsehen oft kein Potenzial zugetraut wird, sitzen oft nur an der völlig falschen Stelle. Kommen sie dann doch in ein Assessment-Center-Verfahren und fallen dort nicht besonders auf, allein schon, weil sie nicht an sich selbst glauben und sich möglicherweise nicht besonders in dieser Situation engagieren, so sind sie in manchen Unternehmen für alle Zeiten auf dem Abstellgleis. Ich kenne eine ganze Reihe von Menschen in Unternehmen, die die Schreibtischschubladen voll mit spannenden, kritischen, engagierten Ideen haben – die aber niemanden interessieren.

Schatzsuche

Ich verweise hier auf ein meiner Ansicht nach geniales Buch zum Auffinden verborgener Schätze im Unternehmen: *Sei kein Pinguin* (Gallagher u. Schmidt 2002). Der oder die interessierte Leserin wird hier einiges zum Thema unerwartetes Potenzial bei Mitarbeitern finden. Hier geht es um Schubladendenken[33] und um die – nicht besonders erfolgreiche – Selbstbeschränkung bei der Zusammensetzung eines Teams. »*Überall, ob in Unternehmensleitungen oder den Köpfen Einzelner, halten sich Stereotypen hartnäckig. Und wie Eisberge ihr wahres Ausmaß unter der Wasseroberfläche verbergen, so wirkt das wahre Ausmaß unseres Denkens in Stereotypen zumeist im Verborgenen*« (Gallagher u. Schmidt 2002). Unsere Tendenz, Menschen danach zu beurteilen, in welchem Maße sie uns selbst ähneln, und unsere Annahme, dass manche Gruppen anderen überlegen sind, können dazu führen, dass wir Menschen ausschließen, die wichtige Beiträge zu leisten haben ... Seien es behinderte Menschen, Menschen mit privaten Erziehungs- oder Betreuungsaufgaben, seien es ganz junge oder alte Menschen, weiße, schwarze oder buntgescheckte. Es macht in jedem Fall Sinn, brachliegendes Potenzial zu entdecken.

Arbeitslose und ältere Arbeitnehmer

Arbeitslose Menschen sind in besonderem Ausmaß von der Dryout-Gefahr bedroht. Oft ist auch eine Burnout-Erschöpfung der Grund für die Arbeitslosigkeit. Diese Gruppe hat allerdings keine Lobby. Die Vorurteile arbeitslosen Menschen gegenüber gehen von selbst schuld über unfähig bis asozial.

Egal in welchem Alter, sie erfahren, dass sie – obwohl sie arbeitsfähig (und in den allermeisten Fällen auch arbeitswillig) sind – nicht gebraucht werden. Umfassend wurde die Gruppe der Arbeitslosen von Lazarsfeld und Jahoda (Jahoda, Lazarsfeld u. Zeisel 1975) erforscht und besprochen. Immer wieder, je nach politischer oder wirtschaftlicher Lage wird in der einen oder anderen Weise über Arbeitslosigkeit gesprochen. Aber wie gesagt: Es wird *über sie* gesprochen – nicht *mit ihnen*. Umso interessanter ist daher auch die Sichtweise im Buch *Methusalem-Komplex* von Schirrmacher, der sich mit möglichen gesellschaftlichen Mechanismen des generellen Älterwerdens aufgrund von besserer medizinischer Versorgung und gesünderem Leben auseinander setzt und die bestehenden Mechanismen der Arbeitswelt massiv in Zweifel stellt (Schirrmacher 2004).

Anerkannt ist, dass es in der Arbeitslosigkeit rasch zu Depressionen kommen kann. Es gibt eine ganze Reihe von Maßnahmen in der Absicht, arbeitslose Menschen gar nicht erst in einen dunklen Gemütszustand fallen zu lassen. Die Erfahrungen meiner Kolleginnen, die im Trainingsbereich in arbeitsmarktpolitischen Maßnahmen arbeiten, zeigen allerdings, dass diese wohl am Problem vorbeigehen. Ob es wirklich sinnvoll ist, 50-jährigen arbeitslosen Menschen einzureden, sich selbstständig zu machen, sei dahingestellt und sicher nur in Einzelfällen ein guter Rat. Bevölkerungsexperten zeigen uns auf, dass wir in Zukunft wesentlich länger leben dürften (zumindest statistisch gesehen) als je zuvor. Daher spricht natürlich nichts dagegen, noch mal etwas Neues zu beginnen. Als Maßnahme, die lediglich die Arbeitslosenstatistiken schönt, halte ich das jedoch für absurd.

Ich denke, es wäre sinnvoller, die Personalkosten im Vergleich zu Energie- oder Finanzmarkt- bzw. Kapitalkosten zu betrachten, als Menschen, die aus Kostengründen abgebaut wurden, zu erklären, dass sie auch mit 56 Jahren noch einmal einen anderen Beruf erlernen sollen. Nicht, dass ich nicht auch das für eine Möglichkeit hielte. Es ist natürlich zu jedem Zeitpunkt im Leben eines Menschen möglich, von vorn zu beginnen und etwas anderes zu machen. Mir geht es hier jedoch um die Nutzung brachliegenden Potenzials.

Neue Lösungen sind in Sicht: In Österreich gibt es seit kurzem eine Einzelhandelskette, die Filialen mit dem Namen »50+« ins Leben gerufen hat[34]. Dort geht es recht spannend zu: Die Mitarbeiterinnen sind durchweg über 50, und die Geschäftsausstattung, Beschriftung und Auspreisung, wie viele andere Elemente auch, wurden so verändert, dass sie speziell der Zielgruppe Senioren angemessen sind. Es gibt Leselupen, die Gänge zwischen den Regalen sind breiter, und das Personal hat Zeit, um mit den Kundinnen zu reden. Das ist Potenzialnutzung. Nicht immer ist »schneller – höher – stärker« die einzige Möglichkeit, um Erträge zu verbessern.

Es gibt inzwischen Einrichtungen wie den *Senior Experts Pool*, der pensionierte Führungskräfte vermittelt, die ihr Know-how anderen Unternehmen zur Verfügung stellen – und vor allem jenen Unternehmen, die sich keine Consultants leisten können. Die Ex-Manager versuchen seit fünf Jahren, mit ihrem Wissen und Können konkrete Probleme von Klein- und Mittelunternehmen und Jungunternehmern zu lösen.

Toll fände ich so eine Idee zur Frauenförderung. Es wäre doch eine Spitzenidee, erfahrene Frauen einzuladen, etwas aus ihrer Lebenserfahrung an jüngere Frauen weiterzugeben. Und zwar auf allen Ebenen. Wer sagt denn, dass das nur Managerinnen sein müssen. Eine pensionierte Chefsekretärin oder Fachreferentin kann ihr Wissen genauso gut an Jüngere weitergeben und damit zum Unternehmenserfolg beitragen. Viele Firmen zählen ehemalige Führungskräfte zu ihren Coaches für die Nachfolgegeneration. Warum sollte das nicht auch auf unterschiedlichen Unternehmensebenen erfolgreich sein.

Also, ich hätte das heute noch gern, wenn mir mal eine erfahrenere Frau ein wenig Mentoring angedeihen ließe. Zu alt kann man eigentlich gar nicht sein für diese Art von Unterstützung und Reflexion – weder beim Geben noch beim Nehmen.

Frauen und Männer

Im Zuge meiner Studien zu diesem Buch habe ich festgestellt, dass es große Unterschiede im Umgang, in der Wahrnehmung und Bewertung von belastenden Faktoren wie Stress und Erschöpfung zwischen Männern und Frauen gibt. Auch noch in meiner Generation wurden Männer nach wie vor als Indianer, die keinen Schmerz kennen, und Frauen als die alles ertragende, liebende Mutter erzogen. Die weibliche Sozialisation geht auch heute noch oft einher mit einer Abwertung des jungen Mädchens unter dem Gebot, Konflikte zu vermeiden. Mädchen werden damit in ihrer frühen Sozialisation in eine defensive Grundhaltung gelenkt. Vernachlässigte eigene Bedürfnisse und Schuldgefühle gehören für beide Geschlechter zum Erziehungsrepertoire und auch zu den Rollenvorbildern von Müttern, Vätern und anderen Bezugspersonen. Ich stelle bei meinen eigenen Töchtern zwar wesentlich mehr gesundes Selbstbewusstsein fest als bei mir, nichtsdestoweniger bin ich als ihre Mutter ein Rollenvorbild, mit dem sie sich auseinander setzen müssen. Auch ich leide massiv unter Stress und Erschöpfung und finde nicht immer den richtigen Weg, damit umzugehen. Wie soll ich da meinen Töchtern vermitteln, dass sie auch lernen müssen, sich abzugrenzen und nicht jeden Tempowahn mitzumachen. Wir heutigen Mütter versuchen zwar vermehrt, ein selbstbestimmtes Leben zu führen, aber der »Spagat« zwischen beruflicher Erfüllung, persönlichen Lebensvorstellungen und Anerkennung in einer nach wie vor männerdominierten Welt ist noch nicht allen von uns restlos geglückt.

»Reden kann man darüber schon, Erschöpfung wird nicht totgeschwiegen, aber nur mit Gleichgesinnten. Es gibt da gewisse Bandbreiten, ob man eine Frau ist, mit oder ohne Familie, ob man ein Mann ist. Für Männer ist es anders, Kinder zu haben, als für Frauen. Hier und da mal eine Kindergartenfeier, und das war's schon. Frauen müssen ihre Kinder versorgen, und da ist es nicht mit einem Besuch beim Sommerfest getan. Ein Mann tabuisiert das Thema, es nimmt kaum Platz in seinem Leben ein. Mein Mann ruft mich auch dann an, wenn ich selbst einen Geschäftstermin habe – um mir zu sa-

gen, dass er doch nicht auf die Kinder aufpassen kann. Er ruft mich einfach an und sagt: ›Es geht nicht, ich komm nicht weg.‹ Auch wenn ich selbst mitten im Termin stecke, ruft er mich an. Letztlich bleibt alles Organisatorische bei mir hängen. Man kriegt die Kinder und hat demnach auch einen anderen Bezug zu ihnen. Vielleicht sind wir Frauen auch besser in den Soft Facts. Manchmal ist das schon zerreibend. Man ist immer hinten nach. Auch wenn man organisatorisch tough ist. Man rennt irgendwann nur mehr mit Einkaufstasche und Akten herum. Meine Kinder konnten mit dreieinhalb Jahren die Uhr lesen, um mir zu sagen, dass ich zu spät bin. Was ich tue, zum Entspannen? Laufen gehe ich zweimal die Woche, auf dem Klo lese ich mal ein Buch, oder auch im Bett, englische Sachen, damit man in Übung bleibt. Aber mir geht es gut, ich habe nicht das Gefühl, dass mir etwas fehlt. Wenn ich mir mal vornehme, nichts zu tun, und zufällig keine Kinder zu Hause sind, dann frage ich mich, was tue ich jetzt. Man kann auch nicht einfach so umschalten vom Job und der Verantwortung auf kuscheliges Liebesleben. Das kann ganz schön herausfordernd sein« (aus einem Interview mit einer Unternehmerin, die einen mittleren Betrieb leitet).

»Frauen reden auch nicht immer über Erschöpfung. Eine Kollegin hat erst kurz vor dem Zusammenbruch darüber geredet. Anfangs haben wir alle es nicht gemerkt. Die Erschöpfung ist da, wenn ich von 7 Uhr in der Früh bis 7 Uhr abends nur mehr arbeite. Der Trend der Zeit, dieses Leichtlebige, diese Erwartung, dass alles leicht und flott gehen muss, wenn es gut sein soll – das gab es früher auch nicht. Man braucht nur in die Unternehmen zu gehen und sich umzuhören, Niederlagen oder Schwächen gibt es nicht. Nicht-fit-Sein – das wird als Schwäche gesehen. Erschöpfung ist ein Tabu, heute müssen wir alle fit, schön und schlank sein« (eine leitende Angestellte aus einem großen Unternehmen).

»In meinem Umfeld gibt es eine Kollegin, die sicher von Burnout betroffen ist. Sie ist sich aber dessen nicht bewusst, sie klagt zwar: ›Mir ist das alles zu viel, ich kann nicht mehr.‹ Sie nimmt zwar wahr, dass es zu viel ist, aber sie tut nichts weiter. Warum nicht? Sie glaubt zu versagen, und das darf nicht sein, es muss immer alles passen. Du musst in der Arbeit und zu Hause alles schaffen. Es ist schwer, sich selber Zeit zuzugestehen, niemals nimmt man sich Zeit für sich selber. Immer steht man unter Stress und unter Druck. Morgens die eigenen Kinder dahin bringen, wo sie hin müssen. Dann in die Arbeit –

dort geht's weiter. Die Kinder im Schuss halten, einkaufen, dazwischen Chefin sein. Privater Termindruck: Wer gehört wann wo abgeholt, kann ich mit dem Motorrad fahren oder nicht? Heim fahren, zusammenräumen, Wäsche waschen, bügeln. Am Abend fällt man ins Bett.

Wie viel Zeit bleibt? Sie sagt, sie habe nicht mal Zeit fürs Fernsehen. Sie versteht nicht, dass ich abschalten kann. Manchmal hat sie das Gefühl, die Welt bräche zusammen, wenn sie etwas nicht tut (Hausarbeit, Vorbereitungsarbeiten für den Job). Sie war schon immer so unter Druck. Sie nimmt sich keine Zeit zum Essen, die Nerven liegen blank! Sie wird oft laut und heftig. Ihr Mann ist viel in der Arbeit. Dadurch steigen Druck und Aggression noch mehr. Ihre Kinder leiden darunter. Sie nimmt sich für nichts mehr Zeit und flippt oft aus. Aber die eigene Wahrnehmung ist nicht wirklich vorhanden. Sie kann auch im Urlaub nicht abschalten. Da gibt es Programm bis in den Abend hinein. Bei sich Zuhause kann sie auch nicht abschalten. Auch die Unterhaltungen fallen ihr schwer. Sie kann keinen Satz zu Ende bringen, weil sie ständig aufspringt und rumrennt, um was zu tun. Mir kommt sie vor wie ein Dampfkochtopf. Durch Lautstärke und Aggression Druck abbauen – sonst passiert nichts, da gibt es keinen Ausgleich. Bis der Druck wieder steigt … Irgendwann wird das vielleicht nicht mehr gehen. Sie kann abends nicht mehr abschalten … Eigentlich ein ziemlich jämmerlicher Zustand. Und die Männer, die machen sich aus dem Staub. Als Reaktion kriegst du von den Männern eher das klassische Verhalten: Sie gehen erst nach Hause, wenn die Frau schon schläft, um mit all dem nicht konfrontiert zu werden« (eine leitende Beamtin).

Auch Männer sind in ihren anerzogenen Verhaltensweisen unter Druck geraten. War es bis vor wenigen Jahren noch klar, wer das Geld verdient, wer den Haushalt führt und dass »nur die Härtesten« durchkommen, so ist es doch für die modernen Männer zunehmend klar geworden, dass sich in dieser Hinsicht etwas ändern muss. Insbesondere da die Anzahl der Frauen, die diese Regeln nicht mehr akzeptieren, zunimmt. Vereinbarkeit zwischen Beruf und Privatleben, mangelnde Karrieremöglichkeiten nach Karenz, Verantwortung für diverse Versorgungsarbeit sind (wenn auch nicht immer ganz freiwillig) zunehmend Themen auch für Männer – und bringen sie nun in unerwartete Bedrängnislagen wie Jobverlust, Imageschäden, Dequalifizierung in der Arbeitswelt u. Ä.

Im Zuge der Recherche für dieses Buch ist mir aufgefallen, dass sich Männer häufig darüber wundern, *worüber* sich Frauen alles Sorgen und Gedanken machen. Offensichtlich haben sie eine völlig unterschiedliche Sichtweise der Welt, in der wir alle leben.

Ein Politiker sagte mir, dass es ihm auffalle, dass Frauen immer dann zum Zuge kämen, wenn es um die Verteilung von *Arbeit* gehe. Wenn die *Machtpositionen* vergeben würden, seien die Frauen nicht dabei. Er meinte aber auch, dass Frauen sich oft gar nicht erst für eine Machtposition entschieden, weil sie dann allein wären, und davor hätten Frauen doch mehr Angst als Männer, Frauen seien soziale Wesen, und die Vorstellung des Alleinseins »da oben an der Spitze« schrecke viele ab.

Ich habe Männer in großer Nachdenklichkeit bezüglich unseres klassischen Geschlechtervertrages erlebt und auch in der Frage, wie sie denn anders leben könnten. Denn obwohl es doch immer mehr Väter im Erziehungsurlaub gibt – seien wir doch ehrlich –, ein wenig eigenartig kommt einem das immer noch vor. Und die berufliche Benachteiligung, der Karriereknick und die aktuelle Beschäftigungslage tun ein Übriges. Auch die Frage nach der Beteiligung der Männer am Haushalt ist so eine Sache. Ich persönlich finde das absolut nachvollziehbar, dass Männer das Putzen der Toiletten und der Kinderhintern, das Rennen um den letzten Liter Milch im Supermarkt, die Hetze in den Kindergarten und die ewige Benachteiligung, wenn es um Machtpositionen geht, nicht freiwillig und mit wehenden Fahnen mit uns tauschen oder zumindest teilen wollen. Das heißt nicht, dass ich es billige. Wir Frauen würden das alles – könnten wir es uns leisten – doch auch sofort bleiben lassen und jemanden dafür anstellen. Ein neuer Gesellschaftsvertrag zwischen Männern und Frauen, Erwachsenen und Kindern, gesunden und eingeschränkt gesunden Menschen, jungen und alten Menschen bedarf noch eines langen Weges. Der Bruch mit dem Tabu »Burnout« ist da lediglich ein erster Schritt in diese Richtung. Da haben wir noch einiges zu tun.

Gehen Frauen anders mit Stress um als Männer?

»Frauen laufen wie die Hamster im Laufrad. Wir besprechen zwar untereinander den Druck und die Erschöpfung, im Grunde machen wir aber trotzdem unverändert weiter. Männer reden nicht sehr viel über Stress, und über Er-

schöpfung schon gar nicht. Die meisten zeigen ihren Stress nicht, sie sagen nichts, erzählen nichts darüber, man hat immer das Gefühl, sie sind stressresistent. Im Job sind sie zwar schon unter Druck, aber sie haben keinen Stress mit den Kindern oder einen Haushalt zu führen, auch nicht den Stress, einkaufen zu müssen, sich zu überlegen, was gebraucht wird. Männer haben zwar die Belastung in der Arbeit, aber wenn sie heimkommen, ist alles Organisatorische getan. Waschen, putzen, kochen, Aufgaben kontrollieren, Wäsche waschen – das alles mache ich noch nebenher. Also, wenn ich nur den normalen Arbeitsstress hätte, das würde ich viel leichter aushalten. Ich spüre den Unterschied, wie viel weniger Druck ich habe, wenn mein Kind Ferien hat. Dann kann ich mit Stress in der Arbeit viel leichter umgehen. Frauen sind ja normalerweise multitasking. Wir können parallel verschiedenste Dinge erledigen. Du ordnest alles, hast einen Plan dafür, alles rechtzeitig auf die Schiene zu bringen, immer alles abhängig von Zeitfaktoren. Und dann kriegst du einen Anruf von deinem verzweifelten Kind, das irgendein Schulproblem hat – und du baust den ganzen schönen Plan wieder um. Männer müssen auch oft umplanen, aber meist tun sie das nicht wegen der Anrufe der Kinder. Als Mann muss ich mich nur auf die Arbeitsstelle konzentrieren. Ich muss mich auf fünf Dinge gleichzeitig konzentrieren. Egal ob ich beruflich ausgelastet oder gar überlastet bin, immer kommt noch was Privates hinzu. Wenn mein Kind anruft, und ich habe meinen Tag durchgeplant, würde ich mich am liebsten klonen. In einem solchen Moment rattert es in meinem Hirn, wen könnte ich benachrichtigen, wer könnte was übernehmen? Der Stressfaktor ist immens hoch, bis ich wieder eine klare Struktur finde. Körperlich bedeutet das: Kopfschmerzen, Schweißausbruch, Konzentrationsschwierigkeiten. Mein Mann reagiert anders: Pech gehabt, das Kind muss warten, so wichtig wird es schon nicht sein, erst mal nicht wirklich ernst nehmen … Sich von der Arbeit loszulösen, sofort zu springen – da muss es schon wirkliche Katastrophen geben, damit er das tut. Der Unterschied zwischen Frauen und Männern ist hier immens. Alleinerziehende haben es allerdings schon noch viel schwerer, weil, wenn du einen Mann hast, dann hast du einen Partner, mit dem du wenigstens Entscheidungen gemeinsam treffen kannst. Alleinerziehende müssen alles alleine machen. Organisatorisch teilst du deinen Mann halt ein. Wenn alle Stricke reißen, muss er zur Elternsprechstunde, ob er will oder nicht. Auch emotional ist es etwas leichter. Mit dem Durch-

schnittsmann kannst du halt ein paar Sorgen teilen, das entspannt …« (eine leitende Beamtin).

»Für mich als Mann ist Erschöpfung schon ein Thema. Ich beschäftige mich schon relativ lange persönlich damit. Bei anderen Männern sehe ich es auch, nur wird da viel verdrängt, weil es überhaupt nicht in die heutige Leistungsgesellschaft passt. Die Anforderungen, die das Berufsleben stellt, die Erwartungen, die sehr hoch sind im Berufsleben, die Konkurrenz unter den Männern sind schärfer geworden, als es früher war. Vor fünf bis zehn Jahren war es noch nicht so schlimm, es herrschte schon insgesamt weniger Druck. Heute, verschärft durch die Gesundheits- und Wellness- und Fitnessbewegung, wird der Druck nur übertönt. Anstatt dass man sagt, O. K., ich bin erschöpft oder Burnout-gefährdet, versucht man, das durch verstärkte Fitnessbemühungen wettzumachen und überfordert sich damit noch mehr. Anstatt dass die Leute Ruhe geben – auch Männer brauchen Erholung und Ruhe –, laufen sie Marathon und erschöpfen sich noch mehr – bis zum Herzinfarkt« (ein Unternehmer).

Multitasking

»Ich selber glaube, multitasking zu sein. Ganz sicher bin ich mir aber nicht, ob das wirklich so ein Vorteil ist. Für viele Männer ist das gleichzeitige Denken an verschiedenste Bereiche des Alltags durchaus ein Problem. Jetzt frühstücke ich, jetzt sitze ich vor dem Bildschirm und löse ein Problem, jetzt fahre ich nach Hause und repariere das Fahrrad. Männer haben es lieber klar voneinander getrennt. Die Vielfalt der Möglichkeiten und die Gleichzeitigkeit der Anforderungen sind zusätzliche Stressfaktoren. Innerhalb eines geschlossenen Gedankensystems geht das, aber so wie die Frauen, Kinder, Haushalt, Jobanforderungen parallel zu denken und dabei auch noch Änderungen durchzuführen, da steigen Männer schon mal aus. Das nennen sie dann Prioritäten setzen. Ich merke schon auch, zunehmend, dass es mir unangenehmer wird, wenn ich so herumwirble. Vielleicht ist das auch eine Altersfrage. Andererseits gibt es auch 30-jährige Männer, die ausbrennen. Heute gehe ich bewusster mit meiner Zeit um. Jetzt mache ich das, und das andere lasse ich bewusst liegen. Das ist eine natürlichere Herangehensweise, die ist auch gesund« (ein Freiberufler).

»Burnout? Ja, davon habe ich schon gehört. Das muss ziemlich unangenehm sein. Ich persönlich kenne so etwas nicht. Letztlich ist alles eine Frage

der Einteilung. Aber ich bin da vielleicht in einer privilegierten Position« (ein Wissenschaftler).

In diesem Kapitel habe ich mich sehr intensiv um die Geschlechtergerechtigkeit bemüht, diese Zeilen sind auch durch mehrere kritische Männerhände gegangen. Vieles wurde immer wieder überprüft, so lange, bis ich das Gefühl hatte, nicht mehr »blind« auf diesem Auge zu sein.

Besonders interessant fand ich, dass Männer und Frauen teilweise stark unterschiedlich auf Stress reagieren und dass sich auch Depressionen ganz unterschiedlich äußern. »*So produzieren Männer 52 % mehr Serotonin – ein Hormon, das Depressionen verhindert – als Frauen. Dieses Hormon stellt eine bedeutsame Verbindung dar zwischen dem Alltagserleben und dem Gefühlsleben, was seinerseits wieder eine enorme Tragweite für die Behandlung von Depressionen hat. Gesellschaftlicher Erfolg, wie etwa eine Beförderung, lässt die Konzentration an Serotonin im Hirn ansteigen. Erfolg steigt einem also wortwörtlich zu Kopf. Es ist durchaus denkbar, dass die Rolle der Frauen in vielen Gesellschaften dafür verantwortlich ist, dass sie doppelt so häufig an Depressionen leiden wie Männer. Männer hingegen reagieren als Folge niedrigeren Serotoninspiegels eher mit Stimmungsschwankungen oder Aggressivität und neigen dazu, verstärkt Alkohol zu trinken«* (Legato 2004). Männer neigen in Erschöpfungszuständen eher dazu, stark zu trinken, oder sie werden aufbrausend oder beleidigend, während Frauen sich eher zurückziehen oder Panikattacken erleben. Ein befreundeter Arzt fasste die Unterschiede zwischen den Geschlechtern so zusammen: »Die Männer fahren gegen einen Baum, und die Frauen landen in der Psychiatrie.« Das heißt also, dass Männer offensichtlich eher zu Unfällen aufgrund ihrer Überforderung neigen (extern attribuieren) und Frauen eine psychische Belastung stärker nach innen führen und die Schuld bei sich selbst suchen (intern attribuieren).

Sowohl der Zugang zum Thema Burnout als auch die Symptome und Auswirkungen – und sogar die Selbstwahrnehmung – sind sehr unterschiedlich. Auch was die gesellschaftliche Bewertung anbelangt, werden Erschöpfung und Überforderung eher den Frauen zugeordnet als den Männern.

So groß manchmal die Unterschiede zwischen Männern und Frauen in Bezug auf persönliche Stresswahrnehmung und Burnout sind, es existiert eine weitere Ebene, auf der sich Frauen untereinander unterscheiden: mit oder ohne Kinder. Alle Befragten trafen diese Unterscheidung und schrieben Frauen ohne Kinder bezüglich ihres Verhaltens und Umgangs – vor allem aber der Bandbreite der Reaktionsmöglichkeiten – mit belastenden Situationen der Gruppe der Männer zu. Frauen mit Kindern, unabhängig davon, ob es eine Partnerschaft gibt, ob der Vater des Kindes da ist oder nicht, leben in einer noch rasenderen Welt. Die Fremdbestimmung und damit das Fehlen von Handlungsalternativen ist eine enorme Zusatzbelastung. Frauen mit Kindern tanzen ständig auf einem Vulkan. Jede Situation, die in irgendeiner Weise mit den Kindern zu tun hat, führt scheinbar reflexartig dazu, dass die Frau überprüft, ob sie ihren Tagesplan kippen muss oder nicht. Männer denken hier ganz anders. Da wird zuerst überlegt, ob das Problem des Kindes tatsächlich eines ist, ob das nicht auch warten kann, und überhaupt, kann sich denn da nicht jemand anderes drum kümmern …

Einen Unterschied macht es auch, in welcher finanziellen Lage Menschen leben, wenn sie Kinder haben. Es kann viel an Unterstützung zugekauft werden. Dennoch habe ich in meinen Gesprächen immer wieder gehört, dass die Probleme – auch in finanziell abgesicherten Lebensumständen – nicht so anders sind. Im Ernstfall ist es doch zumeist die Mutter, die angerufen oder herbeigeholt wird, egal ob es ein Kindermädchen oder die Schwiegermutter gibt, die auf die Kinder aufpasst. Wenn man alleine für sein Kind zuständig ist, lebt man ohnedies ständig in der absoluten Überforderungssituation. Meist kann nur ein Job angenommen werden, der genug Freiheit lässt, sich auch um die Kinderbetreuung zu kümmern, wodurch aber die finanzielle Sicherheit sinkt. Ganztägige Kindergarten- oder Betreuungsangebote sind zwar organisatorisch eine Hilfe, aber das schlechte Gewissen, das man hat, wenn das eigene Kind das erste am Morgen ist, das gebracht wird, und das letzte, das abends abgeholt wird, ist sehr belastend. Noch dazu, wenn man Betreuerinnen vorfindet, die das immer mit einem unmissverständlichen Kopfschütteln kommentieren. Die Leiterin im Kindergarten meines ersten Kindes erklärte mir fast täglich, wie wichtig es für Kinder sei, in einem geordneten Zuhause aufzuwachsen (was meinte sie wohl damit?), und dass es gar nicht gut sei, wenn Kinder so früh im Leben schon die Erfahrung machen müssten, abgeschoben zu werden (was meinte sie wohl damit?) – also, ich zuckte dabei jedenfalls regelmäßig zusammen. Aber als – damals – Alleinerziehende hatte ich absolut keine andere Wahl, als mein Kind tagsüber in den Kindergarten zu schicken. Immer in der Sorge, dass ich mich nicht gut genug um es kümmere.

Hoher Erwartungsdruck plus hohes Engagement plus wenig Anerkennung führen zu einer hohen Burnout-Gefahr.

Eine selbst kinderlose, allein stehende Frau hat folgende, recht pointierte Sichtweise beigetragen: »*Frauen ohne Kinder zähle ich tendenziell zur ›sozialen Gruppe‹ Männer. Frauen ohne Familie haben meist die eigenen Eltern und Haushaltshilfen. Du organisierst dir deine Reproduktion, du zahlst deine Haushaltshilfe, fertig. Der Rest ist entweder Arbeit, oder Arbeit, oder Arbeit – in meinem jetzigen Job habe ich begonnen, auch mein außerberufliches Leben wieder ernst zu nehmen. Meine Eltern machen viel für mich, eine Haushaltshilfe habe ich auch noch. Das ist ein klassisches Muster. Es gibt hier kaum Unterschiede zu unverheirateten Männern. Allerdings kommen da noch eine Reihe von Abendveranstaltungen, Netzwerkpflege und Stammtische dazu. Ich mache das eher selten, da ich dort wieder Menschen treffe, die ich unter Umständen nicht leiden kann. Einem Mann ist das egal. Männer haben dazu eine andere Einstellung. Mit voller Überzeugung gehe ich heute zur Entspannung: Yoga, Rad fahren, Freunde treffen. Stammtisch ist für mich Arbeit, das strengt an.*

Bevor sie (die Männer) nach Hause gehen zur Familie, gehen sie zum Stammtisch, zur Abendveranstaltung, zum Vortrag. Zu Hause wartet die Familie. Die warten auf Austausch und Unterhaltung, das strengt an. Für Frauen ist so ein Leben völlig anders. Solange sie nicht verheiratet sind bzw. in einer familienähnlichen Verbindung leben, ist das Leben dem der Männer recht ähnlich. Es verändert sich mit dem Familienstand. Die ersten Berufsjahre sind gleich. Frauen beginnen dann zu verlieren, wenn sie eine Familie haben. Für die Männer wird es hingegen leichter, weil mit Gründung einer Familie jemand anderes beginnt, die Reproduktionsarbeit zu übernehmen. Und das ist nett. Da kann man sich wieder voll der Karriere widmen.

Allerdings, wenn du kein hohes Einkommen hast, schaut die Sache ganz anders aus. Dann sind beide gleichermaßen gefordert, damit fertig zu werden. Obwohl auch in diesen Einkommenssituationen die Frauen beginnen, die zusätzliche Logistik zu übernehmen. Dann treffen sie die obige Situation vor – allerdings ohne Haushaltshilfe und diversen Leistungszukauf. Das ist der Einstieg in den Burnout für die Frauen. Wir alle sind erschöpft. Unsere Berufe kosten viel Energie, egal ob das eine Spitzenmanagerin ist oder eine Frau an der Supermarktkasse. Die Frauen, die am meisten erschöpft sind, sind jene mit der Doppel-, ja oft Vielfachbelastung. Die haben tatsächlich einen irren Druck. Ich selbst habe in einem früheren Job dem auch nachgegeben. Ich wagte nicht zu sagen, ich kann nicht mehr. Diese berufliche Phasen der ununterbrochenen Erschöpfung – grauenhaft. Ich konnte wirklich nicht nein sagen, tat ich es doch einmal, kamen postwendend Vorwürfe, dass ich den Verpflichtungen dieses Jobs nicht nachgekommen bin, und nach drei Jahren hat es mir gereicht. Es ging mir physisch und psychisch schlecht. Ich hatte enorm zugenommen und dauernd schwarze Ringe unter den Augen. Das reichte mir« (eine Abteilungsleiterin in einem großen Unternehmen).

Frauen

Frauen sind im deutschsprachigen Raum nicht etwa nur eine Variation des »normalen« Mannes mitteleuropäischer Herkunft – genau das ist die Grundannahme vieler Forscher. Werte und Testergebnisse sowie Forschungsberichte müssen dringend verstärkt hinsichtlich ihrer »Frauenrelevanz« überprüft werden. In Bezug auf Burnout ist natürlich auch die Medizin ein Feld, das die Betrachtungen dieses Buches stark beeinflusst.

Frauen sind nicht etwa nur zu klein geratene Männer, hält Marianne Legato (2004) fest. Sie haben eine eigene Biologie, sie funktionieren anders als Männer. Daher sind auch medizinische Forschungsergebnisse, Schlussfolgerungen und vor allem medizinische Behandlungspläne stets unter diesem Aspekt mitzubetrachten. Lediglich in der Frauenheilkunde gibt es die Frauen als eigenständige Patientinnen. Das bedeutet aber auch, dass jedes Mal, wenn eine Frau einen Arzt oder eine Ärztin aufsucht, sie sich wohl besser danach erkundigt, wie weit die vorgeschlagene Behandlung oder Medikamentengabe auf den weiblichen Organismus abgestimmt ist.

Spricht man in Zusammenhang mit Burnout über Frauen, so sind die ersten Schlagworte »Vielfachbelastung« und »Rollenverständnis«. Nach wie vor ist unser soziales, gesellschaftliches und wirtschaftliches Leben nicht auf Gleichheit der Geschlechter aufgebaut. Herbert Freudenberger, einer der Burnout-Experten der ersten Stunde, vermutet, dass es eher um Faktoren wie zurückgehaltene Wut, verleugnete Aggressionen, vernachlässigte eigene Bedürfnisse, Schuldgefühle und niedriges Selbstwertgefühl geht, wenn wir von Burnout bei Frauen reden. All diese gesellschaftlichen Tabus, die für Frauen gelten, können auch – sofern die Frau unter langjährigem, stetem Druck steht – in einer Burnout-Erschöpfung münden. Gerade Tabus wie Wut und Aggression sind für Frauen, auch heute noch, klassische Stressverstärker. Diese Gefühle werden verborgen und meist auch sich selbst gegenüber nicht eingestanden. Ist dann alles zu viel, bricht das Gefühl dann unkontrolliert heraus, wird die Frau von ihrer Umwelt als hysterisch oder hormonell beeinträchtig eingestuft. Eine zusätzliche Last ist das Aggressionstabu, wenn es sich in exzessivem Ordnungssinn, Aufopferung oder Perfektionismus ausdrückt. Die Schuldgefühle lassen sie (die schuldbewusste berufstätige Mutter) ständig über ihren eigenen Schatten springen und verhindern, dass sie ihren Ehemann oder ihre Kinder einspannt. *»Bei dem Versuch, die Angst, die starker Stress hervorruft, zu vermindern, stellen Sie vielleicht fest, dass Sie Zuflucht zu ›falschen Therapien‹ nehmen: Alkohol, Zigaretten, Tranquilizer und Amphetamine, Koffein, übermäßiges Essen oder Hungern. Wenn Sie extrem gestresst, übermüdet oder ganz einfach erschöpft sind, verzerren sich Ihre Wahrnehmungen und Urteile«* (Freudenberger u. North 2000).

Was sind nun die Gründe, die zur Burnout-Belastung bei Frauen führen können:

- Erlernte destruktive und wenig selbstbewusste Verhaltensmuster
- Alibi- oder Quotenfrau im gewählten Beruf zu sein
- Mangel an weiblichen Rollenvorbildern
- Leistungsdruck
- Frau-Sein als Nachteil bei Beförderung/Karriereaussichten
- Sexuelle Belästigung
- Mangelnde Förderung durch Vorgesetzte
- Mangelnder sozialer Rückhalt durch Kolleginnen/Umfeld
- Verheiratet oder unverheiratet zu sein – als Kuriosum
- Mutter zu sein

- Nicht Mutter zu sein – als Kuriosum
- Entscheidungszwang zwischen Beruf und Kinderwunsch
- Definition über die biologische Möglichkeit, gebären zu *können* (quasi tickende Zeitbombe)
- Überforderung durch Zeit- und Verantwortungsdruck
- Unklare oder unerreichbare Ziel- oder Erfolgskriterien
- Weiblicher Perfektionismus
- Mangelnde Bestätigung und Anerkennung
- Legitimationsdruck (»Rabenmutter-Syndrom«, »Powerfrauen-Syndrom«)

(Die Liste kann beliebig verlängert werden!)

Frauen müssen einen permanenten Drahtseilakt zwischen ihren unterschiedlichen Rollenerwartungen absolvieren. Begriffe wie »Doppelbelastung« und »Vereinbarkeitsproblematik« scheinen oft untrennbar mit der weiblichen Sozialisation verbunden, so dass sie dies meist jahrzehntelang nicht hinterfragen. Die gesellschaftlich anerkannte weibliche »Aufopferungsfähigkeit« ist der gesellschaftliche Motor dazu.

In der weiblichen Sozialisation gehört es nun einmal scheinbar dazu, sich permanent und pausenlos zu überfordern und eben Kopfschmerztabletten zu schlucken … Die Crux dabei ist, dass dieses Bild gesellschaftlich anerkannt ist und von eben dieser Gesellschaft (auch Familie, Unternehmen etc.) positiv bewertet wird. Eine Frau, die alles auf die Reihe bekommt, ist tüchtig. Wenn nicht, ist sie eben hysterisch oder unbefriedigt. Hilfe gibt es selten. Außer – gelegentlich – von der eigenen Mutter findet eine Frau kaum Unterstützung. Die Verleugnung dieser Überforderung ist an der Tagesordnung. Und Verleugnung ist ein sicherer Treffer auf dem Weg in Richtung Burnout. Selbst wenn darüber geredet wird, dann wohl eher, um »dazuzugehören« zum Kreis derer … – aber nicht, um wirklich etwas zu ändern. Druck ablassen und gleichzeitige Imagebestätigung – ja. Änderung der Situation – nein. Für mich selbst unerwartet, kam ich zur Erkenntnis, dass in dieser Frage Männer und Frauen gar nicht so verschieden reagieren. Beide reden nur in ausgewählten Kreisen über ihre Erschöpfung oder Überforderung und beide haben offenbar Probleme damit, einerseits um Hilfe zu bitten, andererseits dann eine solche anzunehmen.

Zwei kleine Beispiele dazu:

- Überlegen Sie einmal, wie viele Frauen Sie kennen, die Kinder geboren haben. Wie viele davon sprechen über die erste Babyzeit als die Erfüllung aller ihrer Sehnsüchte und Wünsche? Und wie viele sprechen über ihre Überforderung, völlige Erschöpfung, Erschütterung über den tatsächlichen Schmerz einer Geburt? Das Klischee lautet: Du hast glücklich zu sein, das Wissen, wie man mit Babys umgeht, ist ohnedies angeboren. Also tue, was deine Gene dir sagen. Nun, ich bin vielleicht außer der Norm. Ich warte bis heute darauf, dass meine Gene zu mir sprechen. Ich bin immer wieder »hinterdrein«, was die Entwicklung und die dazugehörigen Bedürfnisse meiner Kinder betrifft. Und nicht einmal die Tatsache, dass ich mehr als ein Kind habe, hilft da viel weiter, weil jedes ein ganz spezielles Kind ist. Man wird nur gelassener mit der eigenen Erwartungshaltung an sich selbst, denke ich.
- Wie viele Frauen sind stolz auf ihre beruflichen Leistungen, ihre Ausbildung, ihre inhaltlichen Fähigkeiten im Job? Wie viele geben die totale Erschöpfung zu, in dem Versuch, ständig doppelt so gut wie ein Mann zu sein, um wenigstens die Hälfte davon zu erreichen wie er? Ist es nicht ganz einfach unmöglich, darüber zu sprechen, wie schwer es uns Frauen fällt, alle diese Leistungen (und im Grunde doppelt so viele) neben unserem »anderen« Leben noch zu erbringen. Das können wir doch gar nicht zugeben. Mein Arzt (der mit chinesischer Medizin arbeitet) sagte mir, dass Frauen nach einer Geburt mindestens ein Jahr Rekonvaleszenz bräuchten. Ruhe und wiederherstellende Maßnahmen für den beanspruchten Körper. Ich gebe ihm innerlich zwar Recht, gleichzeitig weiß ich jedoch, dass ich als Frau meine Karriere vergessen kann, wenn ich ein Jahr aus dem Job bin. Also, was tun? Und die Haltung konservativer Menschen, die uns Frauen lieber am Herd sähen, möchte ich einfach nicht bestätigen. Ich denke, das ist eine von vielen Doublebind-Situationen für uns Frauen.

Der folgende Text zum Thema Burnout wurde von einer Teilnehmerin meiner Workshops geschrieben, die mir freundlicherweise die Erlaubnis zur Veröffentlichung gab. Manchmal haben solche Texte viel mehr Aussagekraft als all die theoretischen Überlegungen, die ich Ihnen in diesem Buch aufbereite.

Eine Frauen-Burnout-Geschichte, wie sie das Leben schreibt

Guten Tag. Ich bin Margarete Kreisel. Solche Kreisel, wie ich einer bin, können Sie überall in Ihrem Alltag, auf dem Weg ins Büro oder beim Einkaufen treffen. Sie müssen nur genau hinsehen. Mein Tag beginnt um fünf Uhr morgens. Wie durch Zauberhand (manchmal auch mit Hilfe eines Radioweckers) beginne ich, mich zu drehen. Ein wenig wackelig zuerst, doch nach und nach in Schwung kommend, ab in die Küche. Ich habe vergessen, Ihnen zu erzählen, dass ich mit meinem Baby alleine lebe. Ja, zurück in die Küche: Ich wirble straff durchorganisiert durch die Wohnung. Kaffee aufsetzen, Brei herrichten, duschen, Sachen rauslegen für den Tag. Kind zur Tagesmutter, selbst in die Arbeit … Jeder Handgriff sitzt, für Extras ist kein Spielraum. Manchmal wird mir schon am Morgen schwindelig – ja, lachen Sie nur, manchmal wird auch einem Kreisel schwindlig. So beginnt jeder Tag. Der Babykreisel, mein Kind, wird wach, verlangt Brei, Kuscheln, Spielen … Schon anziehen, nicht anziehen, nicht das anziehen, was anderes anziehen … Es folgt – scheinbar unvermeidbar – ein Tobsuchtsanfall des Nachwuchses. Babykreisel liegt halb angezogen im Vorzimmer und schreit sich die Seele aus dem Leib. Ich frage mich, ob wohl die Nachbarn schon alle wach waren – wenn nicht, sind sie's jetzt. Gut fürs Klima im Wohnblock … Ruhig bleiben, empfiehlt die Pädagogik. Sich nicht auf Machtkämpfe einlassen … Haben Kinderpsychologinnen eigentlich selber Kinder? Konsequent bleiben, sagt die Erziehungswissenschaft – wann hatte ich eigentlich Zeit, all das zu lesen?

Also ruhig bleiben – und das als Kreisel! Stellen Sie sich das mal bildlich vor. Da muss es einen doch umhauen.

Dann also das tobende, doch fertig angezogene Kind zum Auto schleppen. (Die Nachbarn sagen: Na ja, dem Kind fehlt der Vater.) Das Auto benutze ich zum Großteil deshalb, weil ich das tobende Kind in der Straßenbahn nicht aushalte – da bin ich nach viel praktischer Erfahrung sicher. Auf dem Weg zur Tagesmutter beruhigt sich das Kind. Dort weint sie bittere Tränen nach der Mami. Die Mami weint auch – im Aufzug – und fühlt sich schrecklich. Die Tagesmutter ruft am Vormittag an und berichtet, dass sich das Kind nach zwei Minuten beruhigt hätte. Dann endlich kann ich es auch. Mit einem Kloß im Hals drehe ich mich noch ein wenig schneller, da natürlich wieder zu viel Zeit verloren ging, weiter ins Büro. Bis ich dort ankomme, bin ich von der vielen morgendlichen Kreiselei schon ziemlich durchgedreht. Falls ich es schaffe, mich umzublicken, sehe ich einige andere ziemlich schwankende Kreisel-Frauen rund um mich. Ich lege nochmals einen Gang zu, ich wurde ja als Turbo-Kreisel angestellt, und niemanden interessiert, was vor 8.30 Uhr in meinem Leben passiert. Nach acht Stunden Dauer-Büro-Gewirbel beschleunige ich mein Tempo – ich bin natürlich schon wieder knapp, weil der Chef noch dringend und unaufschiebbar eine Kreisel-Spezialaufgabe für mich hatte (ich kann ihm nicht sagen, was ich von ihm halte, ich brauche den Job). Die Tagesmutter schaut mich ernst an und mahnt zur Pünktlichkeit. Wieder ist alles straff durchorganisiert. Exakt ausgeklügelte Streckenführung für Einkaufen und sonstige Lebensorganisation. Die Kreiselbewegungen werden schon ein wenig schwankend. Wir Kreisel schleifen gegen Abend schon ein wenig unrund und schlagen manchmal auf den Boden auf. Langsam macht sich Erschöpfung breit. Zu Hause schubst das Kind den Kreisel nochmals kräftig an. Spielen, Kuscheln, Baden – nein, doch nicht Baden. O. K., baden – aber nur mit Geschichte-Vorlesen von Mutterkreisel. Nachtmahl – muss eben alleine kochen. Ich höre vom Badezimmer aus, ob was anbrennt. Das Kind ist sauer wegen meiner Unkonzentriertheit. Mein Kind liebt meine Kreiselbewegungen, die bunten Muster, das surrende Geräusch – perfekt zum Zusehen. Nach einem weiteren Diskussionsbeitrag des Nachwuchses zum Thema Schlafengehen hat meine bunte Kreisellackierung schon ordentliche Schrammen erlitten. Ich falle in den Sessel – das war's für heute. Lernen fürs Studium geht heute wohl nicht mehr. Muss ich morgen irgendwie einbauen. Surrrrrrr, dreht sich der Kreisel weiter und weiter …

Männer

Selbstverständlich gibt es Burnout auch bei Männern. Jene Männer, mit denen ich geredet habe, die bereit und willens sind, über solch heikle Themen zu sprechen, bilden eher die Ausnahme. Viele erklärten eher, nicht über Burnout reden zu können, da sie über diesen Zustand nur von anderen gehört hätten. Umso mehr bedanke ich mich bei den wenigen Männern, die mir Interviews gaben. Vielleicht konnten sie damit implizit auch für die Geschlechtsgenossen wertvolle Arbeit leisten. Denn möglicherweise lesen ja auch Männer dieses Buch, nachdem sie es bei ihrer Frau auf dem Nachttisch liegen sahen …

Burnout bei Männern bezieht sich überwiegend auf karrierebedingte Überforderung – erst in letzter Zeit gepaart mit den neuen Rollenerwartungen, die die Frauen an die Männer stellen. Managementberater Othmar Hill sagt dazu, dass es schon spannend sei, dass sich die Männer während der gesamten Emanzipationsdebatte eher mit »Vogel-Strauß-Politik« begnügten und den Kopf in den Sand steckten, anstatt selbstverantwortlich neue Rollenmodelle anzudenken.

Diese (männliche) Form von Übermüdung und in der Folge Burnout ist allerdings gesellschaftlich anerkannt und sogar durch Rituale manifestiert. Männervereine, Biertisch-Runden, Tennispartien und Fußballclubs können hier, im Vergleich zu den »Frauenwelten«, zwar größeres (unausgesprochenes) Verständnis für Bedürfnisse bieten. Dennoch gibt es innerhalb der eigenen Gruppe eine größere Unterstützung zur Aufrechterhaltung des stereotypen Rollenmusters »Ich, Tarzan«, als eine Auseinandersetzung über Gesundheit, Rollenbilder und Belastbarkeitsgrenzen anzubieten. Folgende Gesprächstexte sollen in ihrem Gesamtumfang wiedergeben, wie Männer mit Burnout – auch – umgehen können. Die beiden (männlichen) Interviewpartner zeigen, wie man ein »ganzer Mann« sein kann und dennoch das Spiel von Selbstausbeutung und Herzinfarkt-Karriere vermeiden kann.

Männliches Rollenbild

»Das geänderte Rollenbild macht mir weniger zu schaffen. Mir bereiten Hausarbeit und die Kinder keinen Stress. Für die Mehrheit der Männer bedeutet das allerdings steigenden Druck, aufgrund der diversen Erwartungshaltungen. Der Druck am Arbeitsplatz ist ohnedies schon hoch genug – und jetzt kommt noch die Forderung der Frauen dazu, sich um die Kinder und den Haushalt zu kümmern. Das stresst manche Männer enorm. Auch die Anforderungen an Beziehungsgestaltung haben sich für uns Männer verändert.

Es ist heute komplizierter geworden, früher war das einfacher, die Machtverhältnisse waren klarer verteilt. Heute stellt man an sich selbst und an seine Partner viel höhere Anforderungen an Beziehungsgestaltung und Kindererziehung. Auch die Gestaltung einer Paarbeziehung hat heute ein gewisses idealisiertes Bild, und die Vorstellung zwischen idealisierter Beziehung und gelebter Realität ist eine stressige Herausforderung. Früher war eine Frau schon froh, wenn der Mann nicht gesoffen hat und das Geld nach Hause gebracht hat. Das reicht heute bei weitem nicht mehr. Dieser ganze Druck in der Arbeitswelt, Kinder und alles, diese Entwicklung ist nicht gerade förderlich für harmonische Beziehungen. Muße ist nämlich ganz wichtig für ein erfülltes Leben. Das haben wir verloren. Wahrscheinlich ist eine große Mehrheit der bestehenden Beziehungen eher eine Familien GmbH – also eine Arbeitsgemeinschaft zur Kindererziehung, also eine Familienerhaltungs- und Kindererziehungs-GmbH plus Management und PR.«

Welche Schlüsse ziehen Männer aus Überforderung?

»Es ist schon so, dass dieser Erwartungsdruck auch mehr Männer zum Denken bringt, aber die meisten von uns verdrängen es. Wenn du nachdenkst, kommst du recht bald zur Conclusio, diesen Druck abbauen zu müssen. Aber wo? Dieser Frage ausführlich nachzugehen traut sich fast keiner. Gibt es ein Ausstiegsszenario? Oft nur zu Lasten der Familie. Es ist seltener der Fall, dass ein Mann den Beruf aufgibt, weil das ja die Existenzgrundlage ist, von etwas muss er leben. Im Grunde ist es vorstellbarer, über Alimentationszahlungen für die Kinder nachzudenken, als Überlegungen anzustellen, zwar ohne Arbeit, aber mit der Familie zu leben« (ein Unternehmer).

»Ein Mensch steht auf mehreren Feldern, ich würde für eine Partnerschaft nicht den Job aufgeben, zumindest nicht in dem Sinn, dass ich alles aufgeben würde. Eine Beziehung auf Distanz, also zum Beispiel: Ich habe mein Standbein hier in diesem Land und du in einem anderen, das könnte ich mir vorstellen. Aber es kann niemand einen wichtigen Bereich für den anderen ersatzlos verlassen. Der Mensch braucht Felder für sich selbst ganz intim, dann gibt es den partnerschaftlichen Bereich, Emotion und Liebe, dann kommt die nächste Zwiebelschale Wert, soziale Integration. Man wächst, wenn man gut verwurzelt ist, wenn man diesen unmittelbaren Austausch als Lernen versteht, wenn der Job einen Wert repräsentiert. Soziale Anerkennung ist eher

eine Draufgabe, aber nicht Essenz. Zuerst muss ich in Balance sein, dann hat ein partnerschaftliches Modell eine Chance, und erst dann werde ich es schaffen, mich einzulassen. Man schafft das natürlich nicht immer – es gilt, das Konzept umzusetzen« (ein Topmanager).

Sinn und Werte

»Für mich persönlich ist Arbeit nicht der allerhöchste Wert, aber sie hat hohe Bedeutung. Ich selber würde eher eine unkonventionelle Lösung finden, um eine Art Mittelweg zu finden, um Überlastung oder gar Burnout zu begegnen. Eine Umkehrung der Rollen, also dass meine Frau den Löwenanteil der familiären Einkünfte bestreitet, kann ich mir nicht vorstellen. Da fehlte mir der Sinn. Familie und Kinder sind für mich kein Lebenssinn. Eine Aufgabe – ja, aber nicht mein Lebenssinn. Kinder verleihen meinem Leben keinen Sinn, das ist eine biologische Entwicklung, aber nicht mehr. Zentrales Anliegen ist die Frage, was macht Sinn. Frauen opfern ihr Leben für die Kinder, und für die ist das auch oft der Sinn. Männer sehen – als stattliche Mehrheit – Arbeit als sinnstiftend. Dazu bin ich persönlich der heutigen Arbeitswelt gegenüber zu kritisch.

Nun kommen die Männer zunehmend in eine Situation, die Frauen ohnedies schon kennen: Doppelbelastung, was umso mehr zu einem Problem wird, wenn der Mann einerseits seine Karriere verfolgt und andererseits dem neuen Rollenbild entsprechen will. Männer agieren Stress eher über Sport aus. Was einerseits vernünftig ist, andererseits – wenn die Belastung schon so groß ist – wird es gefährlich. Dann liest man in der Zeitung: Mit 40, während des Joggens zusammengebrochen und tot.

Männer versuchen, mit der Vereinbarkeitsproblematik, so lange es geht, umzugehen – bis irgendetwas passiert (Scheidung, Herzinfarkt, zerbrochene Beziehungen, beruflicher Crash). Manche Männer wählen den totalen Ausstieg und werden Tennislehrer auf Mallorca. Das männliche Rollenbild geht in Richtung »durchhalten«. Daher kämpfen sie so lange, bis ›irgendetwas von außen‹ kommt, das zum Ende dieser Belastung führt. Und sei es ein Herzinfarkt, der ist nämlich eher anerkannt als Burnout.«

Männergespräche über Burnout

»Männer reden selten über so etwas miteinander. Nur wirklich sehr gute Freunde. Drei Viertel der Männer sind so. Einige reflektieren, und die reden

auch miteinander, in alternativen Kreisen, Männergruppen. Aber die Mehrheit sicher nicht. Männer befinden sich schon immer in Konkurrenz zueinander, und deswegen können sie Erschöpfung gar nicht zugeben.«

»Über Erschöpfung sind Frauen eher bereit zu sprechen. Für Frauen wird damit kein Tabu berührt. Männer können nicht darüber sprechen, sie sehen dies als unmännlich.

Frauen sind von der Sozialisation her eher aufopferungsbereit – machen trotz Erschöpfung weiter, weil ›das ist halt so‹, ohne Rücksicht gegenüber dem eigenen Körper. Diese Selbstausbeutung sehe ich wieder eher als Ähnlichkeit, denn als Unterschied. Männer beuten sich nicht aus Aufopferungsbereitschaft aus, sondern aus Imagegründen.

Männer sprechen zwar nicht über Erschöpfung, sie ziehen aber eher einen Schlussstrich, wenn es zu viel wird. Männer haben Mechanismen der Entspannung eingebaut. Abends ein Stammtisch, Tennis spielen, Vortragsveranstaltungen nach dem Büro.

Allerdings würden sie dieses Verhalten nie als Entspannung sehen, sind immer noch im Job. Aber als Frau denke ich mir, in Wirklichkeit ist das Entspannung. Als Frau gehst du heim und erledigst noch tausend Dinge. Frauen gehen nach Dienstschluss nicht zum Stammtisch, wo sie sich entspannen können – sie agieren eben anders. Es ist allerdings ein großer Unterschied, ob Frauen Kinder haben oder nicht.

Es ist unglaublich, wie viel Zeit Männer mit Tratschen verbringen. Frauen tun das weit weniger, die haben dafür gar nicht so viel Zeit. Interessant ist dabei aber, dass Männer dennoch nicht miteinander über Themen wir Stress und Burnout oder Erschöpfung sprechen« (eine Abteilungsleiterin).

Selbstdefinition Einzelkämpfer

Im Zuge meiner Recherchen bin ich zur Erkenntnis gekommen, dass Männer auch folgendes Muster gut kennen dürften:

Hohe Anforderungen + hoher Druck +
»einsamer Wolf in den Wäldern« = BURNOUT

Solange es noch ein soziales Gefüge gibt, wie Vereine und ehrenamtliche Tätigkeiten, scheint es noch einen Rest an Psychohygiene zu geben. Die Gefahr einer Burnout-Erschöpfung steigt bei jenen Männern, die nach der

Methode »einsamer Wolf« durchs Leben ziehen. Immer alles alleine schaffen zu müssen, sich niemandem anvertrauen zu können und immer funktionieren zu müssen, gepaart mit hoher Verantwortung – das kann ganz schön ins Auge gehen.

Fakten zur Männergesundheit

Männer haben

- eine höhere Unfall- und Verletzungshäufigkeit
- eine höhere Selbstmordquote
- eine größere Auftretenswahrscheinlichkeit »lebensstilassoziierter Krankheiten« wie z. B. Herz-Kreislauf-Erkrankungen und Erkrankungen der Atemwege und Verdauungsorgane.

Subjektiv gesehen gaben die befragten Männer mir allerdings eher die Auskunft, dass sie sich gesünder fühlen als Frauen. Ich vermute, dass wohl die männliche Sozialisation der »Stärke« ihren Beitrag dazu leistet. Rund 75 % der deutschen Männer bezeichnen ihren Gesundheitszustand als sehr gut oder gut, etwa 20 % als mittelmäßig und rund 5 % als schlecht oder sehr schlecht.

Meine Vermutung ist, dass die insgesamt risikoreichere Lebensweise von Männern und das seltenere Aufsuchen medizinischer Versorgung ein Burnout geradezu herausfordern.

Aus Studien[35] zur psychosozialen Situation des Mannes weist vieles darauf hin, dass Männer unter dem beständigen gesellschaftlichen und in der Folge verinnerlichten Druck stehen, ihre Männlichkeit immer wieder herzustellen und zu beweisen. Tradierte Männlichkeitsriten, die sich nur ganz langsam verändern, gehen langfristig mit erheblichen Gesundheitsrisiken einher. Das gezielte Aufsuchen von Situationen, in denen Schmerz und Verletzung riskiert und Emotionen unterdrückt werden (Militär, schlagende Verbindungen, gefährliche Sportarten wie Autorennen, Fußball, Boxen), dient der Darstellung und Herstellung eines männlichen Selbstverständnisses.

Nach wie vor gilt diese gesellschaftliche Rollenzuschreibung für einen Mann: stark, hart mit sich und anderen, leistungsfähig, erfolgreich, mutig, angstfrei, trinkfest, cool, stresstolerant u. v. m. Auch gesundheitliche

Probleme, Schmerzen, Ängste und Sorgen werden aufgrund dieses Rollenverständnisses häufig über lange Zeiträume verleugnet oder gar nicht wahrgenommen. Was wiederum die Burnout-Gefahr verstärkt.

Die Anforderungen an Männer sind ebenso stark und teilweise unmenschlich wie jene an die Frauen. Der Druck ist derselbe, auch wenn er aus anderen Ecken kommt. Einen krassen Unterschied zum männlichen Weg der Burnout-Erschöpfung macht die »Einsamer-Wolf-durchstreift-die-Wälder-Geschichte«. Männer reden wesentlich weniger über ihre Befindlichkeit. Dabei geht ihnen eine Art »Druckventil« verloren, das Frauen häufiger nutzen, wenn sie sich über Befindlichkeiten austauschen. Wenn Männer doch mal miteinander auf ein Bier oder zum Sport gehen, dann reden sie eher sehr verklausuliert über derlei Dinge. »Na, geht's (verbunden mit Schulterklopfen)? Ja, geht.« Der soziale Austausch ist somit ein wenig kürzer als bei Frauen.

Was Othmar Hill (2001) über Manager schreibt, nehme ich nun einmal ganz einfach als »typisch männlich« an. Ich denke, dass sich Männer in fast allen Berufen so oder ähnlich verhalten. »Bevor jemand seine Gefühle offen eingesteht, schweigt er lieber. Niemand soll sich auskennen. Ein Poker-Gesicht verrät nicht, wie es innen aussieht. [...] Man lebt einfach vor sich hin und beschäftigt sich mit seiner Umgebung wenig, und wenn, dann in einer neutralen Art.«

Männer sprechen, wenn überhaupt, nur mit Frauen über Probleme, und dann höchst selten mit der eigenen.

Die grundlegenden Parameter sind dieselben wie bei den Frauen. Die Auslöser und Auswirkungen sind bei Männern allerdings andere. So beschreibt Othmar Hill (2001) das männliche Stressverhalten recht anschaulich: »Ein weiteres Beispiel sind die aggressiven Pseudokriege in der Formel 1 und bei verschiedenen Mannschaftsspielen. Nur sehr selten rackern sich Frauen vor hysterischen Zuschauermassen derart aufopfernd für nichts und wieder nichts ab [...] Die Überkompensation von Existenzängsten durch Siegerkonstellationen und Imponierkulissen vor allem in Politik, Sport, Militär und Kirchen besitzen einen Grad an Jämmerlichkeit, der im Vergleich zu weiblichen Existenzmechanismen (Schönheits- und Jugendideale in Kosmetik, Mode etc.) geradezu beschämend erscheint.«

Gabriele Fröhlich-Gildhoff[36] bringt das Männerverhalten in punkto Gesundheit auf folgende Formel: »Männer leben kürzer und zufriedener als Frauen.«

Das könnte uns doch beruhigen. Leider gibt es dafür keinen Anlass.

Na ja, in Bezug auf unser Thema Burnout brauche ich wohl nicht mehr viel dazu zu sagen. So gesehen bin ich durchaus zufrieden damit, eine Frau zu sein. Wir machen uns Sorgen und wir reden darüber und wir gehen zum Arzt. Auch wenn wir – da es oft ein Mann ist – vielleicht wieder so einem »ganzen Mannsbild«, wie oben geschildert, gegenübersitzen, der sich denkt: *»Was sich die Frauen da bloß für Sorgen machen …«*

Persönliches Erkennen von Erschöpfung

»Die Anzeichen, an die Grenze der Belastbarkeit zu gelangen, erkenne ich durch Grippe. Da bin ich plötzlich für eine Woche völlig k. o. Dann denke ich mir, jetzt war es zu viel, dann muss ich liegen, und tue es auch. Das begreife ich als ein Zeichen. Das Gefühl, ich kann nicht mehr weiter, ich bin immer müde, ich kann morgens nicht mehr aufstehen, das alles kenne ich als Anzeichen für Überforderung. In meinen Handlungen sehe ich Warnsignale in häufigeren Fehlleistungen, z. B. zu viel vergessen, Termine total übersehen. Oder es gibt körperlich effektiv ein Druckgefühl im Körper, so wie ein Kochtopf. Meine Stimmung: übellaunig, ungeduldig werdend – man merkt es oft nicht sofort, aber ich denke, hoppla, jetzt muss ich bremsen, jetzt muss ich mal raus und einen Tag wandern gehen« (ein Unternehmer).

»Ich selbst habe mittlerweile, auch aus der Erfahrung im unmittelbaren Umfeld, sehr feine Sensoren entwickelt. Wenn ich beginne, in kleinen Entscheidungen mich selbst zurückzustellen, dann muss ich locker lassen. Wenn ich mir überlege, ob es sich lohnt, wegen einer Viertelstunde noch Mittagessen zu gehen, wenn ich seit dem Vortag nicht dazukomme, Menschen zurückzurufen, die mir persönlich wichtig sind, auch das ist ein Zeichen. Es ist wie eine Perlenkette – die einzelne Perle muss man nicht überbetonen, aber wenn eine ganze Kette daliegt, wird es Zeit hinzusehen. Dann muss ich mir Freiraum schaffen. Dank meiner Infrastruktur kann ich mir dann auch den Rücken freihalten lassen. In solchen Situationen schottet mich mein Team vollkommen ab, und dann kann die Welt um mich herum zusammenbrechen. In den

zwei Stunden ungestörter Arbeit balanciere ich mich kurzfristig wieder aus. Das brauche ich« (ein Topmanager).

Kontakt mit Burnout (selbst oder bei anderen)?

»In meiner Familie gab es einen Burnout-Zusammenbruch. Das entwickelte sich folgendermaßen: Der Mann hatte beim Aufbau seines Aufgabenbereichs intensive zwei bis drei Monate durchzuhalten. Immer auf extrem hohem Level. Es ergab sich eine derart intensive Spitzenbelastung, aus der er nicht mehr rausgekommen ist, dass er zusammenbrach. Die Ärzte fanden die Ursache nicht. Der Verdacht auf Herzinfarkt konnte nicht bestätigt werden. Ebenso wie viele unterschiedliche, teilweise widersprüchliche Atteste kein eindeutiges Ergebnis brachten. Zuletzt lag der Verdacht nahe, dass es wahrscheinlich ein schwerer Burnout-Zusammenbruch war. Dadurch lernte ich, dass es wichtig ist, das Thema Abgrenzung umzusetzen. Und zwar im alltäglichen Leben, nicht nur im Beruf. Meist kommt zur beruflichen Überlastung dann noch dazu, dass man keine Freiräume mehr hat. Emotionaler Stress, wenn die Kinder auf den Vater warten. Da kann es ganz schön eng werden. Heute weiß ich, dass es unabdingbar wichtig ist, sich Freiräume für sich selbst zu schaffen. Der erwähnte Mann lernte, in der Abgrenzung härter zu sein, mehr Hobbys zu entwickeln. Er fotografiert und hat einen meditativen Zugang zur Malerei gefunden. Seine Geschichte hat mich wach gemacht. Mein Naturell, mein Grundtypus ist anders. Und in meinem Job bin ich ein starker Delegierer. Ich könnte meine Leistung nie vollbringen, wenn ich nicht so stark und konsequent delegieren würde. Ich baue den Druck auf drei Arten ab: Delegieren, Motivierung meines Teams und Heranführen von Menschen an ihre Leistungskapazitäten, ohne sie zu überfordern. Dadurch schaffe ich mir ein elastisches System, das sehr gut den Erstdruck abfedern kann. Ein informelles Kontaktnetz, das heißt nicht an der Hierarchie vorbei, aber das informelle Netz ist sehr elastisch, und wenn ich beschleunigt Ergebnisse liefern muss, habe ich damit elastische Partner, für den Chef. Es ist mein Managementstil, die wirklichen Belastungsspitzen im Vorlauf möglichst mit ruhiger Hand zu steuern« (ein Topmanager).

Ausstieg aus diesem Kreislauf der Erschöpfung

»Innehalten, Reflexion sind wichtig. Ich versuche, mir Inseln schaffen, Zeitinseln – egal wo ich zu tun habe. Immer wieder mal setze ich mich zwischen-

durch in ein Café, für eine Stunde. Der Druck der Arbeit läuft ununterbrochen, so dass es keine Pausen mehr gibt. Wenn es keinen natürlichen Stopp gibt, muss ich selbst so eine Unterbrechung herbeiführen. Als Selbstständiger ist die Gefahr, sich dauernd anzutreiben, noch größer, darum ist es wichtig, selbst immer wieder bewusst auf die Bremse zu steigen. Die Selbstausbeutung, vor allem wenn man auch noch zu Hause einen Computer nutzt, ist enorm groß. In meinem Business kann ich rund um die Uhr arbeiten. Immer ist irgendwo auf der Welt gerade Büroarbeitszeit. Wenn ich immer zuerst noch etwas Wichtiges erledigen will, um danach eine Pause einzulegen, arbeite ich den ganzen Tag durch. Ich bin nie fertig. Ich kann immer noch was erledigen. Wichtig wäre eine unterstützende Infrastruktur« (ein Unternehmer).

»Die Wahrnehmung ist das Wichtigste. Kleine Hilfsmittel sind nötig, die einen herunterbremsen, um selbst nicht atemlos zu werden.

Wie ich Prioritäten setze, wenn doch alles gleich wichtig ist? Es ist nicht alles gleich wichtig, wenn man ums Überleben kämpft, dann wird man intuitiv wissen, was das Wichtigste ist, und in der Nachlese kann ich mich fragen, ob die Entscheidung richtig war und ggf. mein Verhalten anpassen. Wenn ich im Berg hänge, und ich denke, das wird jetzt knapp, dann weiß ich, was das Wichtigste ist. Darauf muss ich mich verlassen, in den Fokus hineingestellt zu wissen, was jetzt das Wichtigste ist.

In angespannten Situationen lernt man, sehr gegenwartsbezogen zu agieren. Man kann sich auch mit Zukünftigem oder mit Vergangenem zu stark belasten. Ich kann mich blockieren, indem ich die Zukunft zu stark hereinlasse oder eben die Vergangenheit.

Die Managerausbildung an unseren Unis legt ihren Schwerpunkt viel zu stark in Richtung Drill auf Planen, vorausschauendes Agieren, Reporting, Feedback – Soft Skills und das Vertrauen in die eigene Intuition fehlen. Hätte ich ein anderes Jobprofil, müsste ich mich vielleicht mehr auf Reporting konzentrieren und viel mehr Tagesenergie für Archivierung verwenden, aber mein aktueller Job ist eher vergleichbar mit der Kunst chinesischer Tellerakrobaten, die alle Teller immer in Bewegung halten – die Frage ist, wie schafft man es, diesen Überblick zu haben, also die Teller immer in der Luft zu halten. Ich mache das heute fast intuitiv. Es ist wie beim Autofahren. Zuerst glaubt man, als kleiner Fritzi, wie macht man das bloß? Das Lenkrad ist hoch oben, das Auto ist viel zu groß, um es zu bewegen. Dann sitzt man das erste

Mal als Erwachsener im Auto, das geht von den Proportionen her schon gut. Dann kommt der Stress mit den Pedalen – dann merkt man, es gibt noch etwas. Man lernt zu koordinieren, dann kriegt man Reflexe, und dann ist man ganz stark nach vorne fokussiert. Dann bin ich so weit, dass ich die Koordination verstanden und Routine beim Autofahren habe. Nun kann ich bewusst den intuitiven Blick einschalten, die Technik, die Baustellen, die anderen Verkehrsteilnehmer, alles ist nicht mehr das Thema, die intuitive Wahrnehmung ist nun der Fokus geworden. Wenn ich das auf den Job übertrage, dann geht ein Teil in Fleisch und Blut über, so kann ich viel mehr wahrnehmen. Ich bin in meiner Studienzeit trainiert worden, mit dem Kopf zu arbeiten, heute entscheide ich mehr intuitiv.

Um Burnout vorzubeugen, ist es wichtig zu versuchen, ein Feeling zu entwickeln, um hier die wichtigen Bewegungen mitzuvollziehen, aber auch im operativen Geschäft noch genug Kraft zu haben, dass man es tatsächlich erledigt. Ich bleibe zum Teil auf der Metaebene, um den Überblick zu haben. Ein Teil wird zum Reflex. Jeder Job trainiert dich für eine gewisse Fähigkeit. Er bringt etwas aus dir hervor, was du in dir hast. Wichtig ist, diesen Soft-Skills-Bereich, diesen nicht so scharfen Bereich einzubeziehen. Sich auch ein Stück weit zu trauen, sich davon tragen zu lassen. In Balance zu bleiben, damit nicht zu viele Teller zerbrechen, ist das Ziel« (ein Topmanager).

Viele der Verhaltensweisen, die uns in die Burnout-Erschöpfung begleiten, sind schlichtweg anerzogen oder angelernt.

Verhalten ist etwas, das man sich angeeignet, »ge-lernt« hat. Dies kann man auch wieder »ver-lernen«. Gesellschaftliche Rollenerwartungen sind veränderbar. René Setz sagt, ein Wandel sei im Gang[37]. Es gäbe bereits den »neuen Mann«, aber auch noch den »traditionellen Mann« – beide Gruppen machten etwa je ein Fünftel der Gesamtpopulation aus. So wie es in der individuellen Rollenauslegung bereits eine Differenzierung gäbe, so seien auch die gesundheitlichen Unterschiede groß. »*Nur 57 % der Bauarbeiter erreichen, nach einer Genfer Studie, die Pensionierung. Bei den Architekten sind es 85 %!*«

In dieselbe Kerbe schlägt eine aktuelle deutsche Studie: Wie viele Stunden das starke Geschlecht mit Erwerbsarbeit verbringt, wie stark sich Väter für die Kindererziehung engagieren und wie Männer ihre Freizeit verbringen – all das ist abhängig von ihrem Einkommen (Hertzer 2004).

Ist der reflektierte Umgang mit Burnout eine Frage der beruflichen Position?

»Einerseits musst du dich sehr eingehend mit diesen Dingen befassen, um reflektieren zu können. Das heißt, du musst gelernt haben, dein Verhalten zu beobachten und zu hinterfragen. Andererseits ist es so, dass Menschen regulative, ausgleichende Mechanismen haben. So sind der Männergesangsverein, der Stammtisch, das Fußballspielen ein brauchbares Instrument, zumindest den Druck abzulassen. Schließlich bedeutet Psychohygiene, sich mal auszudrücken. Dampf ablassen ist ein wichtiges Element zum Ausgleich. Am Stammtisch wird eben auch über Probleme geredet. Je höher in einer Hierarchie ein Mensch steigt, desto weniger ist es opportun, über Schwäche zu reden. Zwischen Fabrikarbeiter 1 und 2 gibt es diese Form der Konkurrenz nicht. Da geht es um Essenzielleres als die philosophische Frage des reflektierten Umgangs mit Stress. Ein Manager hat nur mehr weniger Freunde. Ich halte das für einen Fred-Feuerstein-Effekt: Fred und Barnie, zwei unterschiedliche Männertypen. Fred kriegt wahrscheinlich nie eine Burnout-Krise.

Hart wird es bei Arbeitslosigkeit – aber das ist ohnedies eine Sondersituation für alle Menschen. Das wirkt sich für Manager genauso aus wie für Angestellte und Arbeiter. Vielleicht sind die Manager besser im Verdrängen. Arbeiter agieren das direkter aus, das ist eigentlich gesünder. Ein Manager wird halt notfalls Berater. Es gibt für Manager ohne Engagement mehr Möglichkeiten als für einen Drucker oder Bäcker, sich um die Realität herumzuschummeln, er ist aber eigentlich trotzdem arbeitslos. Für Männer ist Arbeitslosigkeit wohl eines der größten Probleme, weil es enorm am Selbstwert nagt. Es ist zwar ein Klischee, aber Männer definieren sich schon überwiegend über die Arbeit. Geld zu verdienen, die Fähigkeit, eine Familie zu ernähren, das ist schon eine wichtige Angelegenheit. Das heißt auch, dass Männer viel mehr bereit sind, auch schädigende Arbeitssituationen aufrechtzuerhalten, um nicht arbeitslos zu werden. In anderen Worten, Burnout in Kauf zu nehmen. Das ist sicher für die Mehrheit so. Als es leichter war, den Job zu wechseln, war der Druck auf uns Männer geringer. Heute ist es vor allem bei Männern über 40 ein Muss, unbedingt den Arbeitsplatz zu erhalten. Viele verdrängen es einfach, manche nehmen es in Kauf. Ich schätze jene als Minderheit ein, die sich der Selbstschädigung bewusst sind, und jene, die es schaffen, Konsequenzen zu ziehen und Veränderungen tat-

sächlich umzusetzen – ja, die kann ich wahrscheinlich an einer Hand abzählen« (ein Unternehmer).

»Ich persönlich bin nicht der Typ, der fürs Ego noch den täglichen Weihrauch abholen muss. Ich habe gelernt, meinen Privatraum sehr stark zu schützen. In den letzten Jahren habe ich darauf geachtet, nur Menschen in meinem Privatraum zu haben, die ich wirklich will.

Die klassischen Burnout-Beschleuniger, Abendveranstaltungen, Repräsentatives, lass ich weg. Dazu muss ich ehrlich sagen, ich kann es mir leisten, weil der Chef die »Sonne« ist, die nach außen strahlt. In einer herausgehobeneren Position könnte ich mir das nicht leisten. Für viele Manager ist es nicht ganz so leicht, sich zu absentieren. In vielen Jobs kannst du dich nicht enthalten. Du musst die wichtigsten Knoten einfach mitpflegen, weil das Bestandteil des Jobs ist. Aus Sicht der Überforderungsgefahr ist das zwar sehr herausfordernd, aber was diese Teilöffentlichkeiten betrifft, muss man trachten, nicht zu lange in diesen aggressiven Druck hineinzukommen. Manchmal gibt es natürlich Belastungsspitzen. Um mich ins Gleichgewicht zu bringen, um ein Durchschlagen des Plafonds zu verhindern, muss man auch genau hinsehen. Der Druck zeigt mir, dass eine Strukturänderung notwendig wäre. Spätestens, wenn man das merkt – muss man die Bremse ziehen. Man arbeitet, ohne die eigene Lernkurve zu berücksichtigen.«

Männerselbstbild oder: Das Bild vom »richtigen Mann«

»Hauptthema der Definition als Mann ist immer wieder Wettbewerb. Stärker – höher – schneller. Wenn man sich am Wochenende mal umschaut, was sieht man? Rad fahrende Männergruppen auf Tempo. Oder Marathon-trainierende Männergruppen – es gibt sicher eine ›natürliche Tendenz' für Männer, Leistung zu zeigen, sich zu messen. Aber das ist in Bezug auf Erschöpfung besonders verhängnisvoll. Weil sich Männer auf diese Weise zusätzlich erschöpfen und verausgaben. Aktivurlaub setzt das Prinzip fort. In Wirklichkeit gibt es überhaupt keine Erholung mehr. Dazu tendiert sicher der Mann mehr als die Frau. Burnout ist ein neuzeitliches Phänomen. Auch die Ritter des Mittelalters – die sind nicht jeden Tag Turnier geritten, sie jagten vielleicht noch ein bisschen, aber dann war Ruhe. Heute ist es ein permanentes Turnier. Das Leben im Mittelalter war im Grunde stinklangweilig. Jeder war froh, wenn mal was los war. Bis zum Beginn der Industrialisierung war das Leben

hauptsächlich ruhig und mit vielen Pausen versehen. Die Tätigkeit war durchaus langsamer« (ein Unternehmer).

»Ein Mann in den besten Jahren zeigt keine Schwäche, das ist eine Frage des Images. Männer sind stark, richtige Männer gehen nie in die Knie. Ausschlafen kann man ›in der Grube‹. Bis auf den letzten Zacken wird gebolzt.

Es geht um Status. Ein Mann muss was leisten, da steckt viel erzieherische Prägung dahinter. Es ist auch wichtig zu erkennen, dass es unter Umständen nicht die einzige Sichtweise ist, dass ein Indianer keinen Schmerz kennt. Ich bin der Beste, der Größte, andere muss man niederringen. Mit diesem Selbstbild darf ich mich nicht wundern, wenn der Gegendruck wahnsinnig hoch werden muss, damit ich mir meines Überlastungszustandes bewusst werde. Man schafft das lange, keine Symptome zu sehen und es wird massive Zeichen brauchen, damit dieser Mann seine Lektion lernt – dann wird er halt »zwei Tonnen« Druck brauchen, damit er es spürt und vor allem, damit er darauf reagiert. Manche brauchen dazu einen oder zwei Herzinfarkte« (ein Topmanager).

Nicht alle Interviewpartner stimmten einer geschlechtersegregierenden Sichtweise zu:

»Ich glaube gar nicht, dass es hier solch eine starke Unterscheidung nach dem Geschlecht gibt. Ich bevorzuge den Fokus auf den Menschen, wie er gewachsen ist. Hier unterscheiden sich ein Mann und eine Frau in gar nichts. Frauen sind vielleicht etwas zäher, aber vom Grundmodell funktionieren alle Menschen ähnlich. Je nach Naturell härter, kantiger, expressiver, oder eben sanfter, introvertierter, emotionaler. Ein Mann, der auf Soft Skills trainiert wurde, der zum Beispiel alternativ erzogen wurde, wird sich anders verhalten als ein anderer, der diese Sozialisierung nicht durchlief. Dasselbe gilt aber auch für Frauen. Die Drehbücher des Lebens sind vielfältig, soziale Erwartungshaltungen beeinträchtigen mehr als das biologische Geschlecht. Prägung und die Art, wie man sein Leben von den Wurzeln bis zum Baum, der herauswächst, schief, gerade, kräftig etc. gestaltet – darauf kommt es an. Ich kenne Frauen wie Männer an der Belastungsgrenze und auch solche, die sich nicht auf dieses Spiel einlassen« (ein Topmanager).

Geschlechterspezifische Abschlussbemerkung

Die persönliche Anerkennung von Erschöpfung dürfte nach wie vor geschlechtsspezifisch unterschiedlich sein. Sozialisation und Rollenvorbilder wirken sich auch hier stark aus. Zunehmend erlebe ich, dass Menschen zwar wahrnehmen, wie es um ihren Energiehaushalt steht, das Problem der mangelnden Alternativen besteht jedoch weiterhin. Kreativität ist gefragt. Wie kann ich meinen Lebensraum so umgestalten, dass ich meinen wirtschaftlichen Bedürfnissen und Verpflichtungen nachkommen kann und trotzdem nicht zusammenbreche. Das ist die Herausforderung der Gegenwart. Und hier sehe ich gar nicht mehr so viele Unterschiede. Männer und Frauen scheinen in ihren Welten gefangen zu sein. »Das ist halt so. Da kann man nix ändern …« meinen Vertreter beider Geschlechter. Auch die größer werdende Anzahl männlicher Teilnehmer in meinen Seminaren und im Coaching ist für mich ein Indiz, dass sich doch etwas ändert. Solange ich ein System so akzeptiere, wie es »ist« – solange wird sich nichts ändern. Erst wenn ich mir erlaube, über persönlich besser passende Lösungen nachzudenken, ändert sich die Welt, in der ich lebe.

Geschafft!

Gratulation! Sie haben sich bis hierher durchgearbeitet. Das ist ein gutes Zeichen. Was Sie nun wahrscheinlich von mir erwarten, ist eine Antwort – eine Lösung und ein paar Ratschläge. Leider gibt es die nicht. Es existiert kein Programm zum Ausstieg. Also, wenn Sie jetzt erwarten, dass ich Ihnen *die* Lösung präsentiere, muss ich Sie enttäuschen. Ich halte es im Coaching und auch hier mit Kater Garfield, der immer wieder feststellt: »*Eine Lösung hatte ich gefunden, aber sie passte nicht zum Problem.*« Meine ethische Haltung gebietet mir zu respektieren, dass Sie Ihren individuellen Weg finden werden, wenn es so weit ist. Ihnen Patentrezepte anzubieten, schiene mir zu simpel und als kein taugliches Mittel. Wenn Sie selbst von Burnout betroffen sind oder sich auf dem Weg dahin befinden, haben Sie bereits einen wunderbaren ersten Schritt unternommen, indem Sie die Situation wahrgenommen haben. Sie haben begonnen, einen neuen Weg einzuschlagen. Virginia Satir sagt: »*Jene Schritte, die uns hierher gebracht haben, werden uns nicht weiterbringen.*« Da ist viel Wahres dran. Gehen Sie auf diesem Pfad ein paar Schritte weiter und finden Sie mit jedem neuen Schritt ein Stück des neuen Weges.

Gerne stelle ich Ihnen jedoch ein paar Gedanken zur Verfügung, die Sie weiterentwickeln können (Sie könnten aber natürlich auch eines meiner Seminare besuchen …).

Handeln müssen Sie in jedem Fall selbst. Egal ob Sie selbst von einer Burnout-Erschöpfung betroffen sind oder ob Sie jemanden kennen, der sich möglicherweise in Burnout-Gefahr befindet. Es hilft nichts. Sie müssen selbst nachdenken, ausprobieren und herausbekommen, was nützt. Nur Ihre eigenen Lösungen können wirklich etwas verändern. Stellen Sie sich doch mal vor, ich sagte Ihnen jetzt genau, was Sie tun oder lassen sollen. Und dann klappt es nicht (oder nicht sofort oder nicht so, wie Sie sich das vorstellten …) – na bitte, was glauben Sie, dass ich mir dann von Ihnen anhören kann! Und außerdem: Dann hätten Sie ja jemanden gefunden, der schuld ist an der Misere! Nein danke! Diesen Job müssen Sie schon selbst tun. Ihre Freundinnen oder Expertinnen können Sie dabei unterstützen. Ich bin überzeugt davon, dass Sie das selbst schaffen werden – denn wenn Ihnen das Thema nicht so wichtig wäre – dann hätten Sie das Buch wohl kaum bis hierher gelesen!

Zurück aus dem Burnout

Gerade in der Burnout-Rekonvaleszenz kann es Rückschritte geben. Eine Grippe, eine Migräne, schon verlieren wir die Balance auf dem Weg zurück ins seelisch und körperlich gesunde Leben. Als Erstes melden sich dann Zweifel, und Betroffene fürchten einen »Rückfall« in die gefürchtete Burnout-Depression. Wer so etwas Heftiges wie eine Burnout-Krise überstanden hat, weiß, wie weit es *hinunter* gehen kann. Es ist nur natürlich, dass man Angst bekommt, jemals wieder so etwas aushalten zu müssen.

Eingeschliffene Verhaltensmuster sind nun einmal nicht von heute auf morgen zu verändern. Aber: Alles, was ich *ge*-lernt habe, kann ich auch wieder *ver*-lernen.

Zollen Sie sich selbst Anerkennung für jeden auch noch so kleinen Fortschritt. Sie verdienen Anerkennung und Respekt für den Mut, den Sie haben, neue Wege einzuschlagen – unabhängig vom erzielten Zwischenresultat. Gönnen Sie sich deshalb eine echte Anerkennung dafür, dass Sie an sich arbeiten. Feiern Sie Ihre kleinsten Erfolge und analysieren Sie auch Ihre Misserfolge – ohne darin steckenzubleiben –, um sie im nächsten Schritt in einen neuen Erfolg umzuwandeln.

Wenn Menschen ein Zeitmanagementseminar bei mir besuchen wollen, frage ich sie zunächst, was sie denn damit bezwecken. Dann höre ich oft, dass es um das Unterbringen von mehr Arbeit in kürzerer Zeit geht. Sie wollen also einen zweiten Donnerstag oder eine 25. Stunde am Tag von mir.

Ich frage weiter, warum sie das denn wollen oder wie es dazu kommt, dass sie glauben, dass dies die Lösung ihrer Probleme sei. Ich frage nach dem beruflichen und privaten Umfeld der Person. Ich informiere mich über die Träume, die am Anfang der Karriere standen. Ich stelle viele Fragen. Oft passiert es dann, dass die Leute von selbst draufkommen, dass es nicht so einfach ist, bloß ein Zeitmanagementseminar zu belegen und von mir quasi mit dem Trichter einen Zaubertrank eingefüllt zu bekommen, und dann geht die Arbeit flotter von der Hand, und die Teilnehmerinnen müssen gar nicht mehr groß etwas in ihrem Leben ändern – es läuft wie geschmiert. Wenn der Alltag sie dann wieder einholt, ist es immer die Schuld der Trainerin, dass es so nicht funktioniert.

Es gibt einfach keine Patentrezepte und schon gar keine Instant-Lösungen. Einmal kurz mit heißem Wasser aufbrühen – und Schluss mit der Burnout-Krise! Menschen, die Zeitmanagementseminare besuchen, befinden sich möglicherweise bereits in einer fortgeschrittenen Burnout-Stufe. Die Verleugnung der eigenen Endlichkeit, der Beschränktheit der Möglichkeiten treibt viele Menschen in solche Seminare – auf der Suche nach dem heiligen Gral der Zeitersparnis.

Am sinnvollsten ist die Prävention

Wenn Sie es schaffen, gar nicht erst in eine Burnout-Erschöpfung hineinzugeraten, haben Sie das Beste für sich getan, was möglich ist. Selbst wenn Sie bereits in einem höheren Ausmaß in einer Burnout-Erschöpfung stecken, können Sie nicht nur situativ, sondern durchaus auch bereits vorausblickend Maßnahmen ergreifen. Die zentrale Entscheidung ist in jedem Fall: Will ich so wie jetzt weitermachen oder gibt es da nicht noch eine sinnvollere, lustvollere, freudvollere Möglichkeit, mein Leben zu leben. Ich habe in meiner zweiten schweren Burnout-Krise gelernt, dass ich im Hier und Jetzt für meinen erschöpften Körper, für meinen ausgelaugten Geist Erholung finden und gleichzeitig die Weichen für später neu ausrichten kann. Das Wunderbare dabei war, dass ich dadurch nicht so viel verlor, wie ich zuvor gefürchtet hatte. Ich litt unter heftigen Depressionen, sogar Panikattacken. Das war nicht mehr lustig. Damals konnte ich mir nicht vorstellen, wie es wäre, wenn ich so richtig glücklich sein könnte. Ein Hauch von Glück und innerer Freiheit war es, was ich mir damals sehnlichst wünschte. Meistens ist die Angst vor Veränderung in uns viel größer, als die Ergebnisse es dann rechtfertigen. So war es natürlich auch bei mir. Die Psychologen sagen: *Wenn du die Kraft zur Veränderung nicht in dir spürst, dann ist der Leidensdruck wohl noch nicht groß genug.*

Irgendwann war der Leidensdruck bei mir dann doch groß genug. Veränderung hat mich jedes Mal ein Stück weitergebracht und oft sogar auf völlig neue Wege, die ich – hätte ich einfach stur so weitergemacht – wohl nie entdeckt hätte. Ich bin heute in der Lage, ein glückliches und erfülltes Leben zu genießen, und das verdanke ich Freundinnen und Freunden, meiner Therapeutin, meinem Partner und meinen Kindern. Aber – und das ist sicher das Allertollste: Ich verdanke es auch mir selbst. Und darauf bin ich stolz! Sehen Sie, das ist das Gefühl nach einer Burnout-Krise. Man kann durch so etwas auch hindurchgehen und daran wachsen.

Wie man das angehen kann? Nun ja, vielleicht mit folgenden Gedanken:

Selbstreflexion – beobachten und verstehen, was wir tun

In Phasen der großen Belastung und Erschöpfung sind oft auch unsere Beziehungen oder deren Qualität das Problem. Wir fühlen uns belastet durch das Verhalten der Menschen in unserer Umgebung. Entweder wir wählen dann den Weg des »Wegschiebens«, des gedanklichen Ausblendens, oder wir raffen uns auf, neue Wege zu suchen. Der Drang nach Weiterentwicklung entsteht in uns Menschen, wenn unsere Handlungsergebnisse nicht mit unseren Wünschen und Bedürfnissen übereinstimmen. Wenn wir nicht hinsehen – werden wir nichts finden. Selbstreflexion ist etwas, das wir uns meist eher mühevoll erarbeiten müssen. Uns selbst, wie im Kino, zu beobachten, uns manchmal vielleicht zu wundern und aus diesen Beobachtungen Schlüsse zu ziehen, erfordert auch Mut. Es verlangt aber auch Toleranz und Geduld, Verständnis und Mitgefühl für uns selbst. Zur Zielerreichung können wir zweierlei tun. Entweder wir strengen uns an und versuchen, neue Wege zu gehen, oder wir überprüfen unsere Wünsche. Manchmal rennt man immer wieder heftig gegen eine Wand und merkt dabei gar nicht, dass man nur einen Schritt zurücktreten müsste, um die Tür zu finden, durch die man hindurchschreiten könnte.

Es nützt auch gar nichts, jemanden zu suchen, der schuld ist. Obwohl ich zugebe, dass es ganz angenehm ist, wenn man feststellen kann: *Der* ist schuld an meinem Problem, also muss *der* es auch lösen. Manchmal werten wir auch unsere Umgebung ab, in der Annahme, selbst das Opfer zu sein und die anderen eine Art »Täter«.

Die Transaktionsanalytiker entwickelten ein Modell, das »Drama-Dreieck«:[38]

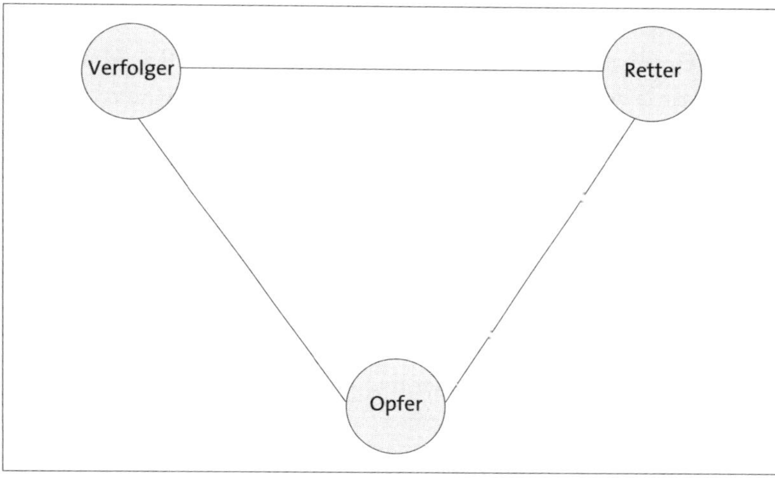

Das Drama-Dreieck ist ein Spiel im Sinne Eric Bernes (Berne 1973). Diese Spiele sind eine Art von Zeitvertreib. Es sind Null-Summen-Spiele, das heißt, es gibt keinen Gewinner. In solchen Spielen gibt es im Grunde immer nur Verlierer. Solch ein Spiel kann immer wieder (weiter-)gespielt werden. Hier in diesem Modell haben wir drei Rollen. Die Spielerinnen nehmen ihre Lieblingsrollen ein (das Spiel kann in wechselnden Rollen auch zu zweit gespielt werden), und los geht's! Abgesehen von einem relativ sicheren Unterhaltungswert, hat so ein Spiel wenige Vorteile – außer der Bestätigung der Spielenden in Ihren (meist) selbst gewählten Rollen. Zur Verdeutlichung hier die Rollen und das Spiel im Einzelnen:

Die Spielerinnen und Spieler

Retter/Retterin: Der Retter/die Retterin rettet. Als Vertreterin des Guten und Wahren, als barmherzige Seele wird er oder sie gegen den Täter/die Täterin kämpfen und das Opfer verteidigen. Und vor allem das arme Opfer retten (eigentlich müsste man sagen: *versuchen, es zu retten!*).

Täter/Täterin: Der oder die Täterin vertritt das Recht und die Ordnung. Er oder sie versucht, dem Opfer dessen Fehler klar zu machen, und möchte das Opfer zur Einsicht bringen. Dabei muss man manchmal halt deutlicher als deutlich werden, wenn dieses doofe Opfer nicht zuhört (Sehr zum Ärger des Retters, weil natürlich das Opfer immer arm ist, und man so nicht mit Opfern umgehen darf).

Das Opfer: Das Opfer ist erstens arm und zweitens hilflos. Mindestens jedoch wurde dem Opfer übel mitgespielt, so dass es etwas zu retten gibt. Das Opfer steckt (vermeintlich) in einer schwierigen Situation, aus der es selbst (scheinbar) nicht wieder herausfindet. Das Angenehme an dieser Rolle ist, dass man nicht viel mehr tun muss, als zu leiden. Und das möglichst demonstrativ, so dass Retter und Täter immer klar vor Augen haben, was ihr Job ist. Man hat auch gar keine Verantwortung zu tragen in dieser Rolle. Arm, hilflos, schlecht behandelt sein ist hier das Programm.

Das Spiel: Das Spiel kann zu jeder Zeit an jedem Ort gespielt werden. Ob zu Hause mit Schwiegermutter und Ehepartner, ob im Büro mit Chefin und Mitarbeiterinnen (oft bietet sich auch eine Betriebsrätin wunderbar als Mitspielerin an). Das Drama-Dreieck kann auch von einander völlig unbekannten Menschen gespielt werden: im Supermarkt an der Kasse, an der Tankstelle, ja sogar im Zugabteil auf einer längeren Reise kann es mit fremden Menschen gespielt werden. Wichtig ist nur, dass es ein Opfer und mindestens eine der beiden anderen Rollen gibt. Und los geht's! Versuchen Sie es mal, das vertreibt auch die Zeit bei einer Fahrt von Wien nach Heidelberg wie im Flug!

Selbstbild

Um Weiterentwicklung zu ermöglichen, ist es durchaus sinnvoll, auch negative Sichtweisen und »warnende innere Stimmen« anzuhören. Sie haben oft auch eine Schutzfunktion. Zum Stillstand kommen wir erst dann, wenn diese Anteile unserer Persönlichkeit überhand nehmen und uns stoppen.

Die Entwicklungsaufgabe ist nicht einfach. Die Aufgabe ist, ein weitgehend realistisches Selbstbild zu entwickeln. Also auch eigene Grenzen als Ausgangspunkt beruflicher und persönlicher Weiterentwicklung zuzulassen und gleichzeitig ein angemessenes Maß an Selbstakzeptanz aufrechtzuerhalten. Persönliche Weiterentwicklung ist durch Einsicht und auch durch Anstrengung möglich, aber unserem Wachstum sind Grenzen gesetzt. Das belegen neue Studien aus der Verhaltens- und Molekulargenetik, die sich mit dem Einfluss von Umwelt und Anlage befassen. Die Frage der anlagebedingten Faktoren ist ein heiß diskutiertes Thema. Je nach Argumentationskette wird uns einmal dieses und einmal jenes über die Kraft der Gene in Bezug auf unser Verhalten erklärt.

Unabhängig davon, wie weit unser Verhalten vorbestimmt ist, eine Tatsache scheint auch für die Wissenschaft unbestritten: Unsere Leistungsfähigkeit ist endlich. Vor allem Burnout-gefährdete Menschen müssen lernen, dies zu akzeptieren. Arbeiten Sie an sich – aber seien Sie dabei gnädig mit sich! Wenn Sie heute mal keine Lust auf gesunde Ernährung haben oder ihren Abendlauf ausfallen lassen – sei's drum! Vergessen Sie bloß vor lauter Selbstdisziplin nicht zu leben!

Die Frage der Lebensqualität scheint mir wichtiger, als sich zu beweisen, was man alles aushält. Damit meine ich nicht, dass wir dem inneren Schweinehund freie Hand lassen sollen. Aber gerade diese innere Stimme dient auch als Schutz. Realistische Einschätzung, Ausgewogenheit, Balance im Leben, dies sind die relevanten Parameter. Disziplin schön und gut, aber ein lustvolles und glückliches Leben darf dabei nicht auf der Strecke bleiben.

Fehlertoleranz ist die Voraussetzung für persönliche Entwicklung

Fehler sind unpassende Lösungsversuche! Das klingt doch viel besser als: Alles mache ich falsch! Nie gelingt mir etwas! Schon wieder ein Entspannungstraining, das nichts bringt. Schon wieder eine Diät, nach der ich zunehme …

Fehler machen heißt,

- dass Sie etwas getan haben (und das ist besser als nur zu jammern oder zu leiden) und
- dass Sie einen unpassenden Ansatz gewählt haben (entweder aus einer Fehleinschätzung der Lage heraus oder aufgrund ihres Entwicklungsgrades).

Machen Sie eine Feedback-Schleife. Analysieren Sie Ihr Handeln und machen Sie einfach beim nächsten Versuch nicht wieder die gleichen Fehler.

Es ist in jedem Fall besser, *etwas* zu tun – auch auf die Gefahr hin, dass das Ergebnis noch nicht ganz optimal ist. Wichtig ist die anschließende Reflexion, um zu begreifen, was die Fehlannahme war, um den nächsten Versuch näher an die Realität heranzubringen. Entwicklungsprozesse verlaufen nicht auf einer stetig steigenden Linie in Richtung Ziel. Die Lernforschung sagt, dass es Plateaus gibt, auf denen der sich weiterentwickelnde Mensch immer wieder verweilen muss. Die neuen Inhalte müssen sich setzen und integriert werden.

Verleugnen verlernen!

Etwas, das man *ge*-lernt hat, kann man auch wieder *ver*-lernen. Allein schon durch die Beschäftigung mit diesen Seiten schlagen Sie einen Weg ein, sich oder jemandem, der von Burnout betroffen ist, zu helfen. Sie stellen sich der Situation. Und das ist allemal die beste Lösung. Seien Sie sich dessen bewusst, dass es schwierig ist, zu anderen nein zu sagen. Dies wird oft als aggressiver Akt empfunden. Je stärker die persönliche Veränderung ist, desto massiver kann es von der Umwelt bedroht werden. Die Umwelt hatte ja meistens ihren Nutzen daran, warum also sollte etwas geändert werden.

Noch wichtiger aber ist, dass Sie sich dessen bewusst sind, auch zu sich selbst nein sagen zu müssen. Sie können das Erreichte wieder verlernen, d. h. sich pausenlos wieder überarbeiten, unter Druck erst so »richtig in Hochform kommen«, all diese Fallen, die Sie sich selbst über die Jahre konstruiert haben. Sie müssen mit etwas aufhören, das über einen langen Zeitraum hinweg die Bestätigung Ihres Seins war. Entwickeln Sie eine »Hellhörigkeit« für Ihre persönlichen Tricks, das Burnout aufrechtzuerhalten. Verschieben sie seit Jahren Ihren Urlaub, weil gerade jetzt Ihre Arbeit in einer kritischen Phase steckt? Verschieben Sie den Friseurtermin, bis Sie beschließen, die Haare einfach hochzustecken, weil das gepflegter aussieht? Wie oft haben Sie Ihren Zahnarzttermin im letzten Jahr verschoben? Arbeiten Sie an Feiertagen und Sonntagen die Arbeit auf, die wegen dringenderer Projekte sonst liegen bleibt? Oder haben Sie Ihre Bedürfnisse vergessen, weil Sie nach getaner Arbeit zu erschöpft sind, um anderes zu tun, als ins Bett zu fallen?

Hilfe suchen und annehmen

Menschen, die bereits in einer Burnout-Erschöpfung stecken, nehmen meist ungern oder gar keine Hilfe von anderen an. Vor allem Männer tun sich hiermit schwer. Hilfe anzunehmen macht das Problem sichtbar. Es zeigt allen, dass man gescheitert ist. Und das darf nicht geschehen. Frauen und Männer fürchten dieses – für alle sichtbare – Zeichen der eigenen Grenzen.

Genau das aber wäre die Chance für sie. Einzelgespräche in verschiedensten Therapieformen, Selbsthilfegruppen, wo betroffene Menschen ungestört miteinander reden können, sich ihre Lage einmal vergegenwärtigen und gemeinsam Auswege finden können, sind eine empfehlenswerte Alternative. Alleine schafft man es auch, aber es ist meist viel schwerer. Gerade die soziale Isolation hat ihren Anteil dazu beigetragen, dass Burnout entstehen konnte. Allein schon das Erkennen, dass es anderen auch so geht, und das Anerkennen, dass es einen Ausweg gibt, helfen bereits ungemein.

> Also: Isolation und Alleinsein fördern Burnout.
> Bestätigung, Wertschätzung und Nähe mindern das Problem.

Es gibt Vereine (in Österreich zum Beispiel pro mente), die sich die Unterstützung von Betroffenen in der Burnout-Rekonvaleszenz zur Aufgabe gemacht haben. Es gibt zahlreiche Projekte und Hilfsangebote in diesem Bereich. Zu diesem Thema bilden sich auch immer mehr Selbsthilfegruppen (siehe Adressen im Anhang des Buches). Sprechen Sie mit Ihrem Partner oder Ihrer Partnerin, mit Freunden und wohlgesonnenen Menschen. Sie werden sich wundern, wie viele wirklich gute Freunde sie entdecken werden, wenn Sie Ihren Mut zusammennehmen und offen darüber reden.

Ab jetzt bin ich mir wichtig! – Selbstachtung als Motto

Warum wir bei dem Wort Selbstachtung immer so zusammenzucken, ist begründet durch unsere Sozialisation. Wir lernen früh, dass man nicht so *selbstsüchtig* sein soll. Insbesondere wenn man als Frau sozialisiert wird. Selbstachtung bedeutet nicht, sich gar nicht mehr um andere zu kümmern. Es bedeutet auch nicht, seine Arbeit liegen zu lassen, um sich stattdessen die Fingernägel zu lackieren (obwohl das manchmal ganz gut tut).

Selbstachtung bedeutet: Achtung vor sich selbst, Wertschätzung der eigenen Person gegenüber zu empfinden. Seien Sie zu sich selbst ebenso fürsorglich wie zu anderen. Beachten Sie Ihre eigenen Gefühle und Befindlichkeiten genauso intensiv, wie Sie es bei anderen tun. Lesen Sie sich doch einmal selbst Ihre Wünsche von den Augen ab! (Siehe hierzu auch Freudenberger u. North 2000.)

Und vor allem: Lassen Sie sich Zeit! Gewähren Sie sich Pausen, seien Sie gnädig mit sich selbst, wenn Sie nicht von einem Tag auf den anderen plötzlich mit all der Überlastung aufhören können. Suchen Sie sich die passende Hilfe und fangen Sie an irgendeinem Ende an und vor allem: Haben Sie Mut zur Lücke!

Ist es denn wirklich notwendig, dass man bei Ihnen zu Hause vom Fußboden essen könnte? Wer hat denn so etwas je vor? Genügt es nicht, dass der Tisch sauber ist und man nicht unter dem Tisch in klebrige Eireste der Kinder tritt? Früher dachte ich immer, ich müsste meine Unterwäsche bügeln. Das ist an sich ja noch nicht das Problem. Erst heute weiß ich, warum mir das so wichtig war. In meiner Familie erklärte man mir, das sei deshalb so wichtig, weil: Wenn ich einen Verkehrsunfall hätte, dann sähe der Rettungsmann ja meine Unterwäsche, und deshalb muss diese in Ordnung sein … Ziemlich irre, nicht wahr? Ich hatte übrigens noch nie einen Verkehrsunfall, bei dem irgendjemand meine Unterwäsche zu Gesicht bekommen hätte. Bloß mal einen Blechschaden mit dem Auto. Stellen Sie sich mal vor, wie oft ich da umsonst gebügelt hätte.

Antreiber und Glaubenssätze

Die Begriffe kommen aus der Transaktionsanalyse. Gerade in Bezug auf die Burnout-Problematik scheint es mir wichtig, über diese Aspekte zu reden. Glaubenssätze sind Meinungen und Überzeugungen, die wir uns aus bestimmten Erlebnissen oder Erfahrungen gebildet haben oder die wir von anderen Menschen übernommen haben. Typische Glaubenssätze sind z. B.:

- »Richtige Arbeit macht eben keinen Spaß.«
- »Frauen können nicht sachlich bleiben.«
- »Ich bin ein Faulpelz.«
- »In unserer Familie sind alle Juristen.«

Glaubenssätze sind (fördernde oder behindernde) Sätze, an die wir glauben. Wir sprechen von ihnen als unseren Einstellungen und Überzeugungen. Sofern sie uns unterstützen, ist das nicht weiter problematisch. Sie können aber auch den Weg in eine Burnout-Überforderung vorgeben. Einschränkende Glaubenssätze sind Überzeugungen, die in unserer Kindheit und Jugend entstanden sind und die wir als Erwachsene nicht mehr überprüft haben. So bleiben sie in unserem Kopf bestehen, auch wenn sie schon lange nicht mehr zutreffen. Solche Glaubenssätze sind z. B.: »Nie finde ich einen Parkplatz!«, »Immer habe ich eine Gräte im Fisch!«, »Immer wenn ich Urlaub habe, werde ich krank!«. Kennen Sie diese und ähnliche Aussagen? Das Verrückte daran ist, sie stimmen immer! Wer sich als Pechvogel darstellt, ist auch einer.

Überzeugungen besagen, was möglich ist und was nicht, wie das Leben funktioniert und warum es so und nicht anders ist. Schon ist klar, warum das Erkennen hier so wichtig ist. Erfahrungen aus unserer Jugend mit unseren Eltern, Verwandten und Bekannten prägen unser Erwachsenenleben. Auch im reifen Alter befolgen wir die Gebote und Verbote. Wenn sie von einem wohlwollenden Elternteil stammen, wie zum Beispiel »Lass dich nur nicht unnötig hetzen!«, sind sie durchaus hilfreich. Andere dagegen sind belastend, einengend und blockierend. Ziel der persönlichen Entwicklung sollte es sein, dass wir mit unserem Bewusstsein eines Erwachsenen entscheiden können, ob eine solche Botschaft sinnvoll oder Stress auslösend ist.

Was Sie tun können, um dem Burnout zu entkommen[39]

- Konfrontieren Sie sich mit der Realität. Nur wenn Sie aufhören, Ihre Situation zu leugnen, beenden sie den Burnout-Zyklus.
- Beginnen Sie mit einer Ruhepause. Alles hat irgendwann einmal damit begonnen, dass Sie Ihr Ruhebedürfnis übergangen haben. Fangen Sie dort wieder an. Erschöpfung fördert – Ruhe beendet diese Dynamik.
- Setzen Sie sich realistisch mit Ihrer gegenwärtigen Situation auseinander. Versuchen Sie nicht, sich zu rechtfertigen. Analysieren Sie den Istzustand. Dies ist die Basis Ihrer nächsten Schritte.
- Stellen Sie alle Glaubenssätze und Rollenvorbilder, die Ihnen diesen Druck verursacht haben, in Frage. Überprüfen Sie, woran Sie glauben und ob das gesund für Sie ist.
- Versuchen Sie – real oder in der Fantasie – nahe stehenden Menschen zu erzählen, wie es Ihnen wirklich geht.
- Seien Sie nicht mehr so streng mit sich selbst.
- Versuchen Sie, auf Ihre Gefühle und Bedürfnisse zu hören und nehmen Sie diese ernst.
- Verschaffen Sie sich einen freien Tag und überlegen Sie, was Sie mit all dieser Zeit Lustvolles anfangen könnten.
- Verbessern Sie Ihr Körperbewusstsein, lernen Sie, Ihrem Körper bewusst Gutes zu tun. Setzen Sie Ihre Gesundheit und Ihr körperliches Wohlbefinden auf Ihrer Prioritätenliste wieder höher nach oben. Ersetzen Sie selbstschädigendes Verhalten (ungesunde Ernährung, Rauchen, Alkohol, Medikamente, wenig Bewegung, wenig Schlaf etc.) nach und nach durch Verhaltensweisen, die Ihrem Wohlbefinden zuträglicher sind.
- Vielleicht finden Sie eine/n Coach oder Therapeutin, die Sie unterstützt. Analysieren Sie gemeinsam mit ihm/ihr Ihre Arbeitssituation und entwickeln Sie neue Strategien, um damit selbstbestimmter umzugehen. Oder Sie suchen sich eine Selbsthilfegruppe. Unter Gleichgesinnten erfährt man zum einen, dass es viele Frauen gibt, die damit zu kämpfen haben. Zum anderen können Sie sich Lösungsansätze von anderen abgucken oder als Basis für Ihr persönliches Ausstiegsszenario nehmen. Lassen Sie sich von Gleichgesinnten unterstützen.

- Bilden Sie starke Netzwerke.
- Prüfen Sie, welche Aufgaben Sie delegieren können. Das tolle Gefühl, belastbarer als alle anderen zu sein, geht auf Dauer auf Ihre Kosten!
- Lesen Sie sich selbst Ihre Wünsche von den Augen ab. Seien Sie fürsorglich zu sich selbst.
- Entwickeln Sie einen Lebensstil, der Sie gegen Stress und Burnout stärkt.
- Vergessen Sie Ihre geistige Entwicklung nicht.

»Downshifting«: Ballast abwerfen, die innere Ausgeglichenheit finden

Eine weitere sehr sinnvolle Strategie, um dem Burnout zu entkommen, hat Angelika Faas (2002) entwickelt: Downshifting. Das bedeutet einfach: Alles herunterfahren, Ballast abwerfen. Mit Ballast ist all das gemeint, was im Leben eigentlich zu viel ist und trotzdem seine guten Seiten hat. Deshalb wird er ja angesammelt und – mehr oder weniger – halbherzig beibehalten. Und: Ballast ist auch all das, was das Leben schwer macht, was eine echte Belastung darstellt und dennoch irgendwie nützlich und unabwendbar erscheint – deshalb ist es so schwer, ihn wieder loszuwerden. Im Zuge meines letzten Umzuges nahm ich mir ihre Tipps zu Herzen, und ich kann Ihnen sagen, das tut unglaublich gut! Man fühlt sich erleichtert und fast federleicht, wenn man sich von einigen Dingen trennen konnte.

Faas nennt einige Arten von Ballast, z. B.
- die allgegenwärtige Informationsflut und die Überstimulation durch eine Überfülle von Reizen, die auf unsere Sinne einwirken,
- den ständigen Zeit- und Termindruck und den daraus entstehenden Zeitmangel, durch den wiederum andere wichtige Aufgaben zu kurz kommen,
- die Konfusion, die aus den oben genannten (und anderen) Gründen in uns herrscht und die daraus resultierende Grenzverwischung, die zur Verunsicherung über die eigene Position und die eigene Befindlichkeit führen.

Also, bevor Sie mir unter diesen Umständen vollends zusammenklappen, stelle ich Ihnen die folgende Frage: Müssen Sie sich tatsächlich mit allem auseinander setzen, was an Ihnen mehr oder weniger gehaltvollen Informationen in immer kürzeren Abständen angeboten wird?

Wie viele Informationen erhalten Sie, die ausschließlich dem Stillen des zentralen menschlichen Bedürfnisses nach Mitteilung und Austausch (also Tratsch) dienen? Sobald Sie hinhören, was man Ihnen sagt, steigt möglicherweise die Furcht in Ihnen hoch, »es könnte sich um etwas Relevantes, Wichtiges oder sogar Lebensnotwendiges handeln«. Für jene Leserinnen unter Ihnen, die sich hier angesprochen fühlen, gleich mal eine spannende Übung: Heben Sie das nächste Mal, wenn Ihr Telefon läutet, nicht ab. Auch Anrufbeantworter oder sonstige gute Geister sind verboten. – Na, wie steht's um Sie? Selbstverständlich glaube ich Ihnen, dass es in Ihrem Job extrem wichtig ist, dass Sie erreichbar sind. Das ist eine Frage der Kompetenz, des Kundenservices, der modernen Mitarbeiterinnen-Führung. Alles klar. Aber machen Sie doch mal dieses geistige Experiment: Gehen Sie in Gedanken einen ganz normalen Tag durch. Wie viele Informationen haben Sie bekommen, mit denen Sie entweder gar nichts anfangen konnten oder die Sie nicht benötigten, die Sie nicht interessierten, deren Qualitätsgehalt Sie anzweifelten?

Auch wenn Sie Zeitung lesen oder die Nachrichten ansehen: Die meisten Meldungen sind gekürzt, unvollständig dargestellt oder unterliegen einer bestimmten perspektivischen Färbung. Wie groß ist der Informationsgehalt da noch? Viel mehr als solides Halbwissen kann sich der/die durchschnittliche Nachrichtenkonsumentin kaum aneignen, und für den Aufbau eines echten Fachwissens auf mehr als einem Gebiet bräuchten Sie mehr als nur ein einziges Leben!

Eine liebe Klientin gab mir heute einen Ratschlag: »Rege dich nicht auf, die Sache ist vorbei!« Da war ich schon baff … Sie hat nämlich Recht. Wie oft quälen wir uns tagelang mit einem Satz oder einer Situation, die schon lange vorüber ist? Wie viel Ballast häuft das in unserem Inneren an? Grübeln kostet viel Energie, die wir anders sinnvoller einsetzen könnten.

Coaching als Prävention

Ist Coaching wirklich erst kurz vor dem Zusammenbruch sinnvoll?
Immer mehr Führungskräfte schätzen Coaching als ein individuelles und dezentes Beratungsinstrument. Manager sind nun einmal in einer »Sandwichposition«. Vorstand und Aktionäre geben die Zahlen, die zu erreichen sind, vor. Mitarbeiter verlangen nicht nur fachliche, sondern immer mehr auch soziale Kompetenz. Führungsaufgaben sind heute eine Dienstleistung. Wer aber fragt Manager, wie es ihnen geht?

Meist reagieren Manager irritiert, wenn ich sie frage: »Wie geht es Ihnen denn wirklich?« Wie oft wird man so etwas schon gefragt in diesem Job. Coaching ist ein Ort der inneren Einkehr mit professioneller Unterstützung. Hier interessiert sich jemand für mich, mit dem ich sonst überhaupt nichts zu tun habe. Das entlastet das Familienleben und stärkt das Ego. Nicht immer ist es möglich, über Fragen, die wir uns stellen, mit anderen zu sprechen. Heikle Managemententscheidungen, aber auch sensible Lebensentscheidungen kann man manchmal nicht mit Menschen besprechen, die aus dem engeren Umfeld stammen.

Es ist auch völlig natürlich, dass wir – wenn wir lange genug im Kreis herum gedacht haben – der Meinung sind, es gäbe keine Lösung für dieses spezifische Problem. Gerade, wenn wir uns wie der sprichwörtliche »Hamster im Rad« fühlen, ist Coaching sinnvoll! Coaches geben uns keinen Rat. Viel besser: Sie helfen uns, in uns selbst die Lösung für unsere Frage zu finden. Von meinen Klienten höre ich oft folgenden Satz: »Das hat mir jetzt richtig gut getan, mal über dieses Thema in einem Stück und ohne Unterbrechungen nachzudenken … und dass mir jemand wirklich zuhört.«

Coaches arbeiten individuell und ausschließlich mit dem Klienten oder der Klientin an deren Fragestellung. In keinem Führungskräfteseminar ist Zeit und Raum für diese Individualität.

Die Möglichkeit, völlig anonym mit dem Coach zu sprechen, ist ein weiterer situationsadäquater Nutzen. Ja, im Grunde verfügen Coaches über Techniken, bei denen ich nicht einmal sagen muss, worüber ich nachdenke. Sie begleiten mich über Fragetechniken und Analysemethoden durch meinen Gedankengarten. Dort finde ich Ecken und Nischen, in denen ich noch nie nach einer Lösung gesucht habe.

Coaching ist effiziente Managementunterstützung. Wer schlau ist, holt sich einen Coach – bevor er unter den Belastungen des Alltags zusammenbricht.

Persönliche Zufriedenheit

Zufriedenheit mit sich selbst zu finden, ist für Burnout-Betroffene manchmal nicht mehr möglich. In dieser angespannten Situation fällt es manchem Menschen schwer, sich auch nur daran zu erinnern, dass es einmal Zufriedenheit im Leben gab. Dies ist eine wichtige Aufgabe in der Rekonvaleszenz.

Zufrieden mit sich selbst und den eigenen Leistungen zu sein ist ein wohliges Gefühl. Die Welt ist in Ordnung, und wir fühlen uns richtig und wertvoll. Das Ausmaß der Selbstzufriedenheit (nicht zu verwechseln mit übersteigertem Selbstwertgefühl) hängt davon ab, wie weit wir es schaffen, unsere Zielvorstellungen und unsere Realität in Einklang zu bringen. Zufriedenheit ist ein höchst subjektives Gefühl. Es hängt nicht von objektiv messbaren Leistungskriterien ab. Reiche Menschen werden oft beneidet, sie sind aber keineswegs immer zufrieden. Zufriedenheit muss auch nicht immer das vorherrschende Gefühl im Leben sein (auch wenn das eine schöne Vorstellung ist). Zufrieden kann ich auch in einem Moment der Ruhe, der Besinnung sein. Wenn ich gerade in einem solchen Moment aus dem Fenster sehe, dann entdecke ich, dass die allererste Blüte in meinem Garten zu sehen ist. Das erfreut mein Herz, und ich muss unwillkürlich lächeln.

Zuletzt noch ein paar Tipps zum Thema Zufriedenheit:

> Tipp 1: Schreiben Sie doch jetzt gleich, wo Sie diese Zeilen lesen, auf, womit Sie zufrieden sind. Nehmen Sie auch scheinbare Banalitäten, genauso wie die wirklich großen Dinge in diese Liste mit auf.

Tipp 2: Zufriedenheit kann auch von einer Diskrepanz zwischen Selbstwertgefühl und Idealbild abhängen. Überprüfen Sie nun Ihre Idealvorstellungen. Listen Sie auf, wie Sie idealerweise sein sollten. Egal ob Ihnen das realistisch erscheint oder nicht. Nun lesen Sie diese Liste aufmerksam durch. Denken Sie sich dabei – als Arbeitshypothese –, dass es sich um eine Ihnen fremde Person handelt. Verändert sich etwas in Ihren Ansprüchen?

Jetzt denken Sie bitte vergleichsweise an eine Situation, die für Sie nicht so besonders gut läuft. Wie ist da Ihr Selbstbild? Und Ihr Idealbild – weicht es stark ab von der realen Situation? Stellen Sie sich abschließend die Frage, was würde ich jetzt einem eng befreundeten Menschen raten? Was würde mir mein bester Freund/meine beste Freundin raten? Spielen Sie ein bisschen mit diesen Sichtweisen und veränderten Positionen herum. Sie werden bemerken, dass sich etwas verändert.

Tipp 3: Warum eigentlich glauben Sie, dass Sie so, wie oben beschrieben, sein sollten?

Epilog

Viele Bücher entstehen, weil sich der Autor/die Autorin etwas von der Seele schreiben möchte, manchmal muss. Ich denke, dass dies auch auf dieses Buch zutrifft. Über die lange Zeit der Beschäftigung mit dem Phänomen Burnout, mit dessen vielfältiger Auswirkung auf ein Menschenleben und wechselseitig auf die Umwelten, in denen sich diese Person bewegt, bin ich nun zu einem Punkt gekommen, an dem ich mich genau das frage, was mich auch meine Gesprächspartnerinnen, meine Klientinnen und Seminarteilnehmerinnen fragen: Und? Wie macht man es nun richtig? Was ist Burnout-Prävention denn nun?

Mir ist klar geworden, dass Burnout kein Individualproblem ist, wenngleich es sich auf persönlicher Ebene zeigt. Und weiter, dass es eine Fehlentwicklung in unserem Zusammenleben bedeutet, Erschöpfung und die Grenzen der Belastbarkeit so weit zu tabuisieren, dass wir sie beinahe nicht mehr wahrnehmen können. Wenn dann ein Mensch in unserem Umfeld in eine solche Krise gerät, so ist es uns am liebsten, wenn sich dieser Mensch – mitsamt seinem Problem – elegant in eine Ecke verzieht und erst wieder hervorkommt, wenn alles überstanden ist.

Das ist keine gute Entwicklung. Vielmehr sollten wir uns fragen, was wir selbst tagtäglich dazu beitragen können, dass dieser allgegenwärtige Geschwindigkeitswahn aufhört. Weiter ist es notwendig, im Umgang mit uns selbst sorgfältiger und wertschätzender zu werden.

Es muss auch klar sein, dass der Wiedereinstieg nach einem Burnout-Zusammenbruch nur in winzig kleinen Schritten möglich ist. Je früher wir uns unsere Erschöpfung eingestehen, desto eher können wir uns auch wieder erholen. Wenn wir die vielen kleinen Warnzeichen, die uns unser Körper und unser Geist senden, annehmen und uns dementsprechend verhalten, können wir eher einem Zusammenbruch entgehen. Schwierig ist hier die Abgrenzung. Die meisten Anzeichen schieben wir von uns weg, da nehme ich mich gar nicht aus. Ein wenig Kopfschmerz hier und ein wenig Nervenentzündung da, Unkonzentriertheit und Vergesslichkeit – all das können Anzeichen sein, dass mal eine Pause fällig wäre. Und: In der Regel kann ich meinen alltäglichen Stress durchaus mit entsprechenden Ruhephasen ausbalancieren.

Ich überlege nun einmal – als Beispiel für die Veränderungsmöglichkeiten im Kleinen –, in wie vielen Rollen ich tagtäglich mit dem bisschen Zeit zu jonglieren habe:

- als »moderne« Frau aufgeschlossen und selbstbewusst mein Leben zu leben, es selbst in der Hand zu behalten und sich nicht mit dem kleinen »Heimchen am Herd«-Dasein zufrieden zu geben. Das bedeutet aber auch, dass es weniger bequem ist, dass ich vieles nicht auf andere abschieben kann und will, dass ich mehr Verantwortung für mein Handeln übernehmen muss.
- als Mutter, die Erziehung und die Auseinandersetzung mit ihren Kindern ernst nimmt und es sich nicht leicht macht mit Fragen der Ethik, der Abgrenzung, des Wertesystems, das den Kindern vorgelebt werden soll. Und das bedeutet leider mehr, als das böse Wort mit Sch… nicht auszusprechen. Kindererziehung ist höchst anspruchsvoll geworden, und so sehr es mich als Feministin ärgert – es ist ein Fulltimejob. Wenn ich meine Kinder und deren Bedürfnisse so ernst nehme, wie ich das für richtig halte, dann bin ich leider bei einem vollen Tagesprogramm angelangt. Da hilft mir diese ganze Vereinbarkeitsdiskussion nur wenig. Letztlich sind es die Eltern, die alles liegen und stehen lassen, wenn es Schulprobleme, Mathematik-Abstürze bei Schularbeiten oder Liebeskummer zu bewältigen gilt. Vereinbarkeit ist ein hoher Wert, aber leider nicht alles.
- als Partnerin in einer Beziehung, die mir mindestens genauso wichtig ist wie alle anderen Rollen. Auch Beziehungen sind heute anstrengend. Wertschätzend und aufmerksam, anregend und hinreißend erotisch dem Partner oder der Partnerin gegenüber zu bleiben, wenn es einen nur so schüttelt vor Stress und Anforderungsdruck. Liebe- und verständnisvoll zu unterstützen und da zu sein, wenn die bessere Hälfte Ansprache oder Zuwendung braucht, das ist immer wieder eine Herausforderung.
- als selbstständige Unternehmerin in einem Beruf, in dem es mehr Frauen gibt, aber die Helden immer noch Männer sind. In dem auch immer

noch die Männer die höheren Gagen haben und die geringere Gegenleistung bringen. Ohne Lobby, weil Ein-Personen-Unternehmen nun einmal keine interessante Zielgruppe für Politik und Interessenvertretungen darstellen.

- als Beraterin, Begleiterin, Coach – und das ist wohl die größte Herausforderung – das zu leben, was ich hier auf diesen Seiten immer wieder fordere. Ziele zu erreichen wie: Wertschätzend mit sich selbst und seinen Ressourcen umzugehen; sich selbst nicht aus den Augen zu verlieren; Prioritäten zu setzen und das Wichtige vom Unwichtigen zu trennen.
- als Mensch, der seine Wünsche und Träume nicht aus den Augen verlieren möchte, will ich anerkennen, dass ich endlich bin und dass ich auch mit dem straffsten Selbstorganisationskonzept keinen zweiten Donnerstag und auch keine 25. Stunde aus einem Tag herausquetschen kann. Ich möchte Spaß haben und nicht alles so ernst nehmen. Ich möchte entspannter leben, um all die Gefühle spüren zu können, die in mir stecken – um nicht an einem Magen- oder Migräneproblem hängen zu bleiben.

Was ich dafür tue?

Also, zuerst einmal habe ich einen Plan gemacht, mit Prioritäten und Terminen …

Dann habe ich alles weggeworfen und eine neue Liste erstellt:

Was wollte ich als Kind am liebsten? Welche Träume hatte ich? Was wünschte ich mir vom Leben? Erfreulicherweise kam ich zum Ergebnis, dass ich recht viel davon realisiert hatte. Ein paar Dinge sind übrig: ein Hund (den habe ich mittlerweile), Klavierspielen lernen, Gesangs- und Tanzunterricht. Und einmal einen Halbmarathon laufen. Und reisen, die Welt ansehen. Das ist noch offen.

Alle haben mich ausgelacht, als ich mit dieser Hundegeschichte ankam. Ich sei doch auch jetzt schon so gestresst und die Kinder und alles … Ich solle doch realistisch sein und erst mal die vorhandenen Dinge auf die Reihe bekommen. Wann ich denn mit dem armen Hunderl rausgehen würde, wenn ich doch soo viel Stress hätte … Und wissen Sie, was das Wunderbare an der Geschichte ist? Unser Hund ist da, wird geliebt und versorgt, leidet nicht unter Bewegungsmangel – im Gegenteil. Seit wir unsere »Happy« haben, ist das Glück bei uns eingezogen. Ich finde tatsächlich täglich bis zu (fast) zwei Stunden Zeit zum Spazierengehen. Meine Depressionen sind weg, und mein Blutdruck stimmt wieder. Und – auf ganz wunderbare Weise passiert in diesen Momenten, in denen ich eben nicht »arbeite«, auch nichts Schreckliches. Kein Klient entzog mir bisher einen Auftrag, nur weil ich nicht á la minute auf eine E-Mail antwortete. Und die Lehrer der Kinder erreichen mich sowieso immer auf dem Handy. Manchmal habe ich es sogar geschafft, meinen Mann dazu zu bewegen, mit uns zu kommen, was auch gut für die Beziehung und für seine Gesundheit ist.

Also, vielleicht sollte ich viel öfter mal einfach das tun, was ich gern tue, und nicht immer nur das, von dem ich überzeugt bin, dass ich es tun müsse.

Ich bin auf der Suche nach meiner ganz persönlichen Burnout-Präventionsstrategie. Zum einen stelle ich fest, dass es wahrscheinlich mit halbem Energieeinsatz und Engagement auch noch in Ordnung wäre, und zum anderen bin ich auf die Suche nach kleinen Inselchen gegangen (einfach mal den blauen Himmel betrachten oder die Regentropfen, oder sich 10 Minuten auf dem Heimweg herausstehlen, um kurz einen Kaffee im Stehen zu trinken ...). Schritt um Schritt finde ich auch meinen Weg dahin. Ich wünsche Ihnen von Herzen, dass Sie das auch tun. Es zahlt sich wirklich aus!

Und nun sind Sie dran – eine kurze Abschlussübung. Bitte beantworten Sie sich selbst folgende Fragen, und falls Sie zum Ergebnis gelangen, dass es keinen Spielraum und keine Veränderungsmöglichkeit gibt, dann lassen Sie dies einen vertrauten Menschen für Sie oder gemeinsam mit Ihnen tun – und bieten Sie dies auch dieser Person an:

Welche Rollen spiele ich und in welchen Systemen (z. B. Beruf, Familie, Verein)?

Wie kam ich zu diesen Rollen? Und: Brauche ich sie heute noch?

Was daran ist hilfreich und behaltenswert? Was brauche ich nicht mehr?

Wie viel Energiereduktion wäre mir möglich, um immer noch ein akzeptables Ergebnis zu erzielen?

Was ist das Schlimmste, das mir passieren könnte, wenn ich diese Rolle(n) nicht erfülle?

Was wäre das Mindestmaß der Rollenerfüllung?

Schreiben Sie mir doch Ihre persönlichen Präventionsstrategien. Ich werde sie gerne als Best-Practice-Beispiele in meinen Seminaren weitergeben, damit viele Menschen davon profitieren können.

Passen Sie auf sich auf!
Ihre Gabriele Kypta

Hilfreiche Links und Adressen

Wer sich eingehender mit der Thematik beschäftigen möchte oder muss, findet an den folgenden Stellen weitere Informationen:

Deutschland
Eine gute Zusammenfassung zum Thema »Stressbewältigung und Balancing« bietet die Gmünder Ersatzkasse an; dazu auch Broschüren und hilfreiche Tipps:

- www.gek.de

In der Fachgruppe »Gesundheitspsychologie« der Deutschen Gesellschaft für Psychologie (DGPs) findet man viele Links zur Gesundheitsförderung:

- www.gesundheitspsychologie.net

»Stress im Betrieb – Wenn die Arbeit zum Dauerfrust wird« heißt eine Ausgabe von Gesünder @rbeiten, die die IG Metall online zur Verfügung stellt:

- www.igmetall.de/download

Weitere Anlaufstellen:

- Institut für Arbeits- und Sozialhygiene, www.ias-stiftung.de (Dienstleistungen und Konzepte für Gesundheits- und Arbeitsschutz sowie Betriebliches Gesundheitsmanagement)
- Sozialnetz Hessen, www.sozialnetz-hessen.de (»Gesund in Hessen« ist ein Angebot der Träger des öffentlichen Gesundheitswesens in Hessen unter Federführung des Hessischen Sozialministeriums. Bietet auch Infos zu Burnout-Selbsthilfegruppen in Hessen)
- Stephanie Dann | Beratung Coaching Burnout-Prävention, www.ichkannsonichtarbeiten.net (Beraterin und Coach in Rüsselsheim; mit Schwerpunkt Burnout aus verschiedensten Blickwinkeln; für alle, die es bis Wien nicht schaffen.;-))

- Onlineportal PSYCHOTHERAPIE – Zeitschrift zur Psychotherapie, Psychoanalyse & Verhaltenstherapie, www.psychotherapie.de/psychotherapie/arbeitswelt
- Dr. Dagmar Ruhwandl, Fachärztin für Psychiatrie und Psychotherapie, München, www.burnoutpraevention.de (informative Übersicht über verschiedene Berufsgruppen und ihrer Burnout-Gefährdung)
- Bundesarbeitsgemeinschaft für Unterstützte Beschäftigung (BAG UB) e. V., http://www.bag-ub.de (ein Forum für verschiedene Arten von Unterstützung für Menschen mit speziellen Bedürfnissen; inhaltliche Auseinandersetzung, Lobbying und konkrete Hilfsangebote)
- Independent Counselling Advisory Service, www.icas-info.com (Anbieter von Dienstleistungen zur Unterstützung von Mitarbeitern und zum Umgang mit Verhaltensrisiken.)

Österreich:

- Bundessozialamt, http://www.basb.bmsg.gv.at/cms/basb/links.html?channel=CH0185 (äußerst umfassende Linkliste in Österreich zum Thema Gesundheit und Prävention)
- pro mente austria – Österreichischer Dachverband der Vereine und Gesellschaften für psychische und soziale Gesundheit, www.promente austria.at (Interessante Hilfsangebote wie z.B. das Projekt Atempause: Urlaub mit therapeutischer Betreuung für Menschen mit psychischen Erkrankungen aus ganz Österreich werden einladen, in entspannter Atmosphäre Urlaub vom Alltag zu machen, um so ihre Lebensqualität zu steigern. www.atempause.at)
- Burgenländische Gebietskrankenkasse, www.bgkk.at
- www.impulstest.at (Betriebliche Analyse von Arbeitsbedingungen, Stressoren und Ressourcen mit umfangreicher Info-Broschüre und Projektleitfaden von M. Molnar, Geißner-Gruber B., Haiden C.; herausgegeben von AK-Wien (Impuls-Broschüre http://wko.at/sp/bgf/impulstest.pdf), WKO, ÖGB, gefördert von der EU-Agentur für Sicherheit und Gesundheit)
- Caritas der Erzdiözese Wien, http://www.caritas-wien.at/soz.psych.htm (psychiatrische Grundversorgung, Einzel- und Gruppengespräche,

Medikamentöse Therapie, Krisenintervention, Beratung im Umgang mit der Erkrankung, Angehörigenberatung

- Dr. Christine Buchebner, Psychologin auch mit Schwerpunkt Burnout und Erschöpfungszustände in Wien und Niederösterreich, christine.buchebner@gfk.at
- Therapie- und Beratungszentrum Ottakring, Mag. Sonja Ramskogler, Psychologin und Trainerin, systemische Familientherapeutin, www.sonja-ramskogler.at
- icon Training – Beratung – Entwicklung, Antonia Cicero und Mag. Arch. Nicole Bernsteiner, Spezialistinnen im Bereich Persönlichkeitsentwicklung – Work-Life-Balance; www.iconweb.at
- Institut INBALE, Mag. Elfriede Konas, www.inbale.at (Ziel ist, Life Balance ganzheitlich als Balance von Persönlichkeit, Berufsleben, Beziehung, Gesundheit, körperlicher und seelischer Energie wieder herzustellen)
- Dr. Patrick Ehrlich, Arzt für Allgemeinmedizin und Traditionelle Chinesische Medizin, A-1110 Wien, Rohrhoferg 2–6, Stg. 14; Spezialist auch für Burnout und Erschöpfungszustände.
- Arbeitsassistenz Österreich, www.arbeitsassistenz.or.at (ein Zusammenschluss der Arbeitsassistenz-Einrichtungen in ganz Österreich)
- Netzwerk BurnOutNet, www.burnoutnet.at
- Kriseninterventionszentrum Wien, www.kriseninterventionszentrum.at (eine im präventiven Bereich tätige Ambulanz zur Bewältigung von akuten psychosozialen Krisen, persönliche und telefonische Beratung)
- www.selbsthilfe.at (Eine Übersicht über das Gesamtangebot von Selbsthilfegruppen in Österreich)
- www.arbeitssucht.de (hat keine eigene Website in Österreich, enthält aber einen Österreich-Zweig; Selbsthilfegruppe für Menschen mit Arbeitsproblemen oder Arbeitssucht gibt Tipps und Telefonnummern zur Kontaktaufnahme)
- www.asep.at. Die Mitglieder des Austrian Senior Experts Pool, einer Vereinigung von Führungskräften und Experten im »Unruhestand«, stellen ihre Erfahrungen, ihr Wissen und ihre Netze ehrenamtlich zur Verfügung

Schweiz:

- Swiss Burnout, www.swissburnout.ch (will die Öffentlichkeit über Burnout informieren und aufklären, Wirtschaft und Politik auf die Problematik aufmerksam machen und sensibilisieren; insgesamt zu einer Enttabuisierung des Themas beitragen)
- Zürcher Empowerment Programm. Stressmanagement und Burnout-Prävention für Mitarbeitende in der psychiatrischen Versorgung, beate.schulze@bli.unizh.ch (Forschungsgruppe »psychiatrische Genetik und genetische Epidemiologie«)
- kernen resource management ag, Dr. phil Hans Kernen, www.rmcenter.ch (bietet Forschungsergebnisse, und Beratung zum Thema Burnout, Burnout-Propyhlaxe, Ressourcen-Management sowie betriebliche Gesundheitsförderung wissenschaftliche und praktische Erkenntnisse)
- Swiss Burnout Selbst-Test, www.swissburnout.ch/selftest/index.php (Test, entwickelt durch Prof. Matthias Burisch, Universität Hamburg.)
- PRAXIS-INFO.CH – Therapie und Beratung im Internet, www.praxis-info.ch (Site mit vielfältigen Informationen zum großen Bereich Therapie und Beratung)
- Pro Mente Sana, www.promentesana.ch. Die Stiftung bietet Beratung, vielfältige Informationen und Möglichkeiten zur Diskussion zwischen betroffenen Personen, Angehörigen und Fachleuten an. Sie wirbt in der Öffentlichkeit um Verständnis für die Betroffenen.
- Eidg. Büro für die Gleichstellung von Frau und Mann, www.equality-office.ch (Publikationen zur geschlechterspezifischen Auswirkungen verschiedener Gesundheitsthemen)
- Radix – Gesundheitsförderung in Gemeinden, Schulen und Betrieben, www.radix.ch (Gesundheitsfördernde Projekte von MitgrantInnen für MigrantInnen; Radix unterstützt gesundheitsfördernde Aktivitäten in Gemeinden, Schulen und Betrieben der ganzen Schweiz)
- Selbsthilfezentrum Kanton Bern, www.selbsthilfe-kanton-bern.ch (Links und Adressen von Selbsthilfegruppen in der Schweiz)
- Selbsthilfezentrum Zürcher Oberland, www.selbsthilfezentrum-zo.ch (Links und Adressen von Selbsthilfegruppen im Zürcher Oberland)

Anmerkungen

1 Susanne Riess-Passer war zu diesem Zeitpunkt österreichische Vizekanzlerin
2 http://de.wikipedia.org/wiki/Burnout-Syndrom
3 Diese Zahlen stammen aus einem Internetartikel von der On Vista Group: Burnout-Syndrom, Chronic Fatigue Syndrom (CFS). Verfügbar unter: http://www.onmeda.de/krankheiten/burnout_syndrom.html?p=3 [Januar 2006].
4 Dieser Test stammt von folgender Internetseite: www.infopartner.ch/periodika/2001/Panorama/Heft_5_2001/pan1521.pdf
5 http://www.cpp-db.com/detail/detailprod.asp?pc=35
6 Dr. Dagmar Ruhwandl, Fachärztin für Psychiatrie und Psychotherapie, München (www. burnoutpraevention.de)
7 Ich führte dieses Gespräch mit dem Existenzialpsychologen und Wirtschaftsberater im Juni 2004 in Wien.
8 Ich verdanke diesen Begriff dem Unternehmensberater Dr. Othmar E. Hill. Er meint damit jenen Zustand des »Ausgetrocknetseins« in dem sich engagierte, aber in ihrem Job nie motivierte Menschen oft befinden. Dieser Zustand ähnelt dem einer nicht gegossenen Zimmerpflanze, die austrocknet, ohne je ihr gesamtes Potenzial entwickeln zu dürfen. Innere Kündigung und Rückzug sind die häufigsten Folgen.
9 Spannend, dass mir der Begriff »ganz normale Stressmerkmale« so selbstverständlich von der Hand geht. Es ist schon bezeichnend für die Zeitqualität, mit der wir zurechtkommen müssen.
10 Dieser Begriff wird häufiger in der Absatzwirtschaft verwendet und bedeutet dort die Abnutzung der Werbebotschaft und die Verringerung der Werbewirkung als Folge zu häufiger Kontakte. In unserem Sinne geht es um eine Art von »Mehr vom Selben«, ohne dass die individuellen Potenziale der Menschen genutzt werden. Die Menschen werden durch Leistungsanforderungen verschlissen, die nicht ihrem individuellen Potenzial entsprechen. Sie scheitern und Frustration kommt auf. Dies und das Nicht-in-Anspruch-Nehmen von vorhandenen Fähigkeiten kann zu einer inneren Kündigung führen.
11 Diese Gedanken entsprangen einem Gespräch mit Othmar Hill im Juni 2004.
12 Ich finde ja, es gibt nur ganz, ganz wenige Entscheidungen im Leben, die unveränderlich sind. Oft verharren wir aber im Glauben, nichts sei mehr veränderbar.
13 Ein befreundeter Schamane erzählte mir, dass die Seele in Extremsituationen den Körper verlässt, weil sie sich zu sehr fürchtet, und man müsse sie liebevoll einladen, doch wieder zurückzukommen.
14 Diese Zusammenfassung entstammt einer gemeinsamen Seminarvorbereitung mit meinen Kolleginnen Antonia Cicero und Mag. Arch. Nicole Bernsteiner (www.iconweb.at).

15 … oder wen auch immer Sie als innere, seelische oder ethisch-moralisch höchste Instanz ansehen – daran soll diese Aussage nicht scheitern.
16 Dr. Kahler ist ein amerikanischer Psychologe. Auszüge aus seinem Gesamtwerk finden Sie z. B. unter www.taibikahlerassociates.com/books.phtml und in Kahler 1997.
17 Übrigens: Unter http://checklisten.de gibt es für nahezu jede Situation des beruflichen oder privaten Lebens eine passende Checkliste. Auch auf meiner Homepage www. kypta.at finden Sie im Newsletter immer wieder Checklisten.
18 Mit großer Freude kann ich heute berichten, dass sich Frau »Iwa« heute nach lang dauernden und mühsamen Phasen wieder zu einer ganz properen, tatkräftigen, gesunden Frau entwickelt hat und ein Stück weiser geworden ist.
19 Ich meine damit alle jene Wirtschaftsbereiche, die nichts mit Helfen im engeren Sinn zu tun haben. Bislang dachte man immer, Burnout sei ein Problem der Sozialarbeiterinnen oder des Krankenpflegepersonals. So ist es eben nicht. Alle Wirtschaftszweige und jede betriebliche Ebene können ein Ausgangspunkt von Burnout sein.
20 Ich biete meinen Klienten nur die verschiedenen »Obstsorten« an. Den eigenen »Obstsalat« müssen sie sich daraus selbst zubereiten.
21 Interview mit Prof. Fredmund Malik, Universität St. Gallen, in der Zeitschrift *Cash* Nr. 28 v. 14. Juli 2000.
22 Neuwaldegger Top Management Survey 2005, Teil 3: Work-Life-Balance & Wertefragen. Die Studie wurde von der Beratergruppe Neuwaldegg gemeinsam mit dem Umfrageinstitut OGM im Juli 2005 durchgeführt. Mittels telefonischer Interviews wurden 300 Topmanager in Deutschland, Österreich und der Schweiz aus Unternehmen mit mindestens 250 Mitarbeitern befragt. Davon waren ein Drittel der Führungskräfte weiblich.
23 Das ist übrigens das Einzige, das ich an meiner früheren unselbstständigen Arbeit vermisse – die EDV-Abteilung, die ich einfach anrufen konnte und die mein Problem zu ihrem machte. Wenn ich nun umrechne, was mich das kostet, stundenlang Fehler zu suchen, auszuprobieren – dann meinen Mann zu bitten, dessen Stundensatz dazugerechnet … da kommen enorme Beträge zusammen.
24 Ich bitte Sie, mir nachzusehen, dass es mir hier nicht möglich war, mich wissenschaftlich asketisch an die reine Lehre zu halten. Ich konnte einfach nicht widerstehen, meinen Kommentar ganz unwissenschaftlich dazuzuschreiben! Zu sehr ärgere ich mich über dieses sehr simple Menschenbild, das sich so großer Beliebtheit erfreut.
25 Mag. Martina Molnar ist Arbeitspsychologin in Wien und Autorin mehrerer Studien zum Thema Stress im Berufsalltag.
26 Diese Ansätze stammen aus einem Vortrag von Univ.-Doz. Dr. Mackinger zum Thema Psychische Gesundheit am Arbeitsplatz auf der gleichnamigen Tagung von pro mente austria in Wien im Mai 2004.
27 BKK ist die Spitzenorganisation der gesetzlichen Krankenkassen in Deutschland (http://www.bkk.de).

28 Impulsreferat »Psychische Erkrankungen am Arbeitsplatz – wie erkenne ich sie, wie gehe ich damit um?« auf der Tagung von pro mente austria in Wien im Mai 2004.

29 Siehe z. B. ihren Beitrag »Frauen und Führung: Mythen und Fakten« unter www.competencesite.de/personalmanagement.nsf – Rubrik »Karriere«.

30 *»If lots of women do the job, it will be like teaching, the pay and the status in the community will go down.«*

31 Siehe www.medizinauskunft.de/artikel/diagnose/psyche/01_09_psychisch_krank.php

32 Quelle: Interview mit Beate Schulze, Leiterin des Zürcher Empowerment-Programms für Stressmanagement und Burnout-Prävention an der Psychiatrischen Universitätsklinik Zürich (www.unipublic.unizh.ch/magazin/gesundheit/2005/1915.html).

33 Vielleicht sollte man die oben erwähnten, mit Schätzen gefüllten Schreibtischschubladen der Mitarbeiter lieber einmal öffnen, anstatt die Menschen in ebensolche einzuteilen °

34 Abgesehen davon, dass ich das als 45-Jährige nicht ganz nachvollziehen kann, was ich in fünf Jahren angeblich nicht mehr können werde, halte ich das für lobenswert. Vielleicht wäre hier ehrlicherweise »65+« eher angebracht.

35 Internet-Recherche zur Männergesundheit: zum Beispiel http://www.maennergesundheit.info/Deutsch

36 Dr. Gabriele Fröhlich-Gildhoff ist Chefärztin der Abteilung für Psychosomatik/Psychotherapie und Fachärztin für Psychotherapeutische Medizin an der Wicker Klinik in Bad Wildungen.

37 René Setz ist Leiter des Projekts Männergesundheit in Bern, der zitierte Text stammt aus dem »Manifest Männergesundheit« (Radix Gesundheitsförderung).

38 Für diese Grafik bedanke ich mich bei Antonia Cicero.

39 nach Freudenberger u. North 2000

Literatur

André C. u. F. Lelord (2000): Die Kunst der Selbstachtung, Gustav Kiepenheuer, Leipzig, Dgvt).

Berne, E. (1983): Was sagen Sie, nachdem Sie Guten Tag gesagt haben? Psychologie des menschlichen Verhaltens. Frankfurt/Main (Fischer).

Berne, E. (1973): Spiele der Erwachsenen. Frankfurt/Main (Fischer).

Beratergruppe Neuwaldegg (2005): Neuwaldegger Top-Management Survey 2005, Teil 3: Work-Life-Balance & Wertefragen [Internet]. Verfügbar unter: http://www.neuwaldegg.at [2.1.2006].

Benard, C. u. E. Schlaffer (1989): Rückwärts und auf Stöckelschuhen. Köln (Kiepenheuer & Witsch).

Brück, B. et al. (1992): Feministische Soziologie. Frankfurt/New York (Campus).

Burisch, M. (1994): Ausgebrannt, verschlissen, durchgerostet. *Psychologie heute* 9: 22–26.

Burisch, M. (1994): Das Burnout-Syndrom. Theorie der inneren Erschöpfung. Berlin (Springer), 2. Aufl.

Cherniss, C. (1999): Jenseits von Burnout und Praxisschock. Hilfe für Menschen in lehrenden, helfenden und beratenden Berufen. München (Beltz).

Coit, L. (1988): Nach innen hören. Anleitung zum Wahrnehmen der inneren Stimme. (Grenthof).

Cornelißen, W. u. C. Voigt (Hrsg.) (1995): Wege von Frauen in die Politik. Möglichkeiten und Grenzen von Kursen zur Qualifizierung für politische Aufgaben. Eine empirische Untersuchung. Bielefeld (Kleiner Verlag).

Bernardoni, C. et al. (Hrsg.) (1987): Ohne Seil und Haken Frauen auf dem Weg nach oben. Bonn (Deutsche UNESCO-Kommission).

Dorer, J. (1997): Frauen und Kommunikation. München/Mering (Hampp).

Drucker, P. F. u. P. Paschek (Hrsg.) (2004): Kardinaltugenden effektiver Führung. Frankfurt (manager Edition, Redline Wirtschaft).

Eidgenössisches Büro für die Gleichstellung von Frau und Mann (1995): Frauen auf dem öffentlichen Parkett. Handbuch für Frauen, die Einfluß nehmen wollen. Bern/Zürich/Dortmund (eFeF).

English, F. (2004): Es ging doch gut, was ging denn schief? Beziehungen in Partnerschaft, Familie und Beruf. Gütersloh (Güterloher Verlagsanstalt), 8. Aufl.

English, F. (1998): Transaktionsanalyse. Gefühle und Ersatzgefühle in Beziehungen. Salzhausen (Iskopress), 5. Aufl.

EU-Kommission (2005): Die psychische Gesundheit der Bevölkerung verbessern. Entwicklung einer Strategie für die Förderung der psychischen Gesundheit in der

Europäischen Union. KOM (2005) 484 endg. vom 14. Oktober 2005 [Internet]. Verfügbar unter: http://europa.eu.int/comm/health/ph_determinants/life_style/mental_health_de.htm.

Faas, A. (2002): Ballast abwerfen. Downshifting – damit das Leben leichter wird. Freiburg/Basel/Wien (Herder).

Faludi, S. (1993): Die Männer schlagen zurück. Hamburg (Rowohlt).

Fengler, J. (2001): Helfen macht müde. München (Pfeiffer), 6. Aufl.

Fengler, J. (1993): In: G. Schwarz (Hrsg.): Gruppendynamik: Geschichte und ZukunftOrt? . Wien (WUV-Universitäts-Verlag).

Fensterheim, H. u. J. Baer (1977): Sag nicht Ja, wenn Du Nein sagen willst. München (Goldmann).

Friedl-Howe, H. (ohne Jahresangabe): Frauen und Führung: Mythen und FaktenOrt und Verlag? [Internet]. Verfügbar unter: http://www.competencesite.de/personalmanagement.nsf/E95CECC998A5B95DC1256B5E005D6092/$File/frauen_und_führung.pdf.

Freudenberger, H. J. Unten nur H? (1977): Burn-out. The organizational menace. *Training and Development Journal* 31Seitenangabe? .

Freudenberger, H. u. G. North (2000): Burn-out bei Frauen. Über das Gefühl des Ausgebranntseins. (Fischer), 8. Aufl.

Gallagher, B. J. u. W. H. Schmidt (2002): Sei kein Pinguin! Frankfurt/Wien (Ueberreuter).

Glasl, F. u. B. Lievegoed (2004): Dynamische Unternehmensentwicklung. Bern/Stuttgart/Wien (Paul Haupt/Freies Geistesleben), 3. überarb. u. erw. Aufl.

Hagehülsmann, U. (1994): Transaktionsanalyse – Wie geht das? Paderborn (Junfermann).

Hagehülsmann, U. u. H. (1998): Der Mensch im Spannungsfeld seiner Organisation. Transaktionsanalyse in Managementtraining, Coaching, Team und Personalentwicklung. Paderborn (Junfermann).

Harris, T. A. (1975): Ich bin o. k. Du bist o. k. Reinbek (Rowohlt), 40. Aufl.

Heifetz, L. J. a. H. A. Bersani, Jr. (1983): Disrupting the cybernetics of personal growth: Toward a unified theory of burnout in the human services. In: B. A. Farber (ed.): Stress and burnout in the human service professions New York (Pergamon),pp. 46–62.

Hertzer, K. (2004): »Womit verbringen Männer ihre Zeit?«. *Psychologie heute*, Juli. 2004.

Juli, D. u. A. Schulz (1998): Streßverhalten ändern lernen. Reinbek (Rowohlt).

Hill, O. E. (2001): Das Ende der Massenmenschhaltung. Humanistisches Management in Zeiten rasender Gesellschaften. München (Gerling Akademie).

Institut für Arbeits- und Sozialhygiene (2004): Coaching im Trend. *Impulse* 3: 5

Jahoda, M., P. F Lazarsfeld u. H. Zeisel Zitierweise bei 3 Autoren? (1975): Die Arbeitslosen von Marienthal. Ein soziographischer Versuch (1. Aufl. 1933, Leipzig). Frankfurt (Suhrkamp).

Kahler, T. (1997): Transactional Analysis Script Profile (Guide for the Therapist). Taibi Kahler Associates, Inc., Little Rock, USA.

Kast, V. (1998): Vom Sinn des Ärgers. Anreiz zu Selbstbehauptung und Selbstentfaltung. Stuttgart (Kreuz).

Kernen, H. (1999): Burnout-Prophylaxe im Management. Bern (Haupt).

Koch, A. u. S. Kühn (2001): Ausgepowert? Hilfe bei Burnout, Stress, innerer Kündigung. Offenbach (GABAL), 2. Aufl.

Klinger, E. (1975): Consequences of commitment to and disengagement from incentives. *Psychological Review* 82: 1–25.

Kraft, H. (2004): Tabu. Magie und soziale Wirklichkeit. Düsseldorf/Zürich (Patmos).

Küstenmacher, W. T. (2001): Simplify your life. Frankfurt/New York (Campus).

Kypta, G. (1991): Einstellungen weiblicher Abgeordneter zum Nationalrat zu ihrer medialen Präsentation. (Unveröffentlichte Diplomarbeit, Universität Wien).

La Rouche, J. u. R. Ryan (1985): Strategien für Frauen im Beruf. München (Mosaik).

Lauterbach, M. (2005): Gesundheitscoaching. Strategien und Methoden für Fitness und Lebensbalance im Beruf. Heidelberg (Carl-Auer).

Lazarus, A. u. C. (1999): Der kleine Taschentherapeut – in 60 Sekunden wieder o. k. Stuttgart (Klett-Cotta), 2. Aufl.

Legato, M. (2004): Evas Rippe. Köln (Ullstein).

Lewin, M. (1986): Psychologische Forschung im Umriß. Berlin/Heidelberg (Springer).

Linneweh, K. (2002): Stresskompetenz. Der erfolgreiche Umgang mit Belastungssituationen in Beruf und Alltag. Weinheim/Basel (Beltz).

Mackinger, H. (2004): Impulsreferat »Psychische Erkrankungen am Arbietsplatz – Wie erkenne ich sie, wie gehe ich damit um?« im Rahmen der Tagung: Psychische Gesundheit am Arbeitsplatz von Pro Mente Austria (Mai 2004).

Malik, F. (2001): Interview in: *Cash* 28, 14. Juli 2000.

Malik, F. (2001): Führen Leisten Leben. München (Heyne).

Maslach, C. u. M. P. Leiter (2001): Die Wahrheit über Burnout. Wien/New York (Springer).

McGregor, D. (1970): Der Mensch im Unternehmen. Düsseldorf/Wien (Econ).

Mitscherlich, M. (1987): Die friedfertige Frau. Frankfurt (Fischer).

N.N. (2004): Ratgeber, Engel und sonstige hilfreiche Retter in der Not. *Unternehmer – Servicejournal des Wirtschaftsblatts* 6

Penrose, V. u. C. Rudolph (Hrsg.) (1996): Zwischen Machtkritik und Machtgewinn. Feministische Konzepte und politische Realität. Frankfurt/New York (Campus).

Plakos, W. (2001): Das Geheimnis des Flow. Das Glück des Augenblicks erleben. Landsberg/Lech (mvg).

Pro Mente Austria (2004): Psychische Gesundheit am Arbeitsplatz. Informationsmappe zur gleichnamigen Tagung im Mai 2004.

Research Team Human Resources (in Kooperation mit der Karl-Franzens-Universität Graz) (2002): Burnout und Bindung an das Unternehmen [Internet]. Verfügbar unter: www.research-team.at.

Risak, J. (2003): Der Impact-Manager. Wien (Linde).

Rossmann, E. (1995): Unter Männern. Frauen im österreichischen Parlament. Wien/Bozen (Folio).

Rüttinger, R. u. R. Kruppa (2000): Übungen zur Transaktionsanalyse. Hamburg (Windmühle).

Schirrmacher, F. (2004): Das Methusalem-Komplott. München (Blessing).

Schramm, H. (1981): Frauensprache – Männersprache. Ein Arbeitsbuch zur geschlechtsspezifischen Sprachverwendung. Frankfurt (Diesterweg).

Schulze, B. (2005): Burnout: Ausbrechen aus dem Teufelskreis. Interview von T. v. Däniken [Internet]. Verfügbar unter: www.unipublic.unizh.ch/magazin/gesundheit/2005/1915.html [27.6.2006].

Selby, J. (2003): Was mich stark macht. Mehr Lebensqualität durch Mind-Management. München (dtv).

Selvini Palazzoli, M. et al. (1981): Hinter den Kulissen der Organisation. Stuttgart (Klett-Cotta).

Sennet, R. (2000): Der flexible Mensch. Kultur des neuen Kapitalismus. Berlin (Siedler).

Segerman-Peck, L. M. (1994): Frauen fördern Frauen. Frankfurt/New York (Campus).

Seiwert, L. (2001): Lifeleadership. Sinnvolles Selbstmanagement für ein Leben in Balance. Frankfurt/New York (Campus).

Simon, F. B. (2004): Gemeinsam sind wir blöd!? Die Intelligenz von Unternehmen, Managern und Märkten. Heidelberg (Carl-Auer).

Simon, F. B. (2005): Mehr-Generationen-Familienunternehmen. Erfolgesgeheimnisse von Oetker, Merck, Haniel u. a. Heidelberg (Carl-Auer).

Steiner, C. (1998): Wie man Lebenspläne verändert. Die Arbeit mit Scripts in der Transaktionsanalyse. Paderborn (Junfermann).

Steiner, C. (1999): Emotionale Kompetenz. München (dtv).

Tannen, D. (1991): Du kannst mich einfach nicht verstehen. Hamburg (Kabel).

Tegen, A. (2002): Burnout – Wie es sich entwickelt und wie man es entdeckt. *Hamburger Abendblatt* v. 3.8.2002, S. 5.

Trömel-Plötz, S. (1996): Frauensprache: Sprache der Veränderung. Frankfurt (Fischer).

Varga v. Kibéd, M. u. I. Sparrer (2003): Ganz im Gegenteil. Tetralemmaarbeit und andere Grundformen Systemischer Strukturaufstellungen – für Querdenker und solche, die es werden wollen. Heidelberg (Carl-Auer), 4., erw. Aufl.

Watzlawick, P. (1998): Wie wirklich ist die Wirklichkeit? München (Piper).

Watzlawick, P., J. H. Beavin u. D. D. Jackson (1993): Menschliche Kommunikation. Formen, Störungen, Paradoxien. Bern/Stuttgart/Toronto (Huber), 8. Aufl.

Wiener Krankenanstalten Verbund (1995): Sucht am Arbeitsplatz. Umgang mit Alkohol, Drogen und Medikamenten. Symposium für Krankenpflegeschulen der Stadt Wien am 13. Juni 1995.

WIR-FRAUEN-Team (1994): WIR-FRAUEN-Jahrbuch ’93. Wien (Norika).

Wolf, A. (2004): Impulsreferat »Integration von Menschen mit psychischen Beeinträchtigungen aus der Sicht der Arbeitsassistenz« im Rahmen der Tagung Psychische Gesundheit am Arbeitsplatz, Pro Mente Austria (2004).

Wu Li (1998): Gesund und ausgeglichen mit Tai Ji und Qi Gong. Augsburg (Milena).

Über die Autorin

Gabriele Kypta, Mag. phil., ist Unternehmensberaterin, akkreditierte Wirtschaftstrainerin und systemischer Coach. Geboren 1962 in Wien, lebt und arbeitet sie hauptsächlich im deutschsprachigen Raum. In ihrem 25-jährigen Berufsleben hat sie langjährige Erfahrung als Beraterin und Trainerin gesammelt.

Ihre Arbeitsschwerpunkte sind: Teamdynamik, Kommunikation, Konfliktmanagement, strategische Kommunikation, Strategieentwicklung, Coaching für Führungskräfte und PolitikerInnen sowie Themen- und Fachcoaching.

Kontakt: www.kypta.at

Matthias Lauterbach | Susanne Hilbig

So bleibe ich gesund

Was Sie für Ihre Gesundheit, Lebensenergie
und Lebensbalance tun können

233 Seiten, 18 Abb., Kt, 2006
ISBN 10: 3-89670-562-8
ISBN 13: 978-3-89670-562-4

„So geht's nicht weiter, ich muss etwas für meine Gesundheit tun!" – An der Einsicht fehlt es selten, doch oft bleibt der gute Vorsatz in den Anfängen stecken.

Machen Sie Schluss mit Strohfeuern und Jo-Jo-Effekt! Mit diesem Buch schaffen Sie es! Das abwechslungsreiche Programm führt Sie in 10 Etappen durch die relevanten Gesundheitsthemen Bewegung, Ernährung, Entspannung, Schlaf, Stressbewältigung und Lebensbalance. Die hilfreichen Fragebögen zur Selbsteinschätzung, Übungen und Anleitungen sind klar strukturiert, bleiben aber immer flexibel für individuelle Bedürfnisse.

So hilft Ihnen das Buch, am Ende wirklich dort anzukommen, wo Sie hin wollen: in Ihrem ganz persönlich geprägten Lebensstil, mit mehr Gesundheit, Lebensenergie und Lebensfreude, die auch anhalten.

„Dieses Buch stellt genau die richtigen Fragen. Ärzte fragen sich traditionell, wie Menschen krank werden. Das ist ja auch wichtig zu verstehen. Aber spannender ist doch die Frage, warum manche Leute nicht krank werden (obwohl sie es vielleicht auch verdient hätten). Das Buch arbeitet sehr geschickt mit allen modernen psychologischen Ansätzen zur Motivation und Reflexion. Es packt den inneren Schweinehund an seiner empfindlichsten Stelle. Ich wünsche dem Buch viele Leser, und vor allen Dingen Anwender. Denn auch ein Selbsthilfebuch hilft nicht von selbst. Es gibt nichts Gutes, außer man tut es."

Dr. Eckart v. Hirschhausen
Arzt, Humortrainer, Kabarettist

Carl-Auer Verlag • www.carl-auer.de

Daan van Kampenhout

ich lasse mich finden

Wie mein Wunschpartner zu mir kommt

172 Seiten, 44 Abb., Kt, 2003
ISBN 10: 3-89670-406-0
ISBN 13: 978-3-89670-406-1

Viele Singles haben schon lange genug vom Alleinsein, wissen jedoch nicht (mehr), was sie (noch) tun können, um (wieder) einen Partner zu finden.

Ich lasse mich finden bietet über 80 Übungen, Rituale, Tipps und Meditationen für alle, die auf der Suche nach einem Lebensgefährten sind. Mit viel Einfühlungsvermögen, Humor und Kreativität geschrieben und mit 44 witzigen Karikaturen illustriert, hilft das Buch, Verhaltensmuster aufzudecken, Familienmuster in den Blick zu nehmen und alte Beziehungsgeflechte neu zu betrachten.

Das Buch mobilisiert die Kraft, das eigene Leben und Glück selbst in die Hand zu nehmen. Van Kampenhout verzichtet auf weise Belehrungen und lässt stattdessen seine Leser eigene Antworten finden. Das Material für dieses Buch hat er über einen Zeitraum von vier Jahren aus Sitzungen mit partnersuchenden Einzelklienten zusammengetragen.

Ein unkonventioneller Ratgeber für Mann und Frau, jung und alt, dick und dünn, hetero und homo, spirituell oder bodenständig.

„Das Lebenshäuslein entrümpeln, sich selbst, die Stärken, Schwächen, Ziele, Sehnsüchte, Bedürfnisse auf den neuesten Stand bringen. Absolut zielführend, das Buch.“
Emotion

www.carl-auer.de

Brian M. Alman | Peter T. Lambrou

Selbsthypnose

Ein Handbuch zur Selbsttherapie

407 Seiten, Kt, 6. Aufl. 2006
ISBN 10: 3-89670-527-X
ISBN 13: 978-3-89670-527-3

Selbsthypnose ist eine hocheffektive Methode, die von jedermann erlernt werden kann. Sie hilft Menschen mit unterschiedlichen Symptomen, auch bei lang andauernden Beschwerden erstaunliche Besserungen zu erreichen und das Leben wieder selbstbestimmt und freier zu gestalten.

In einfühlsamer und gut verständlicher Art geben Brian Alman und Peter Lambrou klare, schrittweise Anleitungen zu den grundlegenden Vorgehensweisen und Übungen mit Selbsthypnose. Anhand anschaulicher Fallbeispiele demonstrieren sie, wie Selbsthypnose passend zu den jeweiligen Beschwerden und Zielen eingesetzt werden kann. Alman und Lambrou haben das Kunststück fertiggebracht, ein verständliches Fachbuch für den Laien zu schreiben, das genauso gewinnbringend auch von Ärzten, Psychotherapeuten und anderen psychosozialen Helfern gelesen werden kann.

Das Buch behandelte u. a. folgende Themen: Migräne • Panikanfälle • Zähneknirschen • Ekzeme • Juckreiz • Phobien • Rückenbeschwerden • Allergien und Asthma • Geburtsvorbereitung • Schmerzkontrolle • Raucherentwöhnung • Gewichtskontrolle • Schlafstörungen • Stärkung des Selbstbewußtseins.

„Das Buch bietet eine Fülle von alternativen Techniken. Es ist einfach geschrieben, und man findet fast immer etwas Brauchbares. Als Hilfe zur Selbsthilfe, zum self-empowerment lesenswert."
Familiendynamik

Carl-Auer Verlag